Action et Réaction

Chico Xavier

Action et Réaction

La vie dans le Monde Spirituel

Par l'esprit
André Luiz

Traduction du portugais : Pierre-Etienne Jay

FEB

1ère édition – 1/2020

ISBN 978-85-9466-386-3

Titre de l'original en portugais :
AÇÃO E REAÇÃO
(Brésil, 1956)

FEDERAÇÃO ESPÍRITA BRASILEIRA – FEB
SGAN 603 – Conjunto F – Avenida L2 Norte
70830-106 – Brasília (DF) – Brasil
www.febeditora.com.br
editorial@febnet.org.br
+55 61 2101 6198

Commandes de livres auprès de la FEB
Secteur commercial :
Tel. : +55 61 2101 6155/6177 – comercial@febnet.org.br

DONNÉES INTERNATIONALES POUR LE CATALOGAGE AVANT PUBLICATION
(CATALOGING IN PUBLICATION - CIP)
(Federação Espírita Brasileira – Biblioteca de Obras Raras)

L953a Luiz, André (Esprit)

Action et réaction / par l'Esprit André Luiz ; [psychographié par] Francisco Cândido Xavier ; [traduction de Pierre-Etienne Jay]. – Brasília, DF (Brasil) : FEB, 2020.

304 p.; 21 cm - (Collection La vie dans le monde spirituel, nº 9)

Traduction de: Ação e Reação
ISBN 978-85-9466-386-3

1. Spiritisme. 2. Écrits spirites. I. Xavier, Francisco Cândido, 1910-2002. II. Federação Espírita Brasileira. III. Titre. IV. Collection.

CDD 133.93
CDU 133.7
CDE 00.06.02

Table des matières

Avant-Propos

Ce livre fait partie d'une série de treize ouvrages qui seront traduits en français au fil du temps. Ils ont tous été « psychographiés », c'est-à-dire reçu par écriture automatique – voir Allan Kardec, *Le Livre des Médiums* sujet 157 –, par le plus célèbre des médiums brésiliens, Francisco Cândido Xavier également connu sous le surnom de Chico Xavier.

Chico est né au Brésil, dans la ville de Pedro Leopoldo, État du Minas Gerais, en 1910. Très tôt il travailla au développement de sa médiumnité. Durant toute sa vie, ce n'est pas moins de 410 ouvrages qu'il écrira sous la dictée de divers Esprits, dont Emmanuel, son guide spirituel, et André Luiz, médecin de son vivant qui vécut au Brésil où il exerçait sa profession.

André vécut sa vie sans s'inquiéter des choses spirituelles jusqu'au moment de sa désincarnation. Cette étape est contée dans le premier livre de la série, le plus vendu à ce jour, « Nosso Lar : La vie dans une colonie spirituelle ». On y découvre l'arrivée du médecin dans l'au-delà après qu'il ait quitté son corps. Médecin sur la Terre, perdu dans l'Éternité, on le voit évoluer, se questionner, remettre ses croyances en question et grandir spirituellement. Il nous raconte son histoire telle qu'il l'a vécue et ressentie.

Cette série a pour but de montrer aux incarnés que nous sommes, que rien ne s'arrête à la mort du corps physique, loin de là.

Ces lectures pourront certainement surprendre de par l'aspect extraordinaire des récits. Pourtant, celui qui a lu ou lira Le Livre des Esprits, coordonné par Allan Kardec, avec attention, pourra y voir la concrétisation des préceptes et des fondements de la doctrine délivrée par les Esprits.

La vie existe à des degrés que nous ne soupçonnons même pas, et nos frères de l'invisible sont là pour nous éclairer, nous guider, pour nous redonner un peu de confiance et de sérénité face aux grands questionnements de la vie et de la mort.

Chacun de ces treize livres aborde un thème lié au Spiritisme, à la vie des Esprits dans leurs relations quotidiennes entre eux mais aussi avec les incarnés à travers la médiumnité.

Ainsi, c'est une porte que nous voudrions ouvrir, aux lecteurs de langue francophone, sur un univers grandiose, tel qu'il est, dans toute son immensité, toute sa splendeur ; l'Univers qui nous entoure.

Le traducteur

À Propos des Néologismes

Allan Kardec lui-même disait dans « *Introduction à l'étude de la doctrine spirite* », du « **Livre des Esprits** », que « *pour les choses nouvelles il faut des mots nouveaux* ».

Le Spiritisme est une doctrine nouvelle qui explore des domaines nouveaux. Ainsi, afin de pouvoir en parler clairement, nous avons besoin d'un vocabulaire limpide, parlant.

De plus, par respect pour les livres originaux, ces traductions ont eu besoin de l'emploi de mots n'existant pas dans la langue française pourtant si riche. D'autres termes, d'autres expressions ont, quant à eux, un sens quelque peu différent de celui qui leur est généralement attribué.

Tout cela se trouve expliqué dans le court lexique qui suit.

Lexique

Ce petit lexique a pour but d'expliquer les néologismes employés et le sens de certains mots dans leur acception spirite.

– CLAIRAUDIANCE : propriété inhérente à l'âme et qui donne à certaines personnes la faculté de voir sans le secours des organes de l'audition. Néologisme.

– CLAIRVOYANCE : propriété inhérente à l'âme et qui donne à certaines personnes la faculté de voir sans le secours des organes de la vision. (KARDEC Allan – « Instruction Pratique sur Les Manifestations Spirites », Vocabulaire Spirite).

– DÉSOBSESSION : Travail d'assistance médiumnique durant lequel une discussion s'établie entre l'Esprit « obsesseur » et une personne chargée de l'orientation spirituelle. Néologisme.

– OBSESSEUR : Esprit, incarné ou désincarné, se livrant à l'obsession d'une autre personne, elle-même incarnée ou désincarnée. Néologisme.

– ORIENTATION SPIRITUELLE : discussion visant à aider et éclairer un Esprit souffrant sur sa condition et sur les opportunités d'amélioration de son état. Se pratique lors des séances de « désobsession », par des orienteurs incarnés ou désincarnés.

– OBSESSION : Acte par lequel un Esprit exerce un joug sur un autre Esprit (voir à ce sujet « Le Livre des Médiums », ch.23 - De l'obsession).

– PSYCHOGRAPHIE : Du grec *psukhê* (âme) et *graphia* (écriture) ; fait d'écrire sous la dictée d'un Esprit. Type de médiumnité. Néologisme.

– **psychographier**

– PSYCHOPHONIE : Du grec *psukhê* (âme) et *phônia* (voix) ; fait de parler sous l'influence d'un Esprit. Médiumnité d'incorporation. Néologisme.

– PÉRISPRIT : Enveloppe semi-matérielle de l'Esprit. Chez les incarnés, il sert de lien ou d'intermédiaire entre l'Esprit et la matière ; chez les Esprits errants, il constitue le corps fluidique de l'Esprit. (KARDEC Allan – « Le Livre des Médiums », XXXII - Vocabulaire Spirite)

– périsprital : qui est relatif au périsprit. Néologisme.

– SOMNAMBULISME : « Le somnambulisme peut être considéré comme une variété de la faculté médianimique, ou pour mieux dire, ce sont deux ordres de phénomènes qui se trouvent très souvent réunis. Le somnambule agit sous l'influence de son propre Esprit ; c'est son âme qui, dans les moments d'émancipation, voit, entend et perçoit en dehors de la limite des sens ; ce qu'il exprime, il le puise en lui-même ; ses idées sont en général plus justes que dans l'état normal, ses connaissances plus étendues, parce que son âme est libre ;

(...) l'Esprit qui se communique à un médium ordinaire peut tout aussi bien le faire à un somnambule ; souvent même l'état d'émancipation de l'âme, pendant le somnambulisme, rend cette communication plus facile. Beaucoup de somnambules voient parfaitement les Esprits et les décrivent avec autant de précision que les médiums voyants ; ils peuvent s'entretenir avec eux et nous transmettre leur pensée ; ce qu'ils disent en dehors du cercle de leurs connaissances personnelles leur est souvent suggéré par d'autres Esprits. » *KARDEC Allan, « Le Livre des Médiums », ed. Philman, 2000, Seconde Partie – Chapitre XIV : Des médiums, sujet 172, p. 212.*

– VAMPIRE : les vampires, dans le Spiritisme, sont des êtres qui absorbent l'énergie et les sensations des personnes. Il ne s'agit plus de buveurs de sang mais de buveurs de fluides qui sont, en réalité, des Esprits ignorants, encore très attachés aux sensations et à la matière.

– VOLITION : « Exercice de la volonté dans une expérience parapsychologique. » (Petit Robert) Acte par lequel les Esprits se déplacent au moyen de leur volonté. Ils flottent pour ainsi dire dans l'air, et glissent sur la terre.

– voliter

À PROPOS DU CENTENAIRE

Le 18 avril 1957, la Codification Kardeciste, sous l'égide du Christ de Dieu, célèbrera son premier centenaire d'un travail précieux auprès de l'Humanité terrestre.

Un siècle de travail, de rénovation et de lumière...

Afin de contribuer aux hommages rendus à cet événement mémorable, André Luiz a écrit les pages de ce livre.

En l'écrivant, notre ami a révélé une partie des régions inférieures où la conscience coupable se projette, au-delà du corps physique. Il l'a révélée afin de souligner l'importance de l'existence corporelle, comme étant une véritable faveur de la Miséricorde Divine, pour que nous nous adaptions à la Justice Indéfectible.

C'est pour cela qu'il entremêle les fils de ses considérations à la narration des relations entre la sphère des Esprits incarnés et les cercles de purgation, où s'attardent les compagnons libérés de la chair, qui devinrent complices dans la délinquance, créant ainsi, à travers les écarts de leur propre conduite, l'enfer extérieur qui n'est rien d'autre que le reflet de nous-mêmes quand, par le relâchement et par la cruauté, nous nous livrons à la pratique des actions avilissantes qui nous contraignent à une ségrégation temporaire dans les résultats déplorables de nos propres erreurs.

Von Liszt, éminent criminologue des temps modernes, fait observer que l'État, dans sa représentation d'organisme supérieur, abstraction faite, bien entendu, des groupes criminels qui l'entraînent parfois dans les funestes abus du pouvoir, ne peut se passer de peines afin de maintenir l'ordre juridique. La nécessité de conservation de l'État justifie la peine. Avec cette conclusion, les anciennes controverses parmi les théories du Droit Pénal disparaissent presque totalement, car quelque soit le climat d'engagement politique, la tendance à punir est congénitale chez l'homme commun, face à la nécessité de maintenir, autant que possible, l'intangibilité de l'ordre dans le plan collectif.

Mais André Luiz nous fait sentir que le Spiritisme révèle une conception de la justice encore plus ample.

La créature ne se trouve pas simplement subordonnée au critère des criminologues du monde, considérés comme d'efficaces chirurgiens dans le traitement ou dans l'extirpation de la gangrène sociale. Plus l'être est éclairé, plus il est responsable, plus il se livre naturellement aux jugements de sa propre conscience, sur Terre ou en dehors, à chaque fois qu'il s'engage dans les ronciers de la culpabilité.

Ainsi, ses pages ont pour objectif de souligner que les principes codifiés par Allan Kardec ouvrent une nouvelle ère pour l'esprit humain, l'obligeant à pratiquer un examen de conscience dans le réajustement des chemins tracés par Jésus pour le véritable progrès de l'âme, et ils expliquent que, de ce fait, le Spiritisme discipline notre liberté, non seulement pour que nous ayons sur Terre une vie sociale qui nous rende meilleurs, mais également pour que nous ayons dans le champ de l'esprit, une vie individuelle harmonieuse dûment ajustée aux impératifs de la Vie Universelle Parfaite, en accord avec les normes de la Justice Éternelle, élaborées par le suprême équilibre des Lois de Dieu.

Voici pourquoi, alors que nous les présentons au lecteur ami, nous reconnaissons dans les postulats que nous avons embrassés, non seulement un sanctuaire de consolations sublimes, mais également un temple de responsabilités définies, pour considérer que la réincarnation est un stage sacré de recommencement de nos expériences et que la Doctrine Spirite, revivifiant l'Évangile du Seigneur, est un rayon resplendissant sur la route évolutive, nous aidant à régénérer le destin lui-même pour l'édification de la félicité réelle.

En résumé, l'Auteur nous démontre que nos possibilités d'aujourd'hui nous lient aux ombres d'hier, exigeant notre travail infatigable en faveur du bien, pour la construction de Demain, sur les bases rédemptrices du Christ.

Exaltant ainsi les mérites inestimables de l'œuvre d'Allan Kardec, nous le félicitons, avec émotion, en ce centenaire béni.

Emmanuel

Pedro Leopoldo, le 1er janvier 1957.

1
Lumière parmi les ombres

– Oui, affirma l'Instructeur Druso, avec sagesse. L'étude de la situation spirituelle de la créature humaine, après la mort du corps, ne peut être reléguée au second plan. Toutes les civilisations qui précédèrent la gloire occidentale dans les temps modernes consacrèrent une attention particulière aux problèmes d'outre-tombe. L'Égypte entretenait un échange constant avec les trépassés, et elle enseignait que les morts devaient comparaître devant un rigoureux jugement entre Anubis, le génie à la tête de chacal, et Horus, le génie à la tête de faucon, et devant Maât, déesse de la justice, décidant si les âmes devaient monter vers la splendeur solaire ou si elles devaient revenir vers les labyrinthes de l'épreuve, sur Terre, dans des corps déformés et vils. Les hindous reconnaissaient que les désincarnés, conformément aux décisions du Juge des Morts, s'élevaient vers le Paradis ou descendaient dans les précipices du royaume de Varuna, le génie des eaux, afin d'être enfermés dans des chambres de torture, attachés les uns aux autres par d'infernaux serpents. Les Hébreux, les Grecs, les Gaulois et les Romains nourrissaient des croyances plus ou moins similaires, convaincus que l'élévation céleste était réservée aux Esprits droits et bons, purs et nobles, les tourments de l'enfer échouant à ceux qui se rabaissaient dans la perversité et dans le crime, dans les régions de supplice, hors ou au sein du monde, à travers la réincarnation dans des corps vieillis par l'expiation et la souffrance.

La conversation nous fascinait.

Hilario et moi étions en visite à la « Mansão Paz », remarquable école de réajustement dont Druso était le directeur dévoué et ami.

Situé dans les régions inférieures, l'établissement était une sorte de « monastère Saint Bernard », au cœur d'une zone affligée par une nature hostile, à la différence près que la neige, pratiquement constante autour du célèbre couvent incrusté dans les défilés entre la Suisse et l'Italie, était ici remplacée par une ombre épaisse qui, en cet instant, s'épaississait, agitée et terrible, autour de l'institution, comme si elle se trouvait fouettée par un vent incessant.

Le refuge accueillant, qui se trouvait sous la juridiction de « Nosso Lar »[1], avait été fondé il y a plus de trois siècles, se dédiant à l'accueil des Esprits malheureux ou infirmes, décidés à travailler pour leur propre régénération, êtres qui s'élèvent jusqu'à des colonies de perfectionnement dans la Vie Supérieure ou qui retournent vers la sphère des hommes pour la réincarnation rectificatrice.

Pour cette raison, l'énorme pâté de maisons, pareil à une vaste citadelle installée avec toutes ses ressources défensives et de sécurité, entretient des secteurs d'assistance ainsi

---

[1] Note de l'auteur spirituel : Cité spirituelle de la Sphère Supérieure.

que des cours d'instruction, dans lesquels des médecins, des prêtres, des infirmiers et des professeurs, trouvent, après la mort terrestre, des apprentissages ainsi que des occupations de la plus haute importance.

Nous prétendions effectuer quelques observations à propos de la loi de causalité – le karma des hindous – et, dûment recommandés par le Ministre de l'Aide, nous nous trouvions ici, enchantés par les paroles de l'orienteur qui, dévoué, poursuivit après une longue pause :

– Il convient de noter que la Terre est perçue sous les plus divers angles. Pour l'astronome, il s'agit d'une planète qui gravite autour du Soleil ; pour le guerrier, c'est un champ de bataille où la géographie se modifie à la pointe de la baïonnette ; pour le sociologue, elle représente un grand abri dans lequel diverses races s'installent ; mais pour nous, la Terre est une précieuse arène de service spirituel, pareille à un filtre où l'âme se purifierait, peu à peu, au cours des millénaires, affinant des qualités divines pour l'ascension dans la gloire céleste. Voici la raison pour laquelle il faut soutenir la lumière de l'amour et de la connaissance au sein des ténèbres, de la même manière qu'il est nécessaire de maintenir le remède au cœur de la maladie.

Alors que nous écoutions, nous vîmes au dehors, à travers la matière transparente de la large fenêtre, la convulsion de la Nature.

Un vent fort, hurlant, qui emportait avec lui une substance obscure, pareille à de la boue vaporeuse, remuait avec violence en un étrange tourbillon, telle une cascade de ténèbres... Et du corps monstrueux de cette terrible tornade, des visages humains apparaissaient en d'abominables grimaces, vociférant des malédictions et gémissant.

Ils apparurent soudainement, attachés les uns aux autres comme une vaste chaîne de créatures accrochées entre elles, quand vient le danger, dans le but instinctif de dominer et de survivre.

Tout comme nous, Druso contempla le triste spectacle avec de la pitié qui transparaissait sur son visage.

Il nous fixa en silence, comme s'il nous invitait à la réflexion. Il semblait nous dire combien ce travail dans ce paysage de souffrance lui faisait mal, quand Hilario demanda :

– Pourquoi n'ouvre-t-on pas les portes à ceux qui crient là dehors ? Ne sommes-nous pas dans un poste de secours ?

– Si, répondit l'Instructeur, ému. Mais le salut n'est important que pour ceux qui désirent se sauver.

Et après une petite pause, il reprit :

– De ce côté-ci de la tombe, tout cela représenta pour moi la plus douloureuse surprise qui soit, la rencontre avec toutes ces bêtes humaines, qui habitaient le temple de la chair, sous l'apparence de personnes communes. Si nous les accueillons sans la préparation nécessaire, ils nous attaqueraient sur le champ, ravageant notre institut d'assistance pacifique. Et nous ne pouvons perdre de vue que l'ordre est la base de la charité.

Malgré l'explication ferme et sereine, Druso s'efforçait à se concentrer sur le panneau extérieur, si grande était la compassion qui se peignait sur son visage.

Peu après, rétablissant son expression faciale, l'Instructeur dit :

– Nous faisons face aujourd'hui à une importante tempête magnétique, et de nombreux habitants des régions inférieures sont arrachés par l'ouragan comme des feuilles sèches par un coup de vent.

– Et ont-ils conscience de cela ? demanda Hilario, perplexe.

– Très peu d'entre eux en ont conscience. Les êtres qui se maintiennent ainsi découverts, après la tombe, sont ceux qui ne trouvent pas le refuge moral du moindre principe noble. Leur cœur est tourbillonnant et enténébré, comme la tourmente elle-même, en raison des pensées désordonnées et cruelles qu'ils nourrissent. Ils haïssent et détruisent, mordent et blessent. Les installer maintenant dans les sanctuaires de secours établis ici, reviendrait au même que d'abriter des tigres au milieu des fidèles qui prient dans un temple.

– Mais restent-ils indéfiniment dans ce terrible déséquilibre ? insista mon compagnon, angoissé.

L'orienteur tenta de sourire et répondit :

– Non. De telles phases d'inconscience et de perte de repères passent également comme la tempête, bien que la crise puisse durer pendant de nombreuses années. Frappée par la tourmente des épreuves que la douleur lui impose, de l'extérieur vers l'intérieur, l'âme se reconstruit peu à peu, se calmant jusqu'à finalement embrasser les responsabilités qu'elle a créées pour elle-même.

– Alors vous voulez dire que le pèlerinage de purgation de l'Esprit, après la mort, dans les endroits de ténèbres et de souffrance, n'est pas suffisant pour que les débits de la conscience soient rachetés... dis-je à mon tour.

– Exactement, expliqua l'ami, en coupant mes considérations réticentes. Le désespoir équivaut à la folie dans laquelle les âmes se jettent en des explosions d'absence de retenue et de révolte. Il ne fait pas office de paiement dans les tribunaux divins. Il serait déraisonnable que le débiteur règle par des cris et des injures les engagements qu'il a contractés par le fruit de sa propre volonté. D'ailleurs, nous ressortons toujours plus malheureux des désordres mentaux auxquels nous nous abandonnons, imprévoyants, car nous nous trouvons plus endettés. La fièvre de la folie et de la rébellion terminée, l'Esprit coupable revient vers le remords et la pénitence. Il se calme comme la terre qui retrouve la sérénité et la patience, après avoir été insultée par un tremblement de terre, bien qu'elle ait été froissée et blessée. Alors, à l'image du sol qui à nouveau sert aux plantations profitables, il se soumet à la semence rénovatrice de ses destins.

Une attente tourmentée s'était emparée de nous quand Hilario demanda :

– Ah ! si les âmes incarnées pouvaient *mourir dans le corps*, quelques jours par an, non pas comme cela se produit lors du sommeil physique dans lequel elles se ressourcent, mais avec une pleine conscience de la vie qui les attend !...

– Oui, ajouta l'orienteur. Cela modifierait réellement l'aspect moral du monde ; cependant, l'existence humaine, pour aussi longue qu'elle soit, est un simple apprentissage au cours duquel l'Esprit a besoin de bénéfiques restrictions afin de réparer son chemin. En utilisant une nouvelle machine physiologique parmi ses semblables, il doit répondre à la rénovation qui le concerne et cela exige la centralisation de ses forces mentales dans l'expérience terrestre à laquelle il s'attache temporairement.

Les paroles fluides et sages de l'Instructeur étaient pour nous source d'un singulier enchantement et, parce que je me sentais le devoir de profiter de chaque minute, je réfléchis en silence quant à la qualité des âmes désincarnées qui souffraient la pression de la tourmente extérieure.

Druso perçut mon questionnement intérieur et sourit, comme s'il attendait ma question claire et positive.

Poussé par la force de son regard, je fis respectueusement observer :

– Face au douloureux spectacle auquel il nous est donné d'assister, nous sommes naturellement amenés à penser à l'origine de ceux qui vivent la plongée dans ce tourbillon d'horreur... S'agit-il de délinquants communs ou de criminels accusés de grandes fautes ? Trouverions-nous par ici des êtres primitifs comme nos indigènes par exemple ?

La réponse amie ne se fit pas attendre.

– De telles demandes m'envahirent également l'esprit, quand je suis venu ici, dit-il. Voici cinquante années successives que je suis dans ce refuge de secours, de prière et d'espoir. J'ai franchi le seuil de ce centre en tant que grave infirme, après le déliement d'avec mon corps terrestre. J'ai trouvé ici un hôpital et une école. Protégé, je me suis mis à étudier ma nouvelle situation, désirant servir. J'ai été brancardier, coopérateur de nettoyage, infirmier, professeur, magnétiseur, jusqu'à ce qu'il y a quelques années de cela, je reçoive, avec une grande joie, la tâche d'orienter l'institution, sous le commandement positif des instructeurs qui nous dirigent. Contraint à de patientes et laborieuses recherches, en raison de mes devoirs, je peux vous assurer que les épaisses ténèbres alentour proviennent des conséquences qui s'enténèbrent dans les crimes délibérés, éteignant la lumière de l'équilibre. Dans ces régions inférieures, les âmes ne transitent pas simplement au sein d'une quelconque affliction purgative, car elles se trouvent dans les erreurs naturelles des expériences primaires. Chaque être sera soumis, par l'attraction magnétique, au cercle d'évolution qui lui est propre. Jusqu'à ce que leur monde mental se développe, les sauvages, dans leur grande majorité, vivent presque toujours confinés dans la forêt qui résume leurs intérêts et leurs rêves, se retirant lentement de son champ tribal, sous la direction des Esprits bienveillants et sages qui les assistent. Et les âmes notoirement primitives, cheminent, pour la plupart, sous l'influence de génies bienfaisants qui les soutiennent et les inspirent, travaillant avec sacrifice dans les bases de l'institution sociale et profitant des erreurs, enfants des bonnes intentions, à la manière de précieux enseignements qui garantissent l'éducation de ces âmes. Je puis ainsi vous assurer : il n'y a que les esprits qui, connaissant les responsabilités morales, les fuient délibérément dans l'objectif délirant de leurrer Dieu lui-même, qui résident dans les zones infernales proprement dites. De cette manière, l'enfer peut absolument être défini comme étant un vaste champ de déséquilibre, établi par la méchanceté calculée, née de l'aveuglement volontaire et de la perversité absolue. Il y vit, parfois pendant des siècles, des Esprits qui se bestialisèrent, fixés dans la cruauté et dans l'égocentrisme. Mais représentant une large province vibratoire en connexion avec l'Humanité terrestre, puisque toutes les souffrances infernales sont des créations de cette dernière, ces tristes endroits fonctionnent comme des cribles nécessaires à tous les Esprits qui glissent dans les désertions d'ordre général, négligeant les responsabilités que le Seigneur leur accorde. De cette manière, toutes les âmes déjà investies dans la connaissance de la vérité et de la justice, et de ce fait, responsables pour l'édification du bien, et qui, sur Terre, s'égarent dans un délit ou un autre, manquant d'attention envers le devoir ennoblissant que le monde lui indiqua, demeurent dans ces lieux pendant des jours, des mois ou des années, après la mort de leur corps, reconsidérant leurs attitudes avant que ne survienne la réincarnation qui leur permettra de se rajuster aussi rapidement que possible.

– De cette manière...

Hilario se disposait à effectuer des conclusions, mais Druso, saisissant son idée, coupa en résumant :

– De cette manière, les génies infernaux qui imaginent gouverner cette région avec un pouvoir infaillible, vivent ici pour une durée indéterminée. Les créatures perverses qui s'assimilent à eux, bien que souffrant de leur domination, se laissent retenir ici pendant de longues années. Et les âmes dévoyées dans la délinquance et dans le vice, avec des possibilités d'une prochaine récupération, se trouvent en ces lieux engagées dans des stages, brefs ou réguliers, à apprendre que le prix des passions est terriblement trop élevé. Les centres de fraternité et d'assistance comme celui-ci, fonctionnent, actifs et diligents, accueillant quand cela se fait possible les créatures désincarnées de ce dernier type qui, bien que n'étant pas totalement libérées des complexités obscures avec lesquelles elles se jetèrent dans les ténèbres, se mettent à souffrir le repentir et le remords, le déchirement et la douleur, et les préparent au retour vers les expériences de nature expiatoire, dans la chair.

Je me souvenais de l'époque où j'avais marché, à mon tour, sur les sentiers de l'ombre, au moment de ma séparation d'avec le véhicule physique, confrontant mes propres états mentaux du passé et du présent, quand l'orienteur poursuivit :

– S'il est facile de reconnaître que les ténèbres forment un cadre qui fait ressortir plus fortement la lumière, l'enfer, en tant que région de souffrance et de disharmonie, peut tout à fait être considéré comme un établissement apte au filtrage de l'Esprit qui se trouve sur le chemin conduisant à la Vie Supérieure. Tous les lieux infernaux surgissent, vivent et disparaissent avec l'approbation du Seigneur, qui tolère de telles créations des âmes humaines, comme un père accepte les plaies que se sont faites ses enfants, et qui en profite pour les aider à valoriser la santé. Les Intelligences consacrées à la rébellion et à la criminalité, pour cette raison, bien qu'elles affirment travailler pour leur propre compte, demeurent au service du Seigneur qui corrige le mal par le mal lui-même. De ce fait, tout dans la vie n'est que mouvement en direction de la victoire du bien suprême.

Druso allait poursuivre, mais une sonnerie invisible retentit dans l'air et, se révélant alerté par l'imposition de l'instant, il se leva et nous dit simplement :

– Amis, voici venu le moment de notre conversation avec les internés qui étaient déjà pacifiés et lucides. Nous dédions quelques heures, deux fois par semaine, à une telle activité.

Nous nous levâmes d'un commun accord et le suivîmes, prestement.

2
Commentaires de l'Instructeur

La pièce dans laquelle nous nous rendîmes était confortable et ample ; mais l'assemblée expressive qui la remplissait était, en grande partie, désagréable et triste.

À la clarté de plusieurs lampadaires, nous pouvions observer, depuis la large estrade où nous avions pris place avec l'orienteur, les visages difformes qui, en plus grand nombre, se rassemblaient en ce lieu.

Ici et là, des infirmiers et des assistants, dont la position spirituelle était facilement discernable par la présence sympathique avec laquelle ils encourageaient les souffrants, s'installaient.

J'évaluai le nombre des infirmes qui se trouvaient amassés en face de nous, à environ deux cents.

Plus des deux tiers d'entre eux présentaient des difformités physionomiques.

Les personnes qui se seront rendues dans un établissement spécialisé dans les maladies de la peau, analysant l'ensemble des malades les plus graves, pourront imaginer ce qu'était cette assemblée d'âmes silencieuses et difficilement reconnaissables.

Remarquant la quiétude presque totale qui régnait dans le local, je faisais part à Druso de mon étonnement compte tenu que la tempête faisait rage au-dehors. Le généreux ami m'apprit que nous nous trouvions dans un salon intérieur de la citadelle, extérieurement revêtu d'isolants phoniques.

Intégrant l'équipe de la direction, Hilario et moi fîmes connaissance de compagnons agréables et distingués, les Assistants Silas, Honorio et la sœur Célestine, trois des plus remarquables assesseurs de cette institution d'aide.

La moindre conversation, au-delà des salutations communes, nous fut impossible, car après avoir indiqué l'un des infirmes qu'il chargea de faire la prière d'ouverture, prière que nous écoutâmes avec émotion, l'orienteur prit la parole et s'exprima avec naturel, comme s'il était en train de converser dans un groupe d'amis :

– « Frères, nous continuons, aujourd'hui, notre commentaire à propos du courage.

« Ne me croyez pas séparé de vous autres à cause de vertus que je ne possède pas.

« La parole facile et imposante est, bien souvent, dans notre bouche, un devoir épineux qui nous oblige à la réflexion et à la discipline.

« Je suis, ici aussi, un compagnon à l'attente du *retour*.

« La prison rédemptrice de la chair nous fait signe de revenir.

« C'est que le dessein de la vie travaille avec et en nous, par tous les moyens, afin de nous guider vers la perfection. Alors que nous réduisons ses impulsions amies en sens inverse à la Loi, nous créons en nous-mêmes affliction et souffrance.

« Dans le plan physique, un grand nombre d'entre nous imagine que la mort sera le point final à nos problèmes, tandis que de nombreux autres se prennent pour des privilégiés de la Bonté Infinie, car ils ont fait preuve d'attitudes superficielles, dans les temples religieux.

« Cependant, le voyage du sépulcre nous enseigna une grande et nouvelle leçon – nous nous trouvons indissolublement liés à nos propres œuvres.

« Nos actes tissent les ailes de la libération ou les menottes de la captivité, pour notre victoire ou notre perte.

« Nous ne devons notre destin à personne, si ce n'est à nous-mêmes.

« Cependant, s'il est vrai que nous nous trouvons aujourd'hui, sur les ruines de nos réalisations déplorables, nous ne sommes pas pour autant sans espérance.

« Si la sagesse de notre Père Céleste ne peut se passer de la justice pour être perçue, cette même justice ne se révèle pas sans amour.

« Si nous sommes nos propres victimes, nous sommes également les bénéficiaires de la Tolérance Divine qui nous ouvre les sanctuaires de la vie afin que nous sachions expier et s'acquitter, restaurer et rembourser.

« Alors que nous nous trouvions dans les derniers rangs, nous tuions le temps en instillant en nos semblables des sentiments et des pensées que nous ne désirions pas pour nous-mêmes, quand nous n'établissions pas, par cruauté et par orgueil, de vastes semailles de haine et de persécution.

« Mais avec de telles attitudes, nous avons créé pour notre mal la disharmonie et la souffrance qui assiègent notre existence, comme d'implacables fantômes.

« Le passé parle en nous, avec les cris du créancier exigeant, accumulant au-dessus de notre tête les fruits amers de la plantation que nous avons faite... Viennent alors les désajustements et les infirmités qui prennent notre esprit d'assaut, désarticulant nos corps de chair.

« Nous imaginions que la transition du sépulcre était un bain miraculeux qui libérerait notre Esprit, mais nous ressuscitons dans le corps subtil actuel avec les maux que nous avons alimentés en notre être.

« Ainsi, nos liaisons avec les retardataires demeurent actives. Les liens d'affection mal dirigée et les chaînes de l'aversion nous emprisonnent, encore, auprès de compagnons incarnés et désincarnés, dont un grand nombre se trouve en proie à des déséquilibres plus graves et écrasants que les nôtres.

« Nourrissant des désirs de régénération et d'amélioration, nous sommes aujourd'hui des créatures qui se réveillent entre l'Enfer et la Terre, s'harmonisant très étroitement les unes avec les autres, comme nous et nos actes.

« Nous nous trouvons imprégnés du rêve de rénovation et de paix, aspirant à l'immersion dans la Vie Supérieure. Cependant, qui pourrait acquérir la respectabilité sans s'acquitter face à la Loi ?

« Personne n'avance sans payer les dettes contractées.

« Comment parcourir le chemin des anges, les pieds attachés dans l'ornière des hommes qui dénoncent nos fautes en contraignant notre mémoire à plonger dans les ombres ?! ... »

Druso fit une courte pause et, après avoir fait un geste éloquent, comme s'il évoquait le paysage extérieur torturé, il poursuivit d'un ton émouvant :

– « Les souffrances infernales s'étirent, autour de notre pied-à-terre de travail et d'espoir…

« Combien d'âmes pétrifiées dans la rébellion et dans l'indiscipline s'adonnent à l'avilissement d'elles-mêmes ?

« Le Ciel représente une conquête, sans être quelque chose d'imposé.

« La Loi Divine, fondée sur la justice indéfectible, fonctionne avec impartialité pour tous. C'est la raison pour laquelle notre conscience reflète les ténèbres ou la lumière de nos créations individuelles.

« Alors qu'elle éclaire notre vision, la lumière nous révèle la route. Alors qu'elles nous aveuglent, les ténèbres nous enchaînent à la prison de nos erreurs.

« En harmonie avec les Desseins Supérieurs, l'Esprit révèle l'horizon tout proche et marche, courageux et serein, devant lui, afin de le dépasser ; cela dit, celui qui abuse de la volonté et de la raison, rompant le courant des bénédictions divines, modèle l'ombre autour de lui, s'isolant dans de douloureux cauchemars, incapable de poursuivre en avant.

« Définissant ainsi la position qui nous est particulière, nous pouvons dire que nous sommes des âmes entre la lumière des aspirations sublimes et la brume des débits scabreux, pour qui la réincarnation, en tant que recommencement de l'apprentissage, est une concession de la Sublime Bonté qu'il nous revient de mettre à profit, dans le rachat indispensable.

« En réalité, nous souffrirons encore longtemps les effets des liens avec nos complices et associés d'intempérance et de dérèglement, mais, disposant de nouvelles opportunités de travail dans le champ physique, il est possible de reconstruire le destin en se libérant des obscurs engagements et, par-dessus tout, en promouvant de nouvelles semailles d'affection et de dignité, d'éclaircissement et d'ascension.

« Nous soumettant aux dispositions des lois qui prévalent dans la sphère corporelle, nous aurons la félicité de retrouver d'anciens ennemis, sous le voile de l'oubli temporaire, qui ainsi nous rendra le précieux rapprochement plus facile.

« Ainsi, il ne dépendra que de nous de les transformer en amis et compagnons, car à souffrir leur incompréhension et leur antipathie, avec humilité et amour, nous sublimerons nos sentiments et nos pensées, en créant de nouvelles valeurs de vie éternelle au sein de nos âmes. »

Devant la pause que l'Instructeur fit dans ses considérations, je me tournai en direction de l'assemblée qui l'écoutait, suspendue dans l'enthousiasme d'une méditation élevée.

Plusieurs infirmiers qui se trouvaient ici avaient leur regard embué de larmes, tandis que d'autres affichaient le visage extatique des personnes qui se maintiennent entre la consolation et l'espérance.

Druso, qui sentait également l'effet de ses paroles sur les auditeurs réconfortés, continua :

– « Nous sommes des Esprits endettés dans l'obligation de tout donner en faveur de notre rénovation. Commençons à articuler des idées rédemptrices, dès à présent, afin de rendre possible la reconstruction de notre futur.

« Disposons-nous à pardonner à ceux qui nous ont offensés, avec le désir sincère de demander pardon à nos victimes.

« Alors que nous cultivons la prière avec le service envers le prochain, nous reconnaissons dans la difficulté le bon génie qui nous aide, nous mettant au défi par le plus grand effort à fournir.

« Réunissant toutes les possibilités qui se trouvent à notre portée, nous répandons, dans les provinces de ténèbres et de douleur qui nous entourent, l'aide de la prière et le concours du bras fraternel, préparant le retour vers le champ de la lutte – le plan corporel – où le Seigneur nous aidera à oublier le mal et à replanter le bien, par l'entremise de la bénédiction d'un corps nouveau.

« Pour nous, héritiers d'un long passé coupable, la sphère des corps physiques symbolise la porte de sortie de l'enfer que nous avons créé.

« Surmontant nos infirmités morales et éteignant les anciens vices, dans la victoire sur nous-mêmes, nous purifions les qualités de notre esprit, afin qu'en nous élevant, nous puissions tendre des mains amies à ceux qui gisent dans la boue de l'infortune.

« Nous, qui avons commis des erreurs dans les ombres, voyageurs tourmentés de la souffrance, nous, qui connaissons le désert de glace et le supplice du feu dans l'âme oppressée, se pourrait-il que nous trouvions une plus grande joie que celle de gravir quelques échelons dans le Ciel, afin de redescendre, avec assurance, vers les enfers, de manière à sauver ceux que nous aimons, aujourd'hui perdus comme hier nous l'étions, dans les cavernes de la misère et de la mort ? »

Les dizaines de personnes présentes s'entre-regardèrent, saisies d'admiration et heureuses.

À cette hauteur de ses commentaires, le mentor se trouvait nimbé d'une douce clarté qui émanait de son thorax en scintillements opalins.

Je posai mon regard sur mon compagnon et, percevant ses yeux embués de larmes, je cherchai à étouffer ma propre émotion.

L'Instructeur ne parlait pas comme un enseignant, à grand renfort de théorie. Il imprimait à sa voix une inflexion qui n'appartient qu'aux personnes portant en elles une douleur soufferte pendant longtemps, et il s'adressait aux humbles compagnons, rassemblés ici, comme si chacun d'entre eux avait été un enfant cher à son cœur.

– « Supplions le Seigneur, poursuivit-il de manière émouvante, afin qu'il nous concède les forces pour atteindre la victoire, victoire qui naîtra en nous, par la pleine compréhension. Ce n'est qu'au prix du sacrifice dans le réajustement que nous obtiendrons le passeport libérateur !... »

Le dirigeant du centre s'étant tu, une dame de l'assemblée se leva, triste, et, marchant jusqu'à nous, elle s'adressa à lui en larmes :

– Mon ami, pardonnez mon intervention. Quand donc partirai-je pour le champ terrestre, auprès de mon fils ? Je lui rends visite autant que possible, dans les ténèbres... Il ne me voit pas ni ne m'entend... Sans se rendre compte de la misère morale à laquelle il s'abandonne, il continue à se montrer autoritaire et orgueilleux... Cependant, Paulo n'est pas pour moi un ennemi... C'est un fils qu'il ne m'est donné d'oublier... Ah ! comment l'amour peut-il contracter de tels débits ?!...

– Oui... s'exclama Druso avec réserve. L'amour est la force divine que nous traînons souvent dans la boue. Nous la prenons, pure et simple, à la vie par laquelle le Seigneur nous a créés, et avec elle, nous inventons la haine et le déséquilibre, la cruauté et le remords, qui nous figent indéfiniment dans les ombres... C'est presque toujours plus par l'amour que nous nous égarons dans de poignants labyrinthes, en ce qui concerne la Loi... amour mal interprété... mal conduit...

Comme s'il revenait d'une rapide fugue dans son monde intérieur, il alluma un nouvel éclat dans son regard, effleura les mains de la femme torturée et annonça :

– Nous espérons que vous pourrez bientôt vous unir à votre garçon dans la précieuse entreprise du rachat. Selon les informations dont nous disposons, il ne restera plus longtemps dans les inhibitions dans lesquelles il se trouve encore. Faisons preuve de sérénité et de confiance...

Pendant que la pauvre femme se retirait avec un patient sourire, l'Instructeur nous dit :

– Notre sœur possède d'excellentes qualités morales, mais elle n'a pas su orienter le sentiment maternel avec son fils qui se trouve dans les ombres. Elle lui a inspiré des idées de supériorité malsaine, qui se condensèrent dans son esprit, lui facilitant des accès de rébellion et de brutalité. Transformé en un tyranneau social, le malheureux s'est retrouvé prisonnier, sans s'en rendre compte, dans le marécage ténébreux, après la mort du corps, et l'infortunée mère, se sentant responsable pour la plantation de tromperies qui ruina sa vie, s'efforce aujourd'hui de le retrouver.

– Et parviendra-t-elle à accomplir un tel dessein ? demanda Hilario avec intérêt.

– Sans l'ombre d'un doute, répliqua notre ami, persuasif.

– Mais... comment ?

– Notre amie, qui a ramolli la fibre de la responsabilité morale par l'excès de réconfort, reviendra à la réincarnation dans un milieu très pauvre où elle recevra, quand elle sera à nouveau une jeune femme, alors sans protection, l'enfant qu'elle a elle-même rendu problématique dans les anciens égarements de femme futile et riche. Le manque de moyens économiques lui sera inspirateur d'héroïsme et de courage, régénérant sa vision de la vie et purifiant ses énergies dans la forge de la difficulté et de la souffrance.

– Et triompheront-ils dans la dure tentative ? demanda mon compagnon, à nouveau fortement intrigué.

– La victoire est la joie que tous nous leur souhaitons.

– Et s'ils perdaient dans la bataille à venir ?

– À n'en pas douter, dit l'orienteur avec, dans la voix, une éloquente intonation, ils reviendront dans les précipices qui nous entourent en de pires conditions...

Après un triste sourire, Druso ajouta :

– Chacun d'entre nous, les Esprits endettés, amène avec lui, au moment de renaître dans la chair, un reflet du ciel qu'il rêve de conquérir et un vaste manteau de l'enfer qu'il a créé pour lui-même. Quand nous n'avons pas assez de force pour aller à la rencontre du ciel qui nous confère des opportunités d'ascension jusqu'à lui, nous retombons dans l'enfer qui nous fascine en arrière...

Notre amphitryon allait poursuivre, mais un vieillard chancelant vint jusqu'à nous et lui dit humblement :

– Ah ! Instructeur, je suis las de travailler dans les obstacles d'ici-bas !... Voici vingt ans que je porte des malades atteints de folie et révoltés jusqu'à cet asile !... Quand donc aurai-je un corps sur Terre afin de pouvoir me reposer dans l'oubli de la chair, aux pieds des miens ?...

Druso lui effleura la tête et répondit, ému :

– Ne faiblit pas, mon fils ! Console-toi ! Cela fait également de nombreuses années que nous sommes attachés à ce centre, par les injonctions de notre devoir. Servons avec allégresse. Le jour de notre départ sera déterminé par le Seigneur.

Le vieil homme se tint silencieux, le regard triste.

Tout de suite après, l'orienteur fit vibrer une petite clochette et l'assemblée se mit à l'aise pour une conversation libre.

Un jeune homme à l'expression sympathique s'approcha de nous et, après nous avoir affectueusement salués, il observa, inquiet :

– Instructeur ami, en écoutant vos paroles éducatives et ardentes, je demeure songeur quant aux énigmes de la mémoire... Pourquoi y a-t-il cet oubli de ce côté-ci de la mort physique ? Si j'ai eu d'autres existences avant la dernière, dont je cherche maintenant à corriger les erreurs, pour quelle raison ne m'en souviens-je pas ? Avant de partir pour le champ physique, dans le pèlerinage qui m'a donné le nom par lequel je réponds aujourd'hui, je dois avoir laissé de bons amis dans la vie spirituelle, comme quelqu'un qui voyage sur Terre d'un continent à l'autre laisse communément des liens d'affection avec des personnes qui lui sont chères et qui ne l'oublient pas... Comment justifier l'amnésie qui ne me permet pas de me souvenir des compagnons que je dois posséder en d'autres lieux ?

– Bien, dit sagement Druso, les Esprits qui dans la vie physique répondent à leurs devoirs avec exactitude, retrouvent sans problème les domaines de la mémoire, dès qu'ils se défont du corps dense, rentrant en communion avec les liens nobles et dignes qui les attendent dans la Vie Supérieure, afin de poursuivre le travail de perfectionnement et de sublimation qui les concerne ; cependant, pour nous, consciences préoccupées, la mort dans le véhicule physique ne représente pas la libération. Nous perdons notre enveloppe physiologique, mais nous demeurons liés au pilori invisible de nos fautes ; et la faute, mon ami, représente toujours un coin d'ombre qui éclipse notre vision. Nos facultés mémorielles, à propos de nos chutes morales, s'apparentent, d'une certaine manière, à des plaques photographiques qui, si elles ne sont pas correctement protégées, deviennent toujours inutiles.

Le mentor fit une brève pause dans ses considérations et continua :

– Représentons-nous la pensée comme un lac. Si les flots sont calmes et limpides, la lumière du firmament peut s'y refléter avec assurance. Mais si ces flots sont constamment agités par la révolte, les images se perdent avec la rupture engendrée par les eaux mobiles, principalement quand la vase accumulée sur le fond apparaît à la surface. Il est évident que nous sommes ici, dans les zones inférieures, des êtres humains fort éloignés de la rénovation spirituelle, même si nous sommes désincarnés.

Le jeune homme l'écoutait, visiblement surpris, et il était sur le point de poser de nouvelles questions pendant la pause qui s'était faite, mais anticipant ses paroles, Druso insista sur un ton amical :

– Observe la réalité en elle-même. Malgré les études auxquelles tu participes actuellement et malgré les sublimes espoirs qui occupent à présent ton cœur, ta pensée demeure retenue dans les lieux et paysages dont tu aurais dû te défaire après la mort. Alors que tu te trouves sur le chemin de la spiritualité, tu t'identifies à d'obscures réminiscences qui se trouvent loin dans le temps : le foyer, la famille, les engagements imparfaitement tenus, ... Tout cela représente du lest qui dirige ton esprit vers le monde physique, où nos débits réclament sacrifice et paiement.

– C'est vrai, c'est vrai... soupira le jeune homme, chagriné.

Mais l'Instructeur poursuivit :

– Sous hypnose, notre mémoire peut régresser et être retrouvée par moments. Mais cela est un phénomène de compulsion... Et il convient de satisfaire à la sagesse de la Nature en tout. Libérons le miroir de la pensée qui gît sous la boue du repentir, du remords et de la culpabilité, et ce miroir divin reflétera le Soleil avec toute la splendeur de sa pureté.

Druso allait poursuivre, mais l'arrivée d'un collaborateur empêcha la conclusion du sujet.

3
L'intervention dans la mémoire

Le nouveau compagnon, que le dirigeant du centre nous présenta comme étant l'Assistant Barreto, dit, une douleur lointaine lui assombrissant le regard :

– Instructeur Druso, trois des frères récemment internés dans l'Infirmerie Cinq sont entrés en crise d'angoisse et de rébellion…

– Je sais ce qui se passe, répondit l'orienteur. Il s'agit de la folie par télépathie hallucinatoire. Ils ne sont pas encore suffisamment forts pour résister à l'impact des forces perverses qui leur sont envoyées, à distance, par les compagnons malheureux.

– Que faut-il faire ?

– Évacue les patients normaux et applique dans l'infirmerie les rayons de choc. Nous n'avons pas d'autre solution.

Le messager se retira en nous frôlant, alors qu'un autre travailleur se présentait déjà, informant :

– Instructeur, l'écran de contrôle qui ne fonctionnait pas en raison de la tempête, à présent en déclin, vient de transmettre un douloureux message... Deux de nos expéditions de recherches se trouvent en difficulté dans les défilés des Grandes Ténèbres...

– La position a-t-elle été précisément indiquée ?

– Oui.

– Porte les textes reçus à l'appréciation du directeur des opérations urgentes. L'aide doit être envoyée aussi tôt que possible.

Un autre collaborateur vint jusqu'à nous, de manière inattendue, et demanda :

– Instructeur, je vous supplie de prendre des mesures pour la résolution du *cas Jonas*. Nous avons reçu un message de nos frères nous informant que sa réincarnation pourrait être définitivement interrompue.

Pour la première fois, je vis dans le regard du dirigeant de la « Mansão » une intense préoccupation. Révélant une énorme surprise, il demanda à l'émissaire :

– En quoi consiste l'obstacle ?

– Cécina, la future mère, se refuse à le recevoir après avoir senti ses fluides. Nous sommes en train d'assister à la quatrième tentative d'avortement, au cours du troisième mois de gestation, et nous faisons tout ce qui est possible pour la maintenir dans la dignité maternelle.

Un signe de sereine fermeté passa sur le visage de Druso ; il dit :

– Cela est inutile. La jeune mère l'acceptera, selon ses propres engagements. De plus, nous avons besoin de l'internement de Jonas dans le corps physique, durant, au minimum, sept années terrestres. Amenez Cécina jusqu'ici, aujourd'hui même, dès qu'elle se sera abandonnée au sommeil naturel, afin que nous puissions l'aider par une intervention magnétique nécessaire.

D'autres éléments de service arrivaient et, affamé d'éclaircissements comme je me trouvais, je cherchai un recoin tout proche, en compagnie de l'Assistant Silas, que je bombardai de questions, sur un ton discret, de manière à ne pas perturber la salle.

Qui étaient ces travailleurs ? Était-ce juste que le dirigeant du centre fût importuné de la sorte, par tant de consultations, quand les travaux d'administration pouvaient être clairement sous-divisés ?

L'ami s'empressa de répondre à mes questionnements, m'expliquant que les messagers n'étaient pas de simples travailleurs, mais des conducteurs de service en sous-commandements déterminés. Chacun d'entre eux, Assistants et Assesseurs, cultivés et dignes, avec d'énormes responsabilités ne venaient recourir à Druso qu'après avoir pris toutes les mesures possibles dans le cadre de leur autorité. Il ne s'agissait donc pas d'un problème de centralisation, mais de lutte intensive.

– Et ce cas de réincarnation en attente ? osai-je demander, respectueux. Le centre pouvait-il donner son point de vue avec assurance dans la résolution d'un tel sujet ?

Silas sourit, bienveillant, et répondit :

– Afin que je me fasse comprendre, il convient de préciser que s'il existe des réincarnations liées aux plans supérieurs, nous avons celles que prennent leurs racines directement dans les plans inférieurs. Si le pénitencier est actif parmi les hommes, en fonction de la criminalité qui sévit dans le monde, l'enfer existe, dans la Spiritualité, en fonction de la culpabilité au sein des consciences. Et comme nous pouvons déjà compter dans la sphère corporelle sur une justice sincèrement désireuse d'aider les délinquants dans le rétablissement, à travers la libération conditionnelle et les prisons-écoles organisées par les autorités qui dirigent les tribunaux humains au nom des lois, ici aussi, les représentants de l'Amour Divin peuvent mobiliser des potentiels de miséricorde au profit des Esprits endettés, dès qu'ils se révèlent dignes du secours qui raccourcit leur sauvetage et leur régénération.

– Ca veut dire, m'exclamai-je, qu'en bonne logique terrestre, et recourant à un langage qu'utiliserait un homme dans l'expérience physique, il y a des réincarnations en parfaite connexion avec les plans infernaux…

– Oui. Pourquoi cela ne serait-il pas possible ? Elles font office de précieuses opportunités de libération des cercles ténébreux. Et comme de telles renaissances dans la chair n'ont d'autres caractéristiques que celles de travail expiatoire, ce sont bien souvent des entreprises planifiées et exécutées depuis ici, par des bienfaiteurs accrédités pour agir et aider au nom du Seigneur.

– Et dans ces cas, demandai-je, l'Instructeur Druso s'est vu délégué les pouvoirs nécessaires afin de résoudre les problèmes de cet ordre ?

– Notre dirigeant, répondit l'ami serviable, comme il est juste, ne jouit pas de facultés illimitées et cette institution est suffisamment grande pour absorber ses plus grandes attentions. Cependant, durant les processus « réincarnatoires », il intervient comme une autorité intermédiaire.

– De quelle manière ?

– Deux fois par semaine, nous nous réunissons dans le Cénacle[2] de la « Mansão », et les messagers de la lumière, par des instruments adaptés, délibèrent sur le sujet, appréciant les cas que notre centre leur soumet.

– Les messagers de la lumière ?

– Oui, ce sont les préposés des Intelligences angéliques qui ne perdent pas de vue les contrées infernales, car même si les génies de l'ombre ne le reconnaissent pas, les forces du Ciel veillent sur l'enfer qui existe afin de contrôler le travail régénérateur sur Terre.

---

2 Note de l'Auteur Spirituel : temple privé de l'institution.

Et, souriant, il ajouta :

– Tout comme le malade exige un remède, nous avons besoin de la purge spirituelle afin d'être habilités pour la vie dans les sphères supérieures. L'enfer pour l'âme qui l'a érigé en elle-même, représente ce que la forge est pour le métal : il s'y épure et s'y modèle convenablement...

Le compagnon allait poursuivre, mais un bruit étrange attira notre attention au moment même où un émissaire franchit une des portes, située à côté de nous et, s'approchant de Druso, il annonça :

– Instructeur, depuis que la tempête s'est calmée, l'assaut des rayons destructeurs a repris...

L'orienteur eut un geste de préoccupation et recommanda :

– Branchez les batteries d'annulation. Nous observerons notre défense depuis l'Aiguille de Surveillance.

Ensuite, il nous invita à l'accompagner.

Silas, Hilario et moi, le suivîmes sans hésiter.

Nous traversâmes de très vastes couloirs et de larges salles qui suivaient une pente ascendante graduelle, jusqu'à ce que nous commencions à monter de manière plus franche.

Le lieu connu sous le nom d'Aiguille de Surveillance était une tour pourvue d'un escalier hélicoïdal, qui se trouvait à quelques dizaines de mètre au-dessus du grand et complexe édifice.

Au sommet, nous prîmes place dans un petit cabinet dans l'enceinte duquel d'intéressants appareils nous permirent d'observer le paysage extérieur.

Ils ressemblaient à de petits télescopes qui fonctionnaient comme des émetteurs de rayons qui éliminaient le brouillard, nous permettant d'avoir une notion exacte du milieu oppressant qui nous entourait, peuplé de créatures agressives et exotiques qui fuyaient, épouvantées, devant le grand groupe d'entités qui manœuvrait de curieuses machines, à l'apparence de petits canons.

– Serions-nous assaillis par une armée offensive ? demandai-je, intrigué.

– C'est exactement cela, confirma Druso, calmement. Mais ces attaques sont communes. Nos malheureux frères s'imaginent déloger notre centre par cette invasion, et nous livrer à l'inaction, afin de dominer la région.

– Et ces machines ? À quoi servent-elles ? demanda mon compagnon, effrayé.

– Nous pouvons les définir comme étant des canons de bombardement électronique, expliqua l'orienteur. Les décharges sur nous sont méticuleusement étudiées afin qu'elles nous atteignent sans erreur dans la vitesse de tir.

– Et si elles nous atteignaient ? demanda mon collègue.

– À n'en pas douter, elles provoqueraient ici des phénomènes de désintégration, susceptibles de nous conduire à notre perte complète, sans parler des perturbations qu'elles créeraient chez nos frères malades, encore incapables de fournir le moindre effort pour se déplacer vers une autre destination, car les rayons projetés contre nous contiennent des principes de torture qui provoquent les pires crises de terreur et de folie.

Non loin de nous, un bruit sinistre vibrait dans l'atmosphère. Nous avions l'impression que des milliers de projectiles invisibles fendaient violemment l'air, sifflant à courte distance avant de terminer leur course dans des claquements secs, qui nous inspiraient une terrifiante impression.

Peut-être parce qu'Hilario et moi démontrions une épouvante impossible à dissimuler, Druso dit paternellement :

– Soyons tranquilles. Nos barrières d'annulation fonctionnent efficacement.

Et il nous indiqua du regard une étonnamment longue muraille, constituée de milliers de hampes métalliques, entourant la citadelle dans toute son étendue, comme s'il s'était agi d'une grande quantité de paratonnerres habilement disposés.

De tous les coups assénés contre le flan attaqué surgissaient des étincelles électriques qui fulguraient aux points de contact, attirées par les barres verticales.

Dans sa beauté terrible, le spectacle se caractérisait, à l'œil nu, par le scintillement des contrastes, entre l'ombre et les flashs de lumière.

– Ici, les conflits sont incessants, nous dit l'orienteur. Mais nous avons appris dans ce centre que la paix n'est pas une conquête de l'inertie mais le fruit de l'équilibre entre la foi dans le Pouvoir Divin et la confiance en nous-mêmes, dans le travail pour la victoire du bien.

Mais à cet instant, un serviteur du centre pénétra dans la pièce et dit :

– Instructeur Druso, conformément aux ordres donnés, le malade recueilli la nuit passée, a été installé dans le cabinet d'aide magnétique, attendant votre intervention.

– Est-il parvenu à dire quelque chose ?

– Non. Il continue seulement à pousser quelques gémissements de temps à autre.

– Aucun indice d'identification ?

– Aucun.

L'infatigable mentor nous invita à le suivre, expliquant que l'opération à venir pourrait offrir d'importants éléments d'étude pour le travail que nous nous disposions à réaliser.

Un bref moment plus tard, nous nous trouvions tous les quatre dans une salle aux proportions régulières, qui primait par sa simplicité et par une couleur d'un bleu reposant.

Étiré en décubitus[3] dorsal sur une table démontable, un homme difforme se trouvait là, respirant à peine.

3 Note du Traducteur : *décubitus* : position du corps au repos lorsqu'il est allongé sur un plan horizontal

Afin de nous référer avec franchise à la créature qui se trouvait sous nos yeux, il nous faut affirmer que l'aspect du malheureux en arrivait à être repoussant, malgré les soins dont il avait fait l'objet.

Il paraissait souffrir d'une inqualifiable hypertrophie, ses bras et ses jambes étant énormes. Cependant, l'endroit où l'augmentation volumétrique de l'instrument périsprital se faisait la plus troublante, c'était justement le masque physionomique, dans lequel tous les traits se confondaient, comme si nous nous étions trouvés face à une étrange sphère à la place de la tête.

S'agissait-il d'un homme qui se serait désincarné au cours d'un accident terrestre, attendant ici le soulagement immédiat qui est dû aux accidentés communs ?

Druso perçut notre question silencieuse et expliqua :

– Il s'agit d'un compagnon difficilement identifiable, amené en ces lieux par une de nos expéditions de secours.

– Mais a-t-il été récemment libéré du monde physique ? demanda mon collègue, aussi douloureusement impressionné que moi.

– Pour le moment, nous ne le savons pas, précisa l'orienteur. C'est une de ces pauvres âmes qui aura laissé le cercle physique sous l'empire d'une terrible obsession, si terrible qu'il n'aura pas pu recueillir le soutien spirituel des légions charitables qui opèrent dans les tombeaux. Il a indubitablement quitté le corps dense sous une absolue subjugation mentale, sombrant dans d'angoissants problèmes.

– Mais pourquoi une telle calamité ? demanda Hilario, saisi par la stupéfaction.

– Mon ami, répliqua Druso, bienveillant, ne serait-il pas plus juste de sonder les motifs pour lesquels nous avons décidé de contracter des débits aussi lourds ?

Et, modifiant le ton de sa voix, qui prit une inflexion triste et émouvante, il conseilla :

– Les régions infernales sont bondées de souffrance que nous créons nous-mêmes. Il nous faut équilibrer le courage et la compassion au même niveau, pour répondre avec assurance à nos engagements en ces lieux.

Je fixai le malheureux frère qui se maintenait dans une profonde frustration, comme l'infirme qui se trouve dans le coma et, considérant les impératifs de notre apprentissage, je demandai :

– Pourrons-nous connaître la raison de la surprenante difformité que nous sommes en train d'examiner ?

L'orienteur perçut l'essence constructive de ma demande et répondit :

– Le phénomène, dans son entier, est de nature spirituelle. Rappelez-vous que la douleur, dans le véhicule physique, est un fait réel dans le cerveau, mais purement imaginaire dans l'organe qui croit la ressentir. À travers les cellules cérébrales, l'esprit enregistre la disharmonie corporelle, contraignant le trouble organique au service, parfois torturé et difficile, du réajustement. Ici aussi, l'aspect anormal, voire monstrueux, résulte des déséquilibres dominants de l'esprit qui, corrompu par le vice de certaines impressions ou enflammé par la souffrance, perd temporairement le contrôle de la forme, permettant ainsi que les délicats tissus du corps périsprital se perturbent, agités, en conditions anormales. Au cours d'une telle situation, l'âme peut tomber sous l'empire d'Intelligences perverses, et il en découle les faits regrettables qui produisent l'animalisation transitoire par effet hypnotique.

Mais je notai que, compatissant, l'Instructeur ne désirait pas prolonger les explications qui ne se référaient pas à l'aide due aux malheureux, et je me tus.

Druso se pencha sur lui avec l'extrême douceur d'une personne qui ausculterait un frère bien aimé, et annonça :

– Essayons de l'écouter.

Incapable de contenir l'étonnement qui me saisit, je demandai :

– Il dort ?

Le mentor fit un geste affirmatif, expliquant :

– Notre malheureux ami se trouve sous une terrible hypnose. Il a été indéniablement conduit à cette situation par de redoutables adversaires qui, à n'en pas douter, figèrent sa pensée dans un douloureux souvenir, de manière à le torturer.

– Mais, insistai-je, ému, un tel martyre pourrait-il survenir sans motif juste ?

– Mon ami, dit expressivement l'orienteur, à l'exception du chemin glorieux des grandes âmes, qui élisent dans le sacrifice l'apostolat d'amour par lequel elles aident les compagnons de l'Humanité, le roncier de la souffrance ne prolifère pas sans les racines de la culpabilité. Afin d'atteindre la misère dans laquelle il se trouve, notre frère aura accumulé des débits excessivement lourds.

Ensuite, coupant court à tout désir de divagation, il ajouta :

– Désintégrons les forces magnétiques qui dominent ses centres vitaux et aidons sa mémoire afin qu'il se libère et parle.

En raison, peut-être, de mon regard qui lança une demande muette d'éclaircissement plus important, il ajouta :

– Il ne serait pas juste d'agir sur la base d'hypothèses. Il est indispensable d'écouter les délinquants et les victimes, afin qu'à travers leurs informations, nous sachions par où commencer l'œuvre de secours.

Je cherchai à faire taire les questions inopportunes et je m'abandonnai à l'attente.

Tout de suite après, l'Assistant, Hilario et moi, établîmes une chaîne de prières, instinctivement, sans s'être au préalable consultés. Et comme si nos forces réunies fortifiaient l'Instructeur qui affichait une expression calme et optimiste, celui-ci se mit à opérer magnétiquement, appliquant des passes de dispersion sur le compagnon en prostration.

L'infirme réagit par des mouvements graduels, comme s'il émergeait d'un long sommeil.

Après quelques minutes, l'orienteur posa sa main droite sur la tête difforme, donnant l'impression de vouloir appeler sa mémoire au réveil nécessaire et, par la suite, le pauvre frère se mit à gémir, révélant la terreur d'une personne qui soupirerait pour se détacher d'un cauchemar.

Parce que Druso interrompit l'opération, le maintenant dans cet état, Hilario demanda, affligé :

– Doit-il alors demeurer ainsi, à la limite de la veille, sans reprendre le contrôle de lui-même ?

– Le retour immédiat à la réalité n'est pas souhaitable, expliqua le mentor ami. Il pourrait souffrir d'une regrettable crise de folie aux graves conséquences. Il restera parmi nous, dans cet état, avec l'esprit enchevêtré à l'idée fixe qui emprisonne ses pensées dans le même cercle vicieux, afin que nous venions à connaître le problème crucial, sans la moindre distorsion.

Les paroles de l'orienteur dénotaient une grande expérience de la psychologie des Esprits victimes dans les ténèbres.

Après une nouvelle intervention du mentor sur la glotte, le malheureux desserra les paupières et, écarquillant les yeux, il commença à hurler :

– Au secours ! Au secours !... je suis coupable, coupable !... Je n'en peux plus... Pardon ! Pardon !

S'adressant à Druso qu'il prit, visiblement, pour un magistrat, il s'exclama :

– Votre honneur, votre honneur !... finalement, je peux enfin parler ! Laissez-moi parler !...

Le dirigeant de la « Mansão » lui effleura sa tête tourmentée et répliqua sur un ton amical :

– Parle, dis ce que tu désires.

Le visage du pensionnaire se couvrit de larmes, laissant entrevoir la surexcitation des somnambules qui transforment la faiblesse en énergie inattendue, et commença à parler avec componction :

– Je suis Antonio Olimpio... le criminel !... Je dirai tout. En vérité, j'ai péché, j'ai péché... pour cela, il est juste... que je souffre dans l'enfer... Le feu torture mon âme sans la consumer... Je sais que c'est le remords... Si j'avais su, je n'aurais pas... commis la faute... mais je n'ai pu résister à l'ambition... Après la mort de mon père... je me suis vu dans l'obligation... de partager notre domaine agricole avec mes deux frères, plus jeunes... Clarindo et Léonel... Mais j'avais en tête des plans... Je voulais transformer la propriété... que j'administrais... en grande source de revenus, mais... le partage m'embarrassait... Je me suis rendu compte que mes frères... avaient des idées différentes des miennes... et j'ai commencé à machiner le projet... que j'ai fini par exécuter...

Une crise de sanglots brouilla sa voix, mais Druso, le soutenant magnétiquement, insista :

– Continue, continue...

– J'ai alors cru, poursuivit le malade avec un accent plus ferme, que je pourrais seulement être heureux si je supprimais mes frères et... quand l'inventaire des biens était sur le point d'être effectué, je les ai invités à venir se promener avec moi... en barque... pour inspecter un grand lac de notre propriété... Mais auparavant, je leur avais donné à boire une liqueur qui les endormirait... J'ai calculé le temps que la drogue réclamerait pour agir avec certitude et... alors que nous conversions... d'un geste délibéré je déséquilibrai l'embarcation en un endroit connu... pour ses eaux profondes... dès que je perçus chez eux des signes de fatigue... Ah ! quelle calamité inoubliable !... J'entends encore leurs cris d'horreur propres à glacer le sang, alors qu'ils imploraient de l'aide... mais... le corps engourdi... ils trouvèrent la mort en quelques minutes... J'ai nagé, la conscience lourde, mais fermement décidé dans mes projets malavisés... abordant le rivage et hurlant à l'aide... Avec une attitude étudiée, je dépeignis un accident fictif... C'est ainsi que je suis entré en pleine possession de la ferme, la léguant, plus tard, à Luis... mon fils unique... Je fus un homme riche et tenu pour honnête... L'argent me fit acquérir les considérations sociales et les privilèges publics que la politique confère à tous ceux qui se font vainqueurs dans le monde... par la sagacité et par l'intelligence... De temps à autre, je me souvenais de mon crime... nuage perpétuel qui venait assombrir ma conscience... mais... en compagnie d'Alzira... l'épouse inoubliable... je cherchai des distractions et des voyages qui retenaient mon attention... Je n'ai jamais pu être heureux... Durant la jeunesse de mon fils... ma femme tomba gravement malade... et de la fièvre qui la dévora pendant de nombreuses semaines... elle passa à la folie... qui la conduisit à se noyer dans le lac... par une nuit d'épouvante. Veuf... je me demandais si elle n'avait pas été le jouet... du fantôme de mes victimes... mais... je craignais toutes les allusions autour de la mort... et je cherchai simplement à *jouir* de la fortune qui était mienne...

Le malheureux fit une longue pause afin de se ressaisir, devant notre attente, avant de poursuivre :

– Mais pauvre de moi !... Dès que mes yeux physiques se fermèrent... devant la tombe... les prières payées ne me servirent à rien... car mes frères que j'imaginais morts... se firent visibles devant moi... Transformés en vengeurs, ils m'attendaient à côté de ma tombe... Ils me jetèrent le crime au visage... me couvrirent d'insultes et me torturèrent sans compassion... jusqu'à ce que... peut-être... fatigués de me rouer de coups... ils me conduisirent dans une caverne ténébreuse... où j'ai été réduit au cauchemar dans lequel je me trouve... Je ne vois... dans mes pensées... que la barque dans un crépuscule sinistre... entendant les hurlements de mes victimes... qui sanglotent et éclatent de rire étrangement... Pauvre de moi !... Je suis prisonnier de l'embarcation terrible... sans que je puisse me détacher... Qui me fera dormir ou mourir ?...

Comme si la fin de la confession lui avait apporté un certain repos, le malade se plongea dans une profonde apathie.

Druso lui essuya ses larmes, lui adressa quelques paroles de réconfort et de douceur, et recommanda à l'Assistant de le ramener à l'infirmerie spécialisée. Ensuite, pensif, il nous dit :

– Nous savons déjà le nécessaire afin d'établir un point de départ dans la tâche d'assistance. Nous reviendrons sur son cas le moment opportun.

Et, l'air lointain, il ajouta, après une longue pause :

– Que Jésus nous protège.

Il ne nous fut, dès lors, plus possible d'ajouter la moindre observation, car un messager venait informer l'Instructeur qu'un groupe de désincarnés récents était prêt à arriver, et nous l'accompagnâmes dans le travail qu'il définissait comme étant « une tâche d'inspection ».

4
Quelques Esprits récemment désincarnés

Nous atteignîmes une large enceinte construite à l'image d'un patio intérieur aux proportions justes et amples.

J'eus l'impression de pénétrer dans un hall énorme, quelque peu similaire à certaines gares ferroviaires terrestres, car des dizaines d'entités se trouvaient en attente dans les installations prévues à cet effet, installations qui se trouvaient disposées sur le pourtour de la salle avec soin.

À dire vrai, je ne vis aucun des visages refléter la moindre marque de pleine allégresse.

Les différents groupes se divisaient entre la préoccupation et la tristesse, certains d'entre eux étant engagés dans de discrètes conversations.

Nous pouvions percevoir, sur notre passage, divers dialogues, à l'exemple d'un un cercle restreint où nous entendîmes des phrases comme celles-ci :

– Crois-tu qu'elle puisse à présent se dévouer au juste changement ?

– Difficilement. Elle s'est pendant très longtemps concentrée dans la perte de contrôle de sa vie.

Un peu plus loin, nous entendîmes de la bouche d'une femme qui s'adressait à un jeune homme au visage angoissé :

– Mon garçon, fais preuve de sérénité. Selon les informations de l'Assistant Claudio, ton père ne sera pas en condition de nous reconnaître. Il aura besoin d'une longue période de temps pour revenir à lui.

Il n'était possible de saisir que des fragments de conversation comme ceux-ci lors de notre traversée.

À un certain endroit de ce lieu mouvementé, Druso nous confia avec générosité aux bons soins de Silas, mentionnant les obligations urgentes auxquelles il devait consacrer son attention.

Nous nous retrouverions le jour suivant. L'aimable promesse m'obligea à considérer l'aspect du temps.

En raison de l'ombre régnante, nous ne pouvions savoir s'il s'agissait de la journée ou de la nuit. C'est la raison pour laquelle se trouvait ici une grande horloge, au large cadran qui recouvrait les vingt-quatre heures. Elle avait pour moi le même office que la boussole pour le voyageur, et elle m'informa que nous étions en pleine nuit.[4]

Le son d'invisibles cloches résonnait à présent dans l'air et, se rendant compte de notre curiosité, Silas expliqua que le convoi entrerait dans le hall d'ici quelques minutes.

Je profitai de ce moment pour poser les questions qui me semblaient nécessaires.

Quelle espèce d'êtres attendions-nous ici ? Des désincarnés récents en quelles conditions ? Comment s'organisait le

---

4 Note de l'Auteur spirituel : Nous nous référons aux régions incrustées dans les domaines du globe terrestre, soumises aux mêmes lois qui régissent le temps.

convoi ? Venait-il quotidiennement à l'institution, répondant à un horaire précis ?

Le compagnon, qui se disposait à nous assister, expliqua que les entités qui se trouvaient sur le point d'entrer faisaient partie d'une équipe de dix-neuf personnes, accompagnées de dix serviteurs du centre, qui orientaient leur excursion. Il s'agissait de désincarnés récents en déséquilibre mental, mais créditeurs d'une assistance immédiate, du fait qu'ils ne se trouvaient pas plongés dans le désespoir, pas plus qu'ils ne s'étaient entièrement compromis avec les forces dominantes dans les ténèbres. Il expliqua aussi que le groupe était constitué de travailleurs spécialisés, sous la responsabilité d'un Auxiliaire, et qu'ils voyageaient, sans véhicules imposants, emportant seulement le matériel indispensable à la locomotion dans le lourd milieu des ombres, aidés par quelques chiens intelligents et serviables.

La « Mansão » comptait deux groupes de cette nature.

Quotidiennement, l'un d'eux atteignait ce domicile de réajustement, se remplaçant dans le pieux travail de secouriste.

Cependant, précisa-t-il, leur arrivée ne se fait pas à heure fixe, du fait que le pèlerinage dans les domaines des ténèbres obéit communément à des facteurs circonstanciels.

Notre interlocuteur avait à peine terminé que l'expédition pénétrait dans le vaste hall.

Les coopérateurs responsables étaient apparemment calmes. Cependant, le regard de certains d'entre eux laissait transparaître une profonde préoccupation.

Par contre, les êtres recueillis, à l'exception de cinq individus qui se trouvaient sur des brancards, en complète dysharmonie et endormis, révélaient des perturbations manifestes qui, pour quelques-uns, s'exprimaient par une folie désagréable, bien qu'elle eût été sans danger.

Pendant que les infirmiers, doux et attentifs, s'évertuaient à les aider, et que les chiens, exténués, se couchaient, ces êtres qui venaient d'arriver parlaient et se plaignaient, démontrant une parfaite absence mentale de la réalité, inspirant pitié et gêne.

Silas nous invita à nous mettre à l'œuvre.

Effectivement, il nous revenait de faire quelque chose au nom de la coopération.

Le chef du groupe s'approcha de nous et l'Assistant nous le présenta d'un geste amical.

Il s'agissait de l'Auxiliaire Macédo, précieux conducteur des travaux de secours.

Proches et parents des nouveaux venus nous entouraient à présent, avec des expressions d'allégresse et de souffrance.

Plusieurs femmes que j'avais vues, auparavant, se tenant dans une attente inquiète, versaient des larmes discrètes.

Je remarquai que les créatures récemment déliées du corps dense, perturbées comme elles se trouvaient, portaient en elles tous les signes des maladies que leur avait imposés la désincarnation.

Un bref examen clinique aurait sans doute pu rendre possible la lecture du diagnostic individuel.

Une dame sympathique s'approcha d'une jeune femme qui avançait, soutenue par la douceur d'une des infirmières de l'institution, et, la prenant dans ses bras, elle pleurait sans mots. La jeune femme récemment libérée recevait son affection en demandant, de manière émouvante :

– Ne me laissez pas mourir !... Ne me laissez pas mourir !...

Se révélant enfermée dans le souvenir des derniers instants dans le corps terrestre, le regard torturé et larmoyant, elle avança vers Silas en s'exclamant :

– Mon père ! Mon père, laissez-moi recevoir la bénédiction du sacrement de l'extrême-onction, mais que la faux de la mort soit éloignée de mon âme !... J'ai essayé d'éteindre ma culpabilité dans la source de la charité envers les laissés-pour-compte, mais l'ingratitude dont j'ai fait preuve envers ma mère parle très fort dans ma conscience malheureuse !... Ah ! pourquoi l'orgueil m'a-t-il ainsi rendue aveugle, au point de la condamner à la misère ?!... Pourquoi, il y a vingt ans, ne possédai-je pas la compréhension que j'ai maintenant ? Une petite pauvre, mon père ! Vous rappelez-vous d'elle ? Elle était une humble actrice qui m'éleva avec une immense douceur !... Son existence a tourné autour de moi... Des feux de la rampe festive, elle est descendue vers le rude labeur domestique afin de conquérir notre pain... Elle avait la société contre elle, et mon père, sans faire preuve de courage pour lutter au nom de notre félicité à tous, la laissa se traîner dans l'extrême pauvreté, couard et infidèle aux engagements qu'il avait librement acceptés...

La malheureuse fit une courte pause, ses larmes se mêlant à celles de cette noble femme qui la tenait contre sa poitrine et, l'esprit emprisonné dans la confession qu'elle faisait *in extremis*, elle reprit, comme si le prêtre se trouvait à côté d'elle :

– Pardonnez-moi, mon père, au nom de Jésus, mais alors que j'étais jeune et que je rentrais en possession de l'importante dote que mon père m'avait léguée, je me mis à avoir honte de l'ange maternel qui avait étendu ses blanches ailes sur ma vie et, m'alliant à l'homme vaniteux que j'avais épousé, je l'expulsai de notre maison !... Oh ! je ressens encore le froid de cette terrible nuit d'adieux !... Je lui ai lancé au visage de cruelles phrases... Afin de justifier ma bassesse de cœur, je l'ai calomniée sans pitié !... Voulant m'élever dans l'estime de l'homme que j'avais épousé, j'ai menti en affirmant qu'elle n'était pas ma véritable mère ! Je l'ai montrée comme étant une voleuse qui m'avait volée à la naissance !... Je me souviens du regard de douleur et de compassion qu'elle me lança au moment de partir... Elle ne se plaignit pas,

pas plus qu'elle ne réagît... Elle m'a seulement contemplé, tristement, les yeux boursouflés d'avoir tant pleuré !...

À cet instant, la dame qui la soutenait caressa ses cheveux en bataille et chercha à la réconforter :

– Ne t'agite pas. Repose-toi... repose-toi...

– Ah ! Quelle est cette voix ? cria la jeune femme affolée par l'angoisse.

Et, tâtonnant les mains affectueuses qui caressaient ses joues, elle s'exclama, sans les voir :

– Oh ! mon père, on dirait qu'elle se trouve ici, auprès de moi !...

Et, levant ses yeux éteints et suppliants au ciel, elle implora, en pleurs :

– Ô mon Dieu, ne me laissez pas la rencontrer avant que j'aie pu payer mes débits !... Seigneur, ayez pitié de moi, pécheresse qui vous a offensé, humiliant et blessant la mère pleine d'amour que vous m'avez donnée !...

Mais avec l'aide de deux infirmières, la sympathique dame qui la cajolait la mit sur un lit portable, avant de lui imposer le silence à l'aide d'une tendresse infinie.

Percevant mon émotion, Silas expliqua après avoir veillé à l'installation de la malade :

– Cette généreuse dame qui l'a recueillie dans ses bras n'est autre que la mère venue à la rencontre de sa fille.

– Que dites-vous ?! s'exclama Hilario, stupéfait.

– Oui, elle l'accompagnera tendrement, sans se faire reconnaître, afin que la pauvre désincarnée ne souffrît pas de chocs préjudiciables. Le traumatisme périsprital lui vaudra une longue période de déséquilibre et d'affliction.

– Et pour quelle raison la malade a-t-elle décidé de se confesser, de cette manière ? demanda mon collègue, intrigué.

– C'est un phénomène commun, dit l'Assistant. Les facultés mentales de notre sœur souffrante se sont figées dans le remords, à cause du plus grand délit qu'elle ait commis lors de sa dernière existence, et, depuis qu'elle a été plus intensément touchée par les réflexions de la mort, elle s'est entièrement abandonnée à de telles réminiscences. Pour avoir entretenu la foi catholique romaine, elle s'imagine encore devant un prêtre, s'accusant pour la faute qui a maculé sa vie...

J'avais été profondément blessé par cette scène que m'offrait la vérité, et dont la rudesse m'obligeait à une douloureuse méditation.

Il n'y avait alors aucun mal dissimulé sur Terre !...

Tous les crimes et toutes les fautes de la créature humaine se révéleraient un jour, en un certain lieu !...

Silas entendit l'amertume de mes réflexions et vint à mon secours, observant :

– Oui, mon ami, vous observez avec justesse. La Création de Dieu est une lumière glorieuse. La moindre ombre de notre conscience se trouve imprimée dans notre vie jusqu'à ce que nous ayons lavé la tache, avec la sueur du travail ou avec les larmes de l'expiation...

Et devant ces appels où raisonnaient angoisse et affection, dans les retrouvailles qui se déroulaient ici, sous nos yeux, retrouvailles où parents et enfants, époux, amis se rapprochaient les uns des autres, l'Assistant ajouta :

– D'une manière générale, ce genre d'inquiétude vient de ceux qui ont creusé en eux-mêmes de profondes crevasses infernales et qui se figent dans de dangereuses illusions, mais la Bonté Infinie du Seigneur permet que les victimes édifiées dans la compréhension et dans le pardon se transforment, heureuses, en auxiliaires dévouées des anciens bourreaux. Comme il est facile de le vérifier, l'incommensurable amour de notre Père Céleste couvre non seulement les territoires glorifiés du paradis, mais également les provinces tourmentées de l'enfer que nous créons...

Une pauvre femme éclata en sanglots convulsifs, auprès de nous, interrompant les paroles de notre ami.

Les poings serrés, la malheureuse réclamait :

– Qui me libérera de Satan ? Qui me libérera du pouvoir des ténèbres ? Saints anges, secourez-moi ! Tirez-moi des griffes du terrible Belphégor !...

Silas nous convoqua pour prendre part à une aide magnétique immédiate.

Les infirmiers présents accoururent, empressés, pour empêcher l'aggravation de la crise.

– Maudit ! Maudit !... répétait la démente, se signant.

Invoquant le secours divin, à travers la prière, je cherchai à annuler ses mouvements désordonnés, la faisant s'assoupir peu à peu.

Une fois l'ambiance devenue sereine, Silas nous invita à sonder son esprit perturbé, à présent sous la domination d'une profonde hypnose.

Je cherchai à déterminer la cause de sa disharmonie au cours d'un rapide processus d'analyse mentale, et je découvris, surpris, que la pauvre amie était porteuse de pensées abominables.

Comme si elle semblait être enracinée dans son cerveau, je voyais s'échapper de son champ intime la figure animalesque d'un homme gigantesque, possédant une longue queue, avec la physionomie d'un bouc dégénéré, qui laissait voir des pieds griffus et deux cornes sur son crâne, assis sur une chaise grossière, comme s'il vivait en parfaite symbiose avec la malheureuse créature, dans une aimantation mutuelle.

Devant ma question silencieuse, l'Assistant expliqua :

– C'est un cliché mental qu'elle a créé et nourri. Les idées macabres de la magie avilissante, qu'elles soient de la sorcellerie et du démonisme que les églises dites chrétiennes propagent, sous le prétexte de les combattre, entretenant des croyances et des superstitions, au prix de conjurations et d'exorcismes, génèrent des images comme celle-ci, qui se répandent dans les esprits faibles et inattentifs, établissant des épidémies de terreur hallucinatoire. Les Intelligences désincarnées, livrées à la perversion, se servent de ces situations mal délimitées que la littérature fétichiste ou l'enseignement sans surveillance distribuent sur la Terre, à tour de bras, et leur impriment une vitalité temporaire, comme un artiste du crayon se sert des esquisses d'un enfant, en les prenant pour base des dessins sûrs par lesquels il impressionnera l'âme infantile.

Cette explication m'apparut comme une clé opportune dans la résolution de nombreuses énigmes, au chapitre de l'obsession, où les malades commencent à se tourmenter eux-mêmes avant d'être tourmentés par des êtres qui sont en harmonie avec le déséquilibre qui est le leur.

Hilario, qui observait attentivement le duel intérieur entre l'infirme prostrée et la forme-pensée qui se superposait sur sa tête, dit avec émotion :

– Je me souviens avoir lu, il y a de nombreuses années, sur Terre, un livre écrit par Collin de Plancy, approuvé par l'archevêque de Paris, qui relatait la description minutieuse de divers démons, et je crois avoir vu une représentation imprimée dans cet ouvrage, pareille à celle que nous avons sous les yeux.

Silas prit les devants et confirma :

– Exactement. C'est le démon Belphégor, selon les annotations de Jean Weier, que les autorités imprévoyantes de l'Église permirent de divulguer dans les cercles catholiques. Nous connaissons le livre auquel vous vous référez. Il est à l'origine de très grands obstacles chez des milliers de créatures qui par manque d'attention accueillent de tels symboles de Satan, les offrant aux Esprits bestialisés qui s'en servent afin de créer de terribles processus de fascination et de possession.

Je réfléchissais quant au problème des moules mentaux dans la vie de chacun d'entre nous, quand l'Assistant surprit à n'en pas douter ma question, insista de bonne humeur :

– Ici, il est facile de reconnaître que chaque cœur édifie l'enfer où il s'emprisonne, en accord avec ses propres œuvres. Ainsi, nous avons avec nous les diables que nous désirons, selon la figurine choisie ou modelé par nous-mêmes.

Mais le service d'assistance exigeait une grande attention et, de ce fait, nous retirâmes l'infirme vers une chambre propre et bien rangée qui l'attendait.

Après que se fussent écoulées quelques minutes, nous revînmes dans le grand hall, alors décongestionné et silencieux.

Seules quelques sentinelles de la nuit veillaient, infatigables et attentives.

Les tourments entrevus m'obligeaient à penser. J'avais déjà beaucoup étudié à propos de la pensée et de la fixation mentale, toutefois, l'angoisse de ces âmes récemment désincarnées m'inspirait une profonde compassion et presque de la terreur.

Je confiai à l'ami qui nous accompagnait, bienveillant, l'indéfinissable torture qui m'envahissait et l'Assistant expliqua avec sagesse :

– En réalité, nous sommes encore loin de connaître tout le pouvoir créateur et agglutinant contenu dans la pensée pure et simple et, de ce fait, nous devons tout faire pour libérer les êtres humains de toutes les expressions perturbatrices de la vie intime. Chaque chose qui nous asservit à l'ignorance et à la misère, à la fainéantise et à l'égoïsme, à la cruauté et au crime, est un renforcement des ténèbres contre la lumière et de l'enfer contre le Ciel.

Et peut-être parce que j'eusse ardemment désiré encore quelques réflexions autour de ce sujet transcendant, Silas ajouta :

– Vous souvenez-vous avoir lu une mémoire relative aux premières expériences de Marconi, aux abords du télégraphe sans fil ?

– Oui, répondis-je, je me souviens que ce savant, alors qu'il était encore très jeune, se consacra à l'étude des observations d'Heinrich Hertz, le grand ingénieur allemand qui réalisa d'importantes expériences sur les ondulations électriques, prouvant ainsi les théories de l'identité de la transmission entre l'électricité, la lumière et la chaleur radiante, et je sais qu'une certaine fois, associant son oscilloscope à l'antenne de Popoff et au récepteur de Branly, dans le jardin de la maison paternelle, il parvint à transmettre sans fil, les signaux de l'alphabet Morse... qu'est-ce que cela a à voir avec la pensée ?

L'Assistant sourit et dit :

– La référence est importante pour nos considérations. Au-delà d'elle, nous arrivons à la télévision, une des merveilles de l'actualité terrestre...

Et il ajouta :

– Je me réfère au sujet pour rappeler que dans la radiophonie et dans la télévision, les électrons qui véhiculent les modulations de la parole et les éléments de l'image se déplacent dans l'espace à une vitesse similaire à celle de la lumière, autrement dit, une vitesse de trois cent mille kilomètres par seconde. Or, un poste d'émission et un autre de réception peuvent fonctionner en un même local, ce qui amène à comprendre qu'en un second endroit, les mots et les images peuvent êtres émis et captés, simultanément, après avoir traversé d'immenses espaces, en une fraction infinitésimale de temps. Imaginons à présent la pensée, force vive et agissante, dont la vitesse dépasse celle de la lumière. Émise par nous, elle nous revient inévitablement, nous obligeant à vivre, de manière spontanée, dans son onde de formes créatrices, qui naturellement se fixent dans notre esprit quand elles sont alimentées par le combustible de notre désir ou de notre attention. Il en découle la nécessité impérieuse de nous placer dans les idéaux les plus nobles et dans les desseins les plus purs de la vie, car les énergies attirent les énergies de même nature et, quand nous stationnons dans la viciation ou dans l'ombre, les forces mentales que nous extériorisons reviennent à notre esprit, ravivées et intensifiées par les éléments avec lesquels elles s'harmonisent, faisant ainsi grossir les grilles de la prison où nous nous maintenons de manière irréfléchie, transformant notre âme en un mode fermé où les voix et les situations de nos propres pensées, auxquelles s'ajoutent les suggestions de ceux qui s'ajustent à notre manière d'être, nous imposent des hallucinations répétées, annulant, de manière temporaire, nos sens subtils.

Et, après avoir effectué une brève pause, il conclut :

– Voilà pourquoi, après la suppression du corps somatique, dans le phénomène vulgaire de la mort, la créature désincarnée, se trouvant dans un véhicule plus malléable et influençable, peut demeurer une longue période de temps sous la domination de ses créations les moins constructives, se maintenant dans de grandes zones de souffrance et d'illusion avec ceux qui vivent leurs mêmes erreurs et cauchemars.

L'explication ne pouvait être plus claire.

Hilario et moi restâmes silencieux, dominés par un même sentiment de respect et de réflexion.

Silas se rendit compte de notre attitude intérieure et nous invita généreusement au repos pendant lequel, pour quelques heures, nous parviendrions à nous délasser... et à penser.

5
Âmes malades

Le temps de repos auquel nous nous étions dédiés terminé, Silas, sous l'inspiration du dirigeant du centre, vint nous inviter à une courte promenade dans les environs.

D'ailleurs, avec un tel rappel, Druso répondait à notre désir d'étudier les principes de causalité, chez les créatures récemment désincarnées.

Nous savions que la mort du corps dense était toujours le premier pas pour la cueillette de la vie et, de ce fait, nous n'étions pas sans savoir que l'ambiance était des plus favorables à notre investigation constructive, parce que le Seuil immense, à la sortie du champ terrestre, se trouve rempli d'hommes et de femmes qui ont passé la grande frontière en pleine connexion avec l'expérience corporelle.

Nous nous mîmes avec joie, Hilario et moi, à la suite du compagnon qui, franchissant en notre compagnie un large portail qui permettait l'accès à l'extérieur, nous dit, de bonne humeur, visiblement informé de nos objectifs :

– Il ne fait aucun doute, pour nous qui revenons de la Terre il y a peu, que les provinces infernales, bien plus que les provinces célestes, sont adaptées à nos recherches sur la loi de causalité, car le crime et l'expiation, le déséquilibre et la douleur font parties des connaissances les plus simples dans les luttes quotidiennes, tandis que la gloire et la réjouissance angéliques représentent des états supérieurs de conscience qui transcendent notre compréhension.

Et, promenant son regard sur les tristes situations environnantes, il ajouta, donnant à sa phrase une inflexion émouvante :

– Nous sommes psychiquement plus près du mal et de la souffrance... De cette manière, nous comprenons sans difficultés les problèmes qui se multiplient ici...

Au fur et à mesure que nous nous éloignions, nous entreprenions une plus grande pénétration dans les ombres denses, qui s'épaississaient continuellement, pourtant éclairées, ici et là, par des torches blafardes, comme si la lumière, dans les régions environnantes, luttait terriblement pour se nourrir et survivre.

Des sanglots, des cris, des imprécations et des blasphèmes émergeaient des ténèbres.

Nous comprîmes sur le champ que l'espace occupé par l'institution était de forme rectangulaire et que le terrain qui se trouvait sous nos yeux se trouvait à l'arrière, comme s'il regroupait une énorme population extra-muros.

Percevant notre curiosité et notre intérêt, l'Assistant vint à la rencontre de nos questions en expliquant :

– Nous nous trouvons effectivement dans la zone postérieure à notre institut, dans une large bande surpeuplée d'Esprits perturbés et souffrants.

Hilario, qui n'était pas moins surpris que moi, dit sans détours :

– Mais toutes ces personnes semblent abandonnées aux intempéries. Ne serait-il pas raisonnable que la « Mansão » s'étendît jusqu'à elles en les entourant de son soutien et en les défendant de ses murs ?

– Logiquement, répondit Silas sans se perturber, ce plan serait le plus souhaitable. Cela dit, nous sommes en face d'une multitude d'âmes compactes en cours de réajustement. Cet immense conglomérat de créatures sans corps de chair a commencé par un groupe d'êtres désincarnés qui réclamaient le secours de la « Mansão » sans se trouver dans les circonstances qui permettent de recevoir l'assistance. Ferme dans l'exécution du programme qui lui revient, notre centre ne pouvait leur ouvrir ses portes immédiatement, à cause du désespoir et de la révolte où ils se complaisent, mais il ne dédaignait pas non plus la possibilité de leur fournir toute aide possible, hors du champ d'action dans lequel il vit assiégé. C'est de cette manière que commença la présente organisation qui, contre notre volonté, forme un abîme de souffrance. Ici se réunissent, pêle-mêle, des milliers d'entités, victimes de leurs pensées égarées et sombres. Quand ils surmontent la crise de perturbation ou d'angoisse dont ils sont porteurs, ce qui peut durer des jours, des mois ou des années, ils sont amenés dans notre institution qui, autant que possible, évite de s'ouvrir aux consciences encore positivement enracinées dans la révolte systématique.

Peut-être parce que nous évoquions en silence les épisodes de la veille, nous souvenant des désincarnés accueillis dans le grand asile, notre compagnon ajouta :

– Vous avez accompagné, hier, le secours fourni à un frère malheureux, torturé dans les ténèbres, et vous avez vu l'arrivée de souffrants arrachés à la chair, libérés très récemment. Cependant, parmi les bénéficiaires, vous avez vu des Esprits inconscients et débiteurs, mais pas insensés et rebellés.

Devant cette observation qui, d'une certaine manière, rassura notre esprit inquiet, Hilario demanda :

– Et ce milieu, ainsi perturbé par l'infortune, compte-t-il avec le soutien dont il nécessite ?

– Oui, expliqua notre ami. De nombreuses créatures récupérées dans la « Mansão » acceptent ici de précieuses tâches d'aide, se chargeant de l'assistance fraternelle, dans de grands secteurs de cette région torturée. Des améliorations dans cette région amènent ici les bénédictions recueillies, qui se transforment en de précieux éléments de service de liaison. À travers ces améliorations, l'administration de notre institut répond à des milliers de consciences dans le besoin et sait avec assurance quels sont les frères souffrants qui se montrent dignes d'accéder à notre centre, après la transformation graduelle à laquelle ils se sont soumis. Se répandant dans les camps de l'ombre, en petits sanctuaires domestiques, ils poursuivent ici leur propre restauration dans l'apprentissage et le service.

– Cependant, poursuivit Hilario, une si malheureuse colonie d'âmes en désajustement ne souffrira-t-elle pas de la domination des Intelligences perverses, comme celles que nous avons vues hier de l'autre côté de ces régions ?

– Oui, les attaques de cet ordre sont ici constantes et inévitables, principalement autour des entités qui ont abandonné des complices « bestialisés » dans des antres infernaux ou dans des centres d'activités terrestres. Dans pareils cas, les victimes de tels fauves humains désincarnés souffrent de longs et inénarrables supplices, à travers la fascination hypnotique pour lesquels de nombreux génies du mal sont passés maîtres dans leur utilisation.

Et après une brève pause, Silas insista :

– Ce sont quelques-uns des phénomènes de flagellation compréhensible que certains mystiques du monde physique, en dédoublement médiumnique, dans le royaume des ténèbres, classèrent comme étant une *dévastation purificatrice*. Pour eux, les âmes coupables, après la mort, vivent d'horribles tortures exécutées par des démons habitués aux ombres.

Les informations de l'Assistant, associées aux gémissements et aux lamentations que nous entendions sans cesse, nous imposaient une désagréable impression.

C'est peut-être pour cela qu'Hilario, douloureusement touché par les cris alentour, demanda, surpris :

– Mais pourquoi parlez-vous de *flagellation compréhensible* ?

Et dans un épanchement :

– Trouvez-vous juste qu'autant de personnes s'agglutinent ici dans une telle désolation ?

Silas sourit tristement et reconnut :

– Je comprends vos regrets. Indiscutablement, tant de douleur réunie serait injuste si elle ne venait pas de ceux qui ont préféré agir au quotidien avec l'injustice dans le monde physique. Cependant, n'est-il pas évident que nous venons tous à cueillir le fruit de la plantation qui nous appartient ? Dans le même sillon creusé dans la terre généreuse et neutre, celui qui sème l'ortie cueille l'ortie qui blesse, et celui qui protège le jardin, a la fleur qui parfume. Le sol de la vie est identique pour nous tous. Nous ne rencontrerons pas ici, dans cet immense spectacle d'angoisse, d'âmes simples et innocentes, mais bien des créatures qui abusèrent de l'intelligence et du pouvoir, et qui, volontairement sourdes à la prudence, s'égarèrent dans les abîmes de la folie et de la cruauté, de l'égoïsme et de l'ingratitude, se rendant temporairement prisonnières des créations mentales, insensées et monstrueuses, qu'elles ont créées pour elles-mêmes.

Notre conversation s'interrompit immédiatement quand nous fîmes face à une petite maison qui se confondait avec le brouillard, dont l'intérieur laissait échapper un réconfortant jet de lumière.

D'énormes chiens que nous pouvions observer au-dehors, dans le faisceau de clarté vacillante, jappaient d'une étrange manière comme ils percevaient notre présence.

Soudain, un compagnon de haute stature et à l'aspect rude, fit son apparition et nous salua par l'étroit portillon qui nous séparait de l'entrée, nous ouvrant un passage.

Silas nous le présenta allègrement.

Il s'agissait d'Orzil, un des gardes de la « Mansão », en service dans les ombres.

Rapidement, nous nous trouvions dans l'intimité du gîte tiède.

Sur les injonctions bourrues du gardien, deux des six grands chiens s'installèrent auprès de nous, se couchant à nos pieds.

Orzil avait une complexion de géant, le faisant ressembler à un ours à forme humaine.

Sincérité et dévouement brillaient dans le miroir de ses yeux limpides.

J'eus la nette impression que nous faisions face à un coupable reconnaissant ses fautes, sur le chemin de la régénération sûre.

Quelques bancs s'alignaient dans la pièce petite et simple, et, au-dessus d'eux, se détachait une niche ovale au sein de laquelle se trouvait une croix rudimentaire, illuminée par une chandelle structurée en forme de coquillage.

Orzil s'absenta un instant afin de calmer les grands animaux moins dociles, à l'intérieur de la cabane, et, pendant ce temps, l'Assistant nous informa :

– C'est un ami à la culture encore pauvre qui s'est compromis dans de lamentables délits à la surface du monde. Il a énormément souffert sous la domination d'anciens adversaires, mais aujourd'hui, après un long séjour au sein de la « Mansão », il fournit un précieux concours dans cette vaste région où le désespoir se réfugie. Il est aidé en même temps qu'il aide. Et tout en servant avec désintérêt et dévotion fraternelle, non seulement il se rééduque, mais il adoucit également le champ de la nouvelle expérience qui l'attend dans la sphère de chair, en raison des sympathies qu'il crée en sa faveur.

– Vit-il seul ? demandai-je, éprouvant quelques difficultés à taire ma curiosité.

– Il se consacre à des méditations et à des études de nature personnelle, commenta Silas avec patience. Mais comme cela arrive avec de nombreux autres auxiliaires, il a avec lui quelques cellules occupées par des entités en traitement, prêtes à être reçues dans notre institution.

À cet instant de l'explication, Orzil revint vers nous et l'Assistant l'interpella avec bonté :

– Comment se passent les travaux ?

– Très bien, chef, répondit-il humblement. La tempête d'hier a entraîné une immense dévastation. Je crois qu'il y a eu beaucoup de souffrance dans les marécages.

Se rendant compte qu'il se référait aux précipices abyssaux où se débattaient des milliers d'âmes malheureuses et perturbées, Hilario demanda :

– Et ne serait-il pas possible d'atteindre de tels endroits pour évaluer le nombre de ceux qui souffrent ?

Notre nouvel ami ébaucha une douloureuse grimace de tristesse et de résignation, ajoutant :

– Impossible…

Comme une personne qui viendrait au secours du compagnon, Silas dit :

– Ceux qui s'agitent dans ces cavernes se trouvent, en règle générale, presque toujours extrêmement révoltés et, dans la démence à laquelle ils s'abandonnent, ils se transforment en de véritables démons de l'inconséquence. Il est nécessaire qu'ils se disposent à la soumission claire et pacifique pour que, même en étant encore à demi-conscients, ils parviennent à recevoir avec profit l'aide qui s'étend en direction de leurs cœurs.

Et comme s'il voulait passer à la démonstration de ce qu'il affirmait, il nous invita à inspecter les cellules voisines.

– Combien y a-t-il de malades internés maintenant ?

Serviable, Orzil répondit sans hésiter :

– Nous avons trois amis dans une franche situation d'inconscience.

Quelques pas plus loin, nous entendîmes un concert de puissants cris.

Les accommodations réservées aux infirmes se trouvaient dans le fond, à l'image des larges boxes que l'on trouverait dans une confortable écurie. C'est l'image la plus adaptée à notre tâche descriptive, car la construction en soi dénonçait rusticité et sécurité, car elle était naturellement soumise à des objectifs de lutte.

Au fur et à mesure que nous nous approchions du refuge, une désagréable odeur affectait nos narines.

Répondant à une question intérieure, l'Assistant souligna :

– Vous n'ignorez pas que toutes les créatures vivent entourées par le halo vital des énergies qui vibrent dans le for intérieur de leur être, et ce halo est constitué de particules de force qui se dispersent de tous les côtés, impressionnant notre sens olfactif, de manière agréable ou désagréable, selon la nature de l'individu qui les irradie. De cette manière, comme il en va sur Terre, chaque entité se caractérise, ici, par une exhalaison particulière.

– Oui, oui... confirmâmes simultanément Hilario et moi.

Cependant, l'odeur alarmante de chair en décomposition était pour nous, ici, un fait exceptionnel.

Silas s'aperçut de notre surprise et adressa un regard interrogatif à l'ami chargé de cet oratoire de purgation, qui expliqua promptement :

– Nous avons avec nous notre frère Corsino, dont la pensée continue d'être attachée au corps enterré, de manière complète. Pris dans la réminiscence des abus auxquels il s'est livré dans la chair, il n'est pas encore parvenu à se défaire du souvenir de ce qu'il a été, transportant l'image de son cadavre à la surface de tous ses souvenirs.

Silas ne fit pas de nouveau commentaire car nous atteignions, tout à coup, le premier abri dont la porte grillagée nous laissait contempler, à l'intérieur, un homme vieilli, la tête inclinée entre les mains, qui clamait :

– Appelez mes enfants ! Appelez mes enfants...

– Il s'agit de notre frère Veiga, dit Orzil, serviable. Il conserve sa pensée fixée sur l'héritage qu'il a perdu au moment de se désincarner : une grande quantité d'or et de biens qui sont devenus la propriété de ses enfants, trois jeunes hommes qui concourent dans le monde physique pour obtenir la meilleure et plus importante part, en recourant pour cela à des juges vénaux et chicaneurs inconséquents.

À présent accosté aux montants de la porte, Silas nous recommanda d'observer avec une attention plus soutenue l'ambiance que formait la psychosphère de l'infirme.

Effectivement, je perçus de mon côté des situations qui surgissaient et disparaissaient, fugaces, pareilles aux représentations éphémères qui se détachent, silencieuses, des feux d'artifice.

De ces scènes qui prenaient vie et qui s'éteignaient aussitôt, transparaissaient trois jeunes, dont les images passagères flottaient au milieu de documents épars, de pièces de monnaie et de coffres remplis de biens précieux, comme s'ils avaient été peints dans l'air avec une encre extrêmement ténue, qui s'évaporait et se reconstituait successivement.

Je compris que nous percevions les formes-pensées créées par les réminiscences de notre ami qui, à n'en pas douter, par la situation dans laquelle il se trouvait, ne pouvait, pour le moment, faire autre chose que de vivre son drame intérieur, tellement la fixation mentale dans laquelle il s'enfermait était insistante.

Clairement soutenu par les vibrations de soutien que l'Assistant lui envoyait, selon ce que je pus percevoir, il se frotta les yeux comme s'il cherchait à se libérer d'une bruine imperceptible et perçut notre présence. Il avança d'un bond dans notre direction et, s'appuyant aux grilles qui nous séparaient, il cria, pris de démence :

– Qui êtes-vous ? Des juges ? Des juges ?...

Et il se déversa en jérémiades qui touchaient notre cœ ur :

– J'ai lutté vingt-cinq ans durant afin de réobtenir l'héritage qui me revenait à la mort de mes grands-parents... Et quand je le vis entre mes mains, la mort m'a entraîné hors du corps, sans pitié... Je ne me suis pas résigné à cette injonction et je suis resté dans ma vieille maison... Je désirais au moins accompagner le partage de cet héritage qui me concernait, mais mes garçons maudirent mon influence, m'imposant, à chaque pas, des phrases empoisonnées et hostiles... Insatisfaits avec les agressions mentales qu'ils m'infligeaient, ils ont commencé à persécuter ma seconde épouse qui a plus été pour eux une mère qu'une bellemère, en lui administrant des drogues toxiques sous la forme d'une médication innocente, jusqu'à ce que la pauvre soit internée dans un asile d'aliénés, sans espoir de rétablissement... Tout cela à cause de notre riche argent que les malandrins ont voulu piller... Face à une telle injustice, j'ai pensé à supplier les faveurs des êtres qui peuplent les ténèbres, parce que seuls les génies du mal doivent être les fidèles exécuteurs de la grande vengeance...

Il essaya d'essuyer des larmes de désespoir et ajouta :

– Dites-moi !... pour quelle raison ai-je alimenté de malheureux voleurs quand je pensais caresser les enfants de mon âme ? Je me suis marié alors que j'étais un jeune homme, nourrissant des rêves d'amour, et j'ai créé des ronciers de haine !...

Et comme la voix de Silas se faisait entendre, lui demandant de faire preuve de calme, l'infortuné vociféra violemment :

– Jamais ! Jamais je ne pardonnerai !... J'ai recouru aux créatures infernales en sachant que les saints me conseilleraient résignation et sacrifice... Je veux que les démons torturent mes fils autant que mes fils me torturent...

Les pleurs convulsifs se transformant en éclats de rire stridents, il se mit à hurler :

– Mon argent, mon argent, j'exige mon argent !

L'Assistant se tourna vers Orzil et, compatissant, dit :

– Oui, pour le moment, la situation de notre ami est trop complexe. Il ne peut s'éloigner d'ici sans qu'il en résulte des préjudices.

Nous laissâmes le malade qui lançait des imprécations contre nous, les poings serrés, et nous nous approchâmes d'une autre cellule.

En raison des paroles de Silas qui nous recommandait d'observer la situation qui se trouvait face à nous, nous fixâmes le nouvel infirme, un homme profondément triste, assis au fond de sa prison, la tête pendante entre ses mains, les yeux fixés sur le mur voisin.

Observant le point sur lequel il fixait son attention, concentrant ses rayons visuels, nous vîmes un grand écran animé, pareil à un miroir qui retransmettrait sa pensée, sur lequel se détachait une rue d'une grande ville, et, dans la rue, nous parvînmes à le distinguer au volant d'une automobile, en train de persécuter un passant ivre jusqu'à le tuer, sans compassion.

Nous nous trouvions face à un meurtrier prisonnier de situations mentales contraignantes qui l'enserraient dans des souvenirs punitifs.

Il était possible de noter l'intraduisible angoisse, entre le remords et le repentir.

Sur un doux appel de Silas, il se réveilla tel une bête féroce tirée de la tranquillité du sommeil.

Instinctivement, il se précipita sur nous, d'un bond spectaculaire que la grille arrêta, et il brama :

– Il n'y a pas de témoins... Il n'y a pas de témoins !... Ce n'est pas moi qui ai heurté ce malheureux, même si je le haïssais avec raison... Que voulez-vous de moi ? Me dénoncer ? Couards ! Alors, vous espionniez la rue déserte ?

Nous ne répondîmes pas.

Après l'avoir fixé, Silas dit avec compassion :

– Laissons-le. Il est complètement noyé dans les souvenirs du crime qu'il a commis, croyant continuer, après la mort, à tromper la justice.

Stupéfait, Hilario intervint en disant :

– Chez ce malade que nous avons vu, entouré par les personnages de ces trois jeunes hommes, et chez ce compagnon qui contemple une scène de mort…

Notre ami saisit sa pensée et compléta son observation en affirmant :

– Nous avons vu deux frères malheureux qui vivent au milieu d'images qu'ils entretiennent eux-mêmes, à travers la force mentale avec laquelle ils les alimentent.

À cet instant, nous atteignîmes la troisième cellule, où un homme couvert de blessures pressait le pus de ses affreuses plaies à l'aide de ses ongles.

L'atmosphère franchement pestilentielle exigeait une énorme discipline contre l'apparition de nausées.

Se rendant compte de notre présence, il avança vers nous en clamant amèrement :

– Ayez pitié de moi ! êtes-vous médecins ? Occupez-vous de moi, pour l'amour de Dieu ! Voyez les détritus sur lesquels je repose !...

Je regardai immédiatement le sol, suivant ses gestes, et je notai effectivement que le misérable se déplaçait sur un tas de saletés, couvert de filets de sang putride.

Ce n'est qu'après un plus ample examen que je me rendis compte que cette situation répugnante était constituée par les émanations mentales du malheureux compagnon qui se trouvait sous nos yeux.

– Docteurs ! continua-t-il, d'un ton suppliant. Il y en a qui disent que j'ai volé des personnes afin d'aller satisfaire mes vices dans la maison close que je fréquentais... Mais c'est un mensonge, c'est un mensonge !... Je vous jure que j'habitais dans ce bordel par esprit de charité... Ces pauvres femmes avaient besoin de protection... Je les ai aidées autant que je l'ai pu... Et c'est comme ça que j'ai contracté, auprès d'elles, l'infirmité qui a détruit mon corps physique et qui empuantit encore ma respiration qui s'est transformée ici en mon haleine !... Qui que vous soyez, aidez-moi !... Qui que vous soyez, aidez-moi !...

La répétition des demandes se déroulait toutefois sur un ton impératif, comme si les mots humbles demandeur fussent seulement le déguisement d'un ordre tyrannique.

L'Assistant nous invita à nous retirer et expliqua :

– Il s'agit d'un vieux jouisseur, et véritable vétéran en la matière, qui a dépensé en plaisirs inutiles d'importantes ressources qui ne lui appartenaient pas. Son esprit oscillera pendant encore longtemps, entre l'irritation et le désenchantement, nourrissant l'ambiance horrible dont il s'est fait le point d'appui déséquilibré.

De retour à la cabane d'Orzil, je demandai sans préambules :

– Nos frères malades seront-ils retenus ainsi jusqu'à ce qu'ils se rétablissent ?

– Parfaitement, expliqua Silas, bienveillant.

– Et que doivent-ils faire pour atteindre l'amélioration nécessaire ? demanda Hilario avec une surprise impossible à dissimuler.

Notre ami sourit et répondit :

– Le problème est de nature mentale. Qu'ils modifient leurs propres idées et ils se modifieront.

Il se livra à une courte pause, révéla un nouvel éclat dans son regard percutant et insista avec assurance :

– Mais cela n'est pas si facile. Vous vous consacrez présentement aux études spéciales des principes de causalité. Sachez alors que nos créations mentales prévalent fatalement dans notre vie. Elles nous libèrent quand elles prennent leur source dans le bien qui synthétise les Lois Divines, et elles emprisonnent quand elles sont basées dans le mal qui nous entraîne à la délinquance responsable, nous enlaçant pour cette raison à la glu subtile de la culpabilité. Un ancien aphorisme populaire de la Terre dit que « le criminel revient toujours sur le lieu du crime ». Ici, nous pouvons affirmer que bien que bénéficiant de la possibilité de s'absenter du paysage du crime, la pensée du criminel est prisonnière de l'environnement et de la substance elle-même de la faute commise.

Et percevant notre perplexité, il ajouta :

– Souvenons-nous encore que la pensée agit comme une onde, avec une vitesse bien supérieure à celle de la lumière, et que tout esprit est une dynamo génératrice de force créative. Or, sachant que le bien est l'expansion de la lumière, et que le mal est la condensation de l'ombre, quand nous nous fourvoyons dans la cruauté envers les autres, nos pensées, ondes d'énergie subtile, de passage par les endroits et les créatures, situations et choses qui affectent notre mémoire, agissent et réagissent sur elles-mêmes, en circuit fermé, et nous ramènent ainsi les sensations désagréables, aspirées au contact de nos œ uvres malheureuses. Nous étudions trois types d'âmes qui laissèrent dans leur dernière existence des situations tristes et lamentables, dans lesquelles ils ne disposent pas de la moindre circonstance atténuante qui vienne estomper les fautes indiscutables. Les enfants de notre ami qui souffre de la fixation de l'usure ne reçurent de sa part la moindre marque d'éducation honorable qui les rendrait capables de l'aider, quand ils reçoivent la visite des ondes de la pensée paternelle, qui reviennent au point d'origine, chargées des principes mentaux de haine et d'égoïsme des jeunes plaignants. Notre frère qui souffre de la fixation de remords, n'ayant pas expié le crime qu'il a perpétré délibérément dans les prisons de la justice humaine, recueille, en retour, les ondes de pensée qu'il émet, sans la moindre aide qui vienne adoucir le douloureux repentir ; et notre compagnon qui se maintient dans le vice réabsorbe les ondes de son propre champ mental, auxquelles se sont ajoutés des facteurs débilitants qui s'y sont incorporés dans les endroits où elles sont passées, avant de lui être restituées avec de multiples éléments de corruption.

Devant notre stupéfaction, l'Assistant demanda :

– Comprenez-vous ?

Oui, nous avions compris…

En proie à une vive émotion, Hilario dit :

– Maintenant, je perçois avec plus de clarté le bénéfice concret de la prière et de la piété, de la sympathie et du secours que nous devrions dispenser, sur Terre, sincèrement, à ceux que nous appelons morts…

– Oui, oui... répondit Silas, serviable. Nous sommes tous liés les uns aux autres, dans la chair et hors de la chair, et nous nous trouvons libres ou prisonniers, dans le champ de l'expérience, selon nos œuvres, à travers les attaches de notre vie mentale. Le bien est la lumière qui libère ; le mal est les ténèbres qui emprisonnent... Quand on étudie les lois du destin, il est nécessaire de faire attention à de telles réalités, indéfectibles et éternelles.

Nous nous tûmes, préoccupés et méditatifs.

À cause de cela, notre retour à la « Mansão », après un bref repos dans la cabane d'Orzil, a été consacré à la méditation et au silence, autour des précieuses leçons recueillies.

6
Dans les cercles de la prière

Lors de notre troisième nuit passée au centre, l'Instructeur Druso nous invita à prendre part au cercle de prière.

Généreux, Silas nous expliquait que nous aurions une occasion de procéder à d'intéressantes études.

Le service de prière en commun, deux fois par semaine, était réalisé à la « Mansão » dans un local bien déterminé et, au cours des activités qui y étaient accomplies, il s'y matérialisait habituellement un, voire plusieurs, orienteurs qui supervisaient l'institution depuis des sphères plus élevées.

À ces occasions, Druso et les assesseurs les plus responsables recueillaient des ordres et des instructions divers, concernant les nombreux processus de travail en cours. Des questions trouvaient réponse, des mesures de travail étaient indiquées avec assurance. Et, à n'en pas douter, même nous, étrangers dans l'établissement, nous pourrions présenter quelques doutes ou questions, afin de recevoir des éclaircissements.

Je me réjouis.

Quelque peu préoccupé, Hilario demanda si nous devions obéir à un quelconque programme spécial, ce à quoi l'Assistant répondit qu'il fallait seulement que nous nous maintenions dans le sanctuaire tout proche avec le cœur et la pensée vides de toute idée ou sentiment indignes de la révérence et de la confiance qu'il nous revient d'accorder à la Providence Divine, et incompatibles avec la fraternité que nous nous devons sincèrement les uns aux autres.

Je mis à profit quelques courts instants et je demandai l'inspiration de Jésus afin que ma présence ne fût un motif de perturbation dans l'ambiance amie qui se proposait de nous accueillir.

Peu après, à la suite de notre compagnon, Hilario et moi eûmes accès à une salle simple où Druso nous reçut, souriant et bienveillant.

Une vaste table, entourée de modestes fauteuils où se trouvaient installées une dizaine de personnes sympathiques, sept femmes et trois hommes, avait à l'une de ses extrémités un grand fauteuil mis en avant, où le directeur du centre irait prendre place.

D'un autre côté, en face de nous, un large écran translucide fit son apparition, mesurant approximativement six mètres carrés.

En dehors des personnes qui évidemment coopéreraient le plus à la tâche à venir, il se trouvait trois Assistants, cinq Infirmiers, deux dames à l'humble aspect, Silas et nous.

Nous disposions encore de temps afin de nous livrer à une conversation édifiante et discrète.

Je profitai de l'occasion pour demander à l'ami serviable quelles étaient les fonctions des dix compagnons qui, empreints de solennité, se rassemblaient autour du chef du centre, comme s'ils s'apprêtaient à renforcer sa pensée.

Silas ne se fit pas prier et il expliqua, tout de suite :

– Ce sont de nos amis qui perfectionnèrent des conditions médiumniques favorables à la réalisation des services qui doivent se dérouler ici. Ils collaborent avec les fluides vitaux et les éléments radiants, hautement sublimés, dont nos Instructeurs se servent avec efficacité pour se manifester.

Saisi d'admiration, mon collègue remarqua :

– Pouvons-nous les considérer comme étant des saints en activité dans la « Mansão » ?

– Non, d'aucune manière, répondit Silas, de bonne humeur. Ce sont des travailleurs de grande valeur. Tout comme nous, ils souffrent encore de la pression des réminiscences perturbatrices du plan physique, portant en eux les racines des débits qu'ils ont acquis dans le passé, pour le juste rachat dans un avenir peut-être proche, au cours de la réincarnation. Et par la discipline à laquelle ils s'attachent dans le dévouement à leurs semblables, ils conquièrent aussi des sympathies providentielles qui fonctionnent à la manière de valeurs remarquables qui atténueront leurs difficultés et leurs épreuves lors des luttes à venir.

– Cela veut dire...

La voix hésitante d'Hilario resta cependant en suspend dans l'air, car comprenant sa question, notre ami affirma avec optimisme :

– Oui, cela signifie que dans les zones inférieures, nous disposons également de précieuses opportunités de travail, non seulement lorsque nous vainquons les afflictions purgatoriales que nous établissons en nous-mêmes, mais également avec la préparation de nouveaux chemins pour le ciel intérieur que nous devons édifier.

L'enseignement résumait d'immenses consolations pour nous.

À cet instant de la conversation, Hilario focalisa son attention sur les deux dames présentes, dont l'apparence extérieure démontrait une singulière différence par rapport au milieu dans lequel nous nous trouvions, en raison de l'extrême tristesse qui dominait leur physionomie, et je demandai, respectueux :

– Mon cher Silas, qui sont ces sœurs qui, franchement, se tiennent à distance du ton psychique qui règne ici ?

Il sourit et m'expliqua :

– Ce sont des sœurs qui, par mérite dans le service, ont reçu le droit de partager la réunion d'aujourd'hui, afin de supplier de l'aide dans la résolution des problèmes qui touchent leur âme de près. Je les connais personnellement. Ce sont des femmes désincarnées, qui priment par l'abnégation, agissant dans le secours des Esprits familiers qui souffrent dans ces régions, les dures conséquences des délits auxquels ils se livrèrent avec insouciance.

Après leur avoir adressé un regard fraternel, il dit :

– Madalena et Silvia épousèrent, lors de leur dernière existence, deux frères de la même famille qui se haïssaient terriblement, depuis la jeunesse jusqu'à la mort et, en raison de ces dissensions, ils commirent des erreurs délibérées et retentissantes dans les secteurs de la politique régionale où ils se trouvaient. Ils alimentèrent une vaste réserve d'égoïsme et de discorde, empêchant de ce fait le progrès de la collectivité qu'il leur revenait de servir, et alimentant la dysharmonie et la cruauté parmi les compagnons qui avaient embrassé leurs points de vue. De nombreux crimes ont été commis, commencés par ces deux hommes qui aimaient entretenir la discorde incessante parmi les membres de leur parti, et, de ce fait, ils expient dans les lignes inférieures de la souffrance les délits de lèse-fraternité qu'ils pratiquèrent contre eux-mêmes.

Je voulais demander en quoi consistaient les épreuves des infortunés amis à qui nous nous référions, mais la voix de Druso se fit entendre, nous invitant à la préparation nécessaire.

Pensant certainement aux fautes involontaires que nous aurions pu commettre, il demanda à nous, ceux qui partagions la prière, ici, pour la première fois, de nous abstenir de la moindre pensée indigne, d'abolir tout souvenir désagréable, afin qu'il ne se produisît aucune interférence dans la *chambre cristalline*, nom par lequel il désigna le grand miroir qui nous faisait face, durant la manifestation du vénérable messager, dont il attendait la visite.

Finalement invités par le généreux directeur à faire part du moindre doute ou préoccupation qui aurait pu habiter notre esprit, je demandai si nous pourrions présenter une ou deux questions à l'émissaire qui était sur le point d'arriver, ce qu'il accepta pleinement en nous recommandant, toutefois, de conserver, pour tout sujet que ce soit, la noblesse spirituelle d'une personne qui se consacre au bien de tous, sans s'aventurer dans des questions stériles, relatives aux étroites inquiétudes de la sphère personnelle.

Peu après, il informa que toutes les ressources des intermédiaires présents seraient concentrées dans la chambre à travers des dispositifs spéciaux, chambre qui, d'ici quelques minutes, serait activée pour les objectifs du moment présent.

Un doux silence se mit à régner parmi nous.

Dans une attitude pleine de respect et d'attente, le directeur de l'institution se dressa et pria de manière émouvante :

« Maître Divin, daigne bénir notre réunion dans notre centre de paix et de service.

« Par ta volonté, au nom de l'Amour Infini de Notre Père Céleste, nous recevons le présent sublime du travail régénérateur.

« Toutefois, nous sommes, dans ces régions tourmentées, de vastes phalanges d'Esprits égarés dans la souffrance expiatoire, après les crimes irréfléchis dans lesquels notre conscience patauge.

« Bien que nous soyons prisonniers, enchaînés aux peines que nous nous sommes nous-mêmes créées, nous saluons ta gloire divine, touchés de réconfort.

« Concède-nous, Seigneur, l'assistance de tes dévoués et sublimes ambassadeurs, afin que nous ne faiblissions pas dans les bons desseins.

« Nous savons que sans la chaleur de tes mains compatissantes, notre espérance se fane, à l'image d'une plante fragile sans la bénédiction du Soleil !...

« Maître, nous sommes également tes protégés, bien que nous nous trouvions dans la geôle de retentissantes défections, supportant les lamentables conséquences de nos crimes.

« Des gémissements angoissants s'échappent de ces endroits ténébreux, à la recherche de ta pitié incommensurable... Nous sommes les forçats de la pénitence qui, bien souvent, sanglotent, perdus, soupirant après le retour de la paix... Nous sommes les meurtriers, les traîtres, les ingrats et les pervers, transfuges passés du côté des Lois Divines, qui recourent à ton intercession, afin que nos consciences, engagées dans une purification douloureuse, s'épurent et se redressent à ta rencontre !

« Aie pitié de nous, qui méritons les douleurs qui tailladent nos cœurs ! Aide-nous pour que l'affliction nous soit un remède salutaire et secours nos frères qui, dans les ténèbres de ces lieux, se livrent à l'irresponsabilité et à la discipline, compliquant leur propre régénération en multipliant la lave destructrice du désespoir qu'ils déversent de leurs âmes !... »

À cet instant de la demande, Druso fit une longue pause afin d'essuyer les larmes qui s'écoulaient de ses yeux.

L'inflexion de ses paroles pleines de douleur, comme s'il avait été ici un Esprit reclus, en proie à d'amères souffrances, m'impressionna vivement. Je ne parvenais pas à dévier mon attention de sa personne. Une émotion incoercible pressait ma poitrine et mes larmes jaillirent, irrésistibles.

« Confie-nous, Seigneur, poursuivit-il, peiné, la tâche d'examiner les problèmes des frères malheureux qui frappent à notre porte... Nous sommes ainsi obligés de sonder leur infortune pour, d'une certaine manière, les conduire vers le réajustement. Ne permets pas, ô Éternel Bienfaiteur, que notre cœur se durcisse, même alors que nous nous trouvons devant la suprême perversité !... Nous savons que les maladies de l'âme sont plus affligeantes et plus graves que les maladies de la chair... Ainsi, remplis-nous d'une infatigable compassion afin que nous soyons les fidèles instruments de ton amour !...

« Permets que tes préposés entourent nos décisions dans les engagements à assumer.

« Ne nous relègue pas à la faiblesse qui nous est particulière.

« Donne-nous, Christ de Dieu, ton inspiration d'amour et de lumière !... »

À cet instant, alors que le ton de la voix n'annonçait pas la fin de la prière, le généreux ami ne parvint pas à poursuivre car l'émotion étrangla la prière dans sa gorge.

Nous pleurions tous, contaminés par ses larmes abondantes...

En fin de compte, qui était Druso pour se livrer ainsi à la prière, comme si au milieu de nous il avait été le pire des torturés ?

Je n'eus guère le loisir de poursuivre mes considérations car, répondant à l'appel ardent que nous avions écouté, une grande masse de brouillard vaporeux recouvrit la surface du miroir tout proche. Surpris, je le fixai et il me sembla y voir une grande nappe brume printanière qui s'étendait, blanche et mobile.

Extatiques et heureux, nous vîmes émerger du laiteux nuage le visage respectable d'un homme au physique vieilli qui cependant révélait la plus intense juvénilité dans son regard.

Une importante auréole à la splendeur saphirine couronnait ses cheveux blancs qui nous inspiraient un infini respect. Ils cascadaient en de sublimes scintillements sur la tunique simple et accueillante qui enveloppait son corps élancé. Un sourire qui ne parvenait pas à se fixer planait sur son visage noble et calme.

Après une minute de silencieuse contemplation, il leva sa main droite qui projeta sur nous un grand jet de lumière, et salua :

– Que la paix du Seigneur soit avec nous.

Il y avait tellement de douceur et d'énergie, tellement de tendresse et d'autorité dans cette voix, que je cherchai à contrôler au mieux mes émotions pour ne pas tomber à genoux.

– Ministre Sanzio, s'exclama Druso, respectueu-sement. Bénie-soit votre présence parmi nous.

La clarté qui irradiait du vénérable visiteur et la dignité avec laquelle il se révélait à nous, nous imposaient un fervent respect ; cependant, comme s'il cherchait à défaire l'impression de notre infériorité, le Ministre, étonnamment matérialisé, maintenant le champ vibratoire dans lequel nous nous trouvions, s'avança vers nous, tendit ses mains dans un geste paternel et nous mit à l'aise.

Il ne désirait pas de cérémonies, ajouta-t-il, à la fois affectueux et convainquant.

Ensuite, démontrant la valeur des heures, il recommanda au directeur de présenter les situations à étudier.

Avec surprise, je vis Druso exhiber les documents sollicités : vingt-deux fiches de grande taille, chacune condensant la synthèse des informations nécessaires au secours de vingt-deux entités qui avaient été récemment internées dans l'institution.

À ce moment, je ne pus me permettre la moindre question directe. Mais plus tard, Silas m'expliqua que Sanzio, investi dans les hautes fonctions de Ministre de la Régénération, avait de grands pouvoirs sur ce centre de réajustement, avec le droit de soutenir ou de décider des mesures à prendre, à propos de l'œuvre d'assistance, au profit des souffrants, pouvant homologuer et ordonner des mesures de ségrégation et de justice, de réincarnation et de bannissement.

Attentif, l'émissaire examina tous les actes présentés ici en brefs résumés, dont il était possible de percevoir non seulement des écrits informes, mais également des microphotographies et des moyens d'identification qui rappelaient les éléments dactyloscopiques de la Terre, acceptant ou non les suggestions de Druso, après de courtes considérations à propos de chaque cas particulier, apposant sur chaque fiche le cachet qui représentait sa responsabilité décisionnelle.

Nouveaux venus dans ce milieu, nous nous sentions étrangers à toutes les études et délibérations effectuées, à l'exception, cependant, du dernier cas abordé, qui se référait justement à Antonio Olimpio, l'interné de la veille, au réveil duquel nous avions assisté.

La promptitude avec laquelle les données de l'ancien fermier avaient été mentionnées était propre à causer la plus grande surprise.

Sachant l'importance que le sujet revêtait pour nous, l'Instructeur nous invita à les compulser. Hilario et moi reconnûmes le portrait et la légitimité des déclarations qu'il avait prêtées sous l'influence magnétique à laquelle il avait été soumis.

Nous intéressant vivement à la solution du problème, nous écoutâmes la parole du Ministre qui concordait avec l'avis du centre pour ce qui était de porter un secours immédiat au malheureux frère et la nécessité d'une brève réincarnation dans le cercle où il avait commis des délits, afin de rendre aux frères spoliés les terres dont ils avaient été expulsés. Mais il insista sur le fait que le criminel, conformément à ses propres allégations, ne bénéficiait pas de la moindre circonstance atténuante dans les fautes qui lui étaient imputées.

Antonio Olimpio, reconnut le dirigeant du centre, avait vécu pour lui, livré à un délire d'égocentrisme. Il n'avait connu d'autre compagnie que la sienne, conservant dans le monde physique l'argent et le temps sans bénéfice pour personne, si ce n'est pour lui. Il s'était isolé dans des plaisirs pernicieux et, de ce fait, il n'avait pas apporté dans le champ spirituel la gratitude d'autrui qui aurait fonctionné en sa faveur, tandis qu'en matière de soutien affectif, il disposait seulement de la sympathie à naître dans le cadre étriqué où s'insérait son étroit monde familial. Il était donc un compagnon réellement complexe, avec d'extrêmes difficultés pour être aidé dans le retour vers l'expérience physique.

Cependant, le magnanime messager se souvint que l'épouse et le fils lui étaient redevables d'une très grande tendresse. Ces deux cœurs surgissaient, ici, en conformité avec la Loi, sous la forme d'éléments bénéfiques pour le délinquant, car tout le bien qui est réalisé, peu importe avec qui et en quel lieu, il constitue un recours vivant qui agit en faveur de celui qui le pratique.

Résumant les conclusions soulevées, il notifia à la petite assemblée qu'il demanderait la comparution de la sœur Alzira, afin de s'entretenir avec elle des mesures en cours, s'abstenant de tout recours immédiat au frère Luis, le fils bénéficiaire de la fortune indue, car il se trouvait interné dans le corps physique, et un tel recours ne se justifierait qu'en d'exceptionnelles circonstances.

Le Ministre s'adonna à une prière silencieuse et, répondant à la demande, nous notâmes que la matière ténue juxtaposée au miroir s'animait légèrement, laissant à présent apparaître le visage suave d'une belle femme.

La sœur Alzira apparaissait sous nos yeux.

Elle semblait être intégrée dans l'expérience en cours, car elle ne démontrait pas la moindre surprise.

Elle nous salua avec une gracieuse gentillesse et, aux premières paroles de Sanzio, elle répondit avec humilité :

– Vénérable bienfaiteur, je comprends la position difficile de mon compagnon ami dans les engagements assumés, et je m'offre de bonne volonté, afin de l'aider dans le service réparateur. D'ailleurs, je viens dans l'attente d'une telle possibilité qui représente pour moi une précieuse bénédiction. Antonio Olimpio aura été le bourreau de ses propres frères. Il a fait mourir leur corps afin d'usurper leurs biens. Cependant, pour mon fils et pour moi, il a toujours été un ami et un protecteur, dévoué et très aimé. Pour mon âme, l'aider à se relever n'est pas seulement un devoir. C'est également une félicité inexprimable…

Le Ministre la fixa, satisfait, comme s'il n'attendait pas d'autre réponse, puis il dit :

– Toutefois, tu sais que les frères assassinés persévèrent dans la haine et qu'ils l'ont persécuté, jusqu'à maintenant, sans relâche...

– Oui, je sais tout cela, clama la sympathique femme. Je connais leur pouvoir vengeur... Ils entraînèrent mon époux hors de la tranquillité de la tombe pour se rassasier dans la terrible revanche et ils ne m'ont jamais permis un quelconque rapprochement avec lui, dans la vallée de ténèbres où ils restèrent tant d'années... De plus, alors que je remboursais mes débits du passé, j'ai succombé à mon tour entre leurs mains à tous les deux, au cours d'une épouvantable obsession, dans le même lac où ils ont perdu leur corps physique. Mais cela n'est pas un motif de recul. Je suis prête pour le service dans lequel je peux être utile.

Sanzio médita quelques brefs instants et dit :

– Le rétablissement d'Olimpio, pour la réincarnation, exige du temps. Malgré tout, tu peux commencer l'ouvrage de secours avec l'aide de ce pied-à-terre...

Et, devant l'attitude d'attente de l'épouse dévouée, il poursuivit :

– Les victimes d'hier, transformées aujourd'hui en tourmenteurs inflexibles, habitent dans la propriété qui leur a été arrachée par le frère fratricide, en train d'alimenter la haine contre ses descendants et à perturber leur vie. Il est indispensable que tu ailles en personne les supplier de faire preuve de meilleures dispositions mentales pour qu'ils deviennent aptes à recevoir la protection de notre organisation, afin de se préparer pour la renaissance physique le moment opportun. Cette phase initiale d'assistance accomplie, tu collaboreras au retour d'Olimpio dans le foyer de votre fils, et, à ton tour, tu retourneras à la chair peu après, afin que tu te maries à nouveau avec lui, dans un futur béni, afin que tu reçoives entre tes bras Clarindo et Leonel, comme enfants chers de ton cœur, auxquels Olimpio restituera l'existence terrestre et les biens…

Un sourire de bonheur brilla sur le visage de la sublime femme et, peut-être parce qu'elle avait émis des pensées de crainte, Sanzio vint à son secours en s'exclamant :

– Ne défaillis pas. Tu seras soutenue par la « Mansão », dans tous tes contacts avec nos amis figés dans la vengeance, et nous répondrons personnellement à tous les sujets qui se réfèrent à la transcendance de tes activités pour ce site, devant les autorités auxquelles tu es soumise. Nos frères infortunés ne seront pas insensibles à tes demandes... Tu as souffert leurs coups impitoyables lors des derniers jours de ton passage dans le monde et l'humilité de ceux qui souffrent est un facteur essentiel dans la rénovation de ceux qui font souffrir...

En larmes de reconnaissance jubilatoire, la digne créature baisa sa main droite avant de s'écarter.

La scène touchante et simple nous émut profondément.

Je sentis l'incommensurable amour de Dieu qui établit les fondements de Sa Justice indéfectible et, au plus profond de mon âme, je hurlai pour mes propres oreilles :

– Loué sois-Tu, Père à l'Infinie Bonté, Toi qui sèmes l'espérance et l'allégresse jusque dans les enfers du crime, comme des roses belles et parfumées écloses au milieu des ronceraies !...

Autorisées par Druso, Madalena et Silvia s'approchèrent du Ministre en implorant son intercession pour que leurs époux fussent traités dans cet établissement de paix et de fraternité, pour la reconstruction du destin face à l'avenir. Sanzio reçut leurs suppliques avec bienveillance et tendresse, décidant l'accueil de ces deux malheureux au sein de l'institut et en promettant de faciliter leur réincarnation sous peu.

Un discret signal du directeur nous fit sentir que le moment était à présent venu pour procéder à des conversations éducatives ; ainsi, impressionnés parce que nous venions de voir et d'observer, Hilario et moi nous approchâmes du vénérable messager, dans le but de l'écouter, afin de profiter de cet instant de conversation rare et belle.

7
Une conversation précieuse

Nous facilitant la tâche, Druso nous présenta, plus personnellement, au Ministre Sanzio, lui expliquant que nous étudiions les lois de causalité dans certains des problèmes de la « Mansão ». Voulant pénétrer de plus amples sphères de connaissance, à propos du destin, nous voulûmes qu'il nous parlât de la douleur...

Comme s'il abdiquait pour quelques instants de la haute position hiérarchique qui convenait à sa personne distinguée, le grand messager paraissait à présent plus particulièrement proche de nous, se révélant plus à l'aise, tant par son regard que par l'inflexion de sa voix.

– La douleur, oui, la douleur... murmura-t-il, compatissant, comme s'il se posait une question transcendante dans les tréfonds de son âme.

Et nous fixant, Hilario et moi, avec une tendresse inattendue, il souligna, avec douceur :

– Je l'étudie également, mes enfants. Je suis un humble fonctionnaire des abîmes. Je porte avec moi la pénurie et la désolation d'un grand nombre de personnes. Je connais certains de nos frères, porteurs du stigmate de souffrances atroces, qui se trouvent animalisés, depuis des siècles, dans les précipices infernaux. Cela dit, bien que l'énigme de la douleur me fende le cœur, depuis que je sillonne les ténèbres denses, je n'ai jamais surpris une seule créature oubliée par la Divine Bonté.

En écoutant ses paroles pleines d'amour et de sagesse, un inexprimable sentiment envahit toute mon âme.

Même si cela n'avait été que sur de courtes périodes, j'avais jusqu'à présent vécu auprès de nombreux Instructeurs. J'avais pu obtenir, d'un grand nombre d'entre eux, des enseignements et des observations magistraux, mais aucun, jusqu'alors, ne m'avait apporté à l'esprit cet amalgame de ravissement et de tendresse, d'admiration et de respect, qui s'était emparé de mes sentiments.

Tandis que Sanzio parlait, généreux, des scintillements violets aux reflets argentés nimbaient sa tête, mais ce n'était pas sa dignité extérieure qui me fascinait. C'était le magnétisme caressant qu'il savait extérioriser.

J'avais l'impression de me retrouver devant mon père ou ma mère, au côté de quelqu'un à qui je devais un immense respect.

Sans qu'il me fût possible de contrôler la commotion, des larmes brûlantes roulèrent sur mon visage.

Je ne pus savoir si Hilario partageait le même état d'âme, car en face de moi, je ne voyais plus que Sanzio, dominé par son humble grandeur.

D'où pouvait bien venir, Seigneur, cet être si illustre, mais malgré tout, à l'âme si simple, me demandai-je sans mots, dans les replis de mon cœur ? Où avais-je connu ce regard, à la fois beau et limpide ? En quel lieu avais-je reçu, un jour, la rosée de l'amour divin, à l'image du ver qui, dans la caverne, sent la bénédiction de la chaleur du Soleil ?

Le Ministre perçut mon émotion, comme le professeur qui se rend compte de la perturbation de l'apprenti et, paraissant vouloir m'avertir quant au profit de l'instant, il s'avança vers moi et dit tendrement :

– Demande, mon fils, sur des sujets qui ne sont pas personnels, et je répondrai du mieux que je le peux.

Je perçus la noble intention et cherchai à me contrôler.

– Grand bienfaiteur, m'exclamai-je, ému, en m'efforçant d'oublier mes propres sentiments, pourrions-nous vous écouter, d'une certaine manière, à propos du « karma » ?

Sanzio reprit la position qui lui était habituelle, auprès du miroir cristallin, et dit :

– Oui, le « karma », qui parmi les Hindous est une expression vulgarisée signifiant en sanscrit « action », désigne exactement « la cause et l'effet » puisque toute action ou mouvement dérive d'une cause ou d'impulsions antérieures. Pour nous, il représentera le compte de chacun, englobant les crédits et les débits qui nous concernent en particulier. De ce fait, il y a des comptes de ce type qui ne caractérisent pas seulement des individualités, mais également des peuples et des races, des états et des institutions.

Le Ministre fit une pause, comme une personne qui laisserait percevoir que le sujet était complexe, avant de reprendre :

– Afin de mieux comprendre le « karma » ou « compte du destin créé par nous-mêmes », il convient de rappeler que le Gouvernement de la Vie possède également son système de comptabilité, qui s'exprime à travers le mécanisme de justice inaliénable. Si dans le cercle des activités terrestres une organisation a besoin d'établir un régime de comptes pour asseoir les tâches qui sont de sa responsabilité, la Maison de Dieu, qui est l'Univers entier, ne vivrait pas non plus sans ordre. Pour cela, l'Administration Divine dispose de savants départements chargés de lister, conserver, commander et stocker la Vie Cosmique, réglant tout sous la magnanimité du plus ample amour et de la justice la plus sage. Dans les sublimes régions célestes de chaque planète livrée à l'intelligence et à la raison, au travail et au progrès des enfants de Dieu, les génies angéliques brillent de mille feux, chargés de la production et de la beauté, du perfectionnement et de l'ascension de l'Œuvre Éminente, avec les ministères appropriés à la concession d'emprunts et de moratoires, de crédits spéciaux et de recours extraordinaires à tous les Esprits incarnés ou désincarnés qui les méritent, en fonction des services référents au Bien Éternel. Et dans les régions tourmentées comme celle-ci, balayées par des cyclones de douleur régénératrice, nous avons les pouvoirs compétents pour promouvoir le recouvrement et la surveillance, le réajustement et le rétablissement de ceux qui se font débiteurs compliqués devant la Divine Justice, pouvoirs qui ont la fonction de purifier les chemins évolutifs et de circonscrire les manifestations du mal. Pour cette raison, les religions de la Terre ont procédé avec raison en situant le Ciel dans les sphères supérieures et l'Enfer dans les zones inférieures, puisque dans les premières nous trouvons la glorification croissante de l'Univers et, dans les secondes, la purgation et la régénération indispensables à la vie, pour qu'elle se purifie et s'élève vers les plus hautes cimes.

Devant la pause spontanée et m'apercevant que le Ministre se disposait à maintenir le contact avec nous, par l'intermédiaire de la conversation, je dis avec intérêt :

– Il est émouvant de savoir que la Providence Divine étant la Magnanimité Parfaite, créant des trésors d'amour sans limite afin de les distribuer en abondance, en faveur de toutes les créatures, est également l'Équité Vigilante, dans la direction et dans l'application des biens universels.

– Effectivement, il ne pourrait en aller autrement, ajouta Sanzio, bienveillant. Dans les questions de loi de causalité, il est impérieux de ne pas oublier que toutes les valeurs de la vie, depuis les plus lointaines constellations jusqu'à la plus petite particule subatomique, appartiennent à Dieu, dont les dessins impénétrables peuvent altérer et rénover, annuler ou reconstruire tout ce qui a été fait. Nous ne sommes donc que de simples utilisateurs de la Nature qui réunie les trésors du Seigneur, devant répondre de chacun de nos actes, dès le moment où nous possédons la plus petite once de discernement. Où qu'il se trouve, l'Esprit incarné ou désincarné, sur Terre ou sur d'autres mondes, dépense, en réalité, ce qui ne lui appartient pas, recevant du Père Éternel, sous forme de prêts, les ressources dont il profite pour effectuer sa propre sublimation, dans les domaines de la connaissance et de la vertu. Les patrimoines matériels et les richesses de l'intelligence, les processus et véhicules de manifestation, le temps et le corps, les affections et les titres honorifiques quels qu'ils soient, appartiennent au Tout Miséricordieux, qui nous les concède à titre temporaire, de manière à ce que nous puissions les utiliser dans notre propre perfectionnement, en progressant sur les grandes voies de l'expérience, pour que nous entrions définitivement en possession des valeurs éternelles, synthétisées dans l'Amour et la Sagesse avec lesquelles, dans un lointain futur, nous réfléchirons sa Souveraine Gloire. Depuis l'électron jusqu'aux géants de la Toile Cosmique, tout constitue les réserves des énergies de Dieu, que nous utilisons, pour notre profit, avec Sa permission, afin que nous promouvions, avec fermeté, notre propre élévation vers Sa Majesté Sublime. Il est aisé de percevoir, de cette manière, qu'après avoir conquis la couronne de la raison, il nous sera demandé des comptes le moment opportun, simplement parce qu'il n'y a pas de progrès sans justice dans l'évaluation des valeurs.

Je me souvins instinctivement de notre conception erronée de la vie sur Terre, quand nous nous trouvons toujours disposés à prendre le contrôle de manière indue, des ressources du stage humain, que ce soit en terres, habitations, titres, faveurs, en prérogatives et affections, faisant jaillir de toute part les menottes de l'égoïsme le plus criant…

Sanzio perçut mes pensées car, après avoir effectué une courte pause, il souligna avec un sourire paternel :

– Réellement, dans le monde, l'homme intelligent doit être rassasié de savoir que tout concept de propriété n'est rien d'autre qu'une simple supposition. Sous forme d'emprunts, oui, tous les biens de l'existence lui sont attribués par la Providence Divine, pour un temps déterminé, du fait que la mort agit comme un juge implacable, en transférant les biens de certaines mains vers d'autres, et en marquant avec une exactitude qui ne laisse point de place au doute, le profit de chaque Esprit extrait des avantages et concessions qui lui ont été accordés par les Agents de la Bonté Infinie. Ici, nous voyons les principes de la causalité dans toute la force de leur manifestation car, dans l'utilisation normale ou abusive des réserves de la vie, qui représentent l'Éternelle Propriété de Dieu, chaque âme crée, dans sa propre conscience, les crédits et les débits qui lui attireront inéluctablement les allégresses et les douleurs, les facilités et les obstacles du chemin. Plus nos connaissances deviennent amples, plus de responsabilités nous avons face à nos actions. À travers nos pensées, nos paroles et nos actes, qui émanent invariablement de notre cœur, nous dépensons et transformons constamment les énergies du Seigneur au long de notre voyage évolutif, dans les secteurs de l'expérience. Et de la valeur de la somme de ce que nous avons de positif ou de négatif devant les Lois du Destin, découle la vie organisée en nous-mêmes de nos intentions et applications dans les sentiments et les pratiques de la marche.

À cet instant de la précieuse explication, Hilario demanda humblement :

– Bien aimé Instructeur, devant la gravité dont se revêt pour nous la leçon, que devons-nous comprendre par « bien » et « mal » ?

Sanzio fit un geste de bienveillante tolérance et répliqua :

– Évitons de plonger dans les labyrinthes de la philosophie, malgré le respect que nous devons à celle-ci, car nous ne nous trouvons pas dans un cénacle simplement destiné à l'escrime de la parole. Avant tout, cherchons à simplifier. Il est facile de connaître le bien quand notre cœur se nourrit de la bonne volonté, face à la Loi. Le bien, mon ami, représente le progrès et la félicité, la sécurité et la justice pour tous nos semblables et pour toutes les créatures se trouvant sur notre chemin, pour lesquelles nous devons engager les intérêts de notre exclusivisme, mais sans la moindre gêne provenant des critères purement humains, qui nous placeraient dans une position inadéquate durant le travail, car ils agissent de l'extérieur vers l'intérieur, créant bien souvent l'indiscipline et la révolte, au sein de notre monde intime, pour notre plus grand malheur. Ainsi, le bien sera notre coopération volontaire avec la Loi, au profit de tous, même si cela doit nous demander le renoncement le plus complet, étant donné que nous savons qu'en aidant la Loi du Seigneur et en agissant en conformité avec elle, elle nous aidera et nous soutiendra dans le domaine des biens impérissables. Et le mal sera toujours représenté par la triste vocation du bien uniquement dirigé vers notre personne, se manifestant dans l'égoïsme et la vanité, dans l'inconséquence et l'orgueil qui caractérisent la présence continuelle dans les lignes inférieures de l'esprit.

Après une brève pause, le Ministre ajouta :

– Nous avons en Notre Seigneur Jésus Christ le paradigme du Bien Éternel sur Terre. Ayant tout donné de sa personne au bénéfice des autres, il n'a pas hésité à accepter le sacrifice suprême dans l'aide pour tous, afin que le bien de tous prévale, même si l'incompréhension et la souffrance, la flagellation et la mort furent son lot.

En raison de la pause qui se fit spontanément, j'osai demander, affamé de lumière :

– Généreux ami, pourrions-nous vous écouter disserter, d'une quelconque manière, à propos des signes karmiques que nous portons en nous ?

Ayant pris le temps de la réflexion, Sanzio dit :

– Il est très difficile de pénétrer le sens des Lois Divines à l'aide des ressources limitées de la parole humaine. Mais même ainsi, nous allons essayer en recourant à des images aussi simples que possible. Bien que la comparaison soit impropre, nous comparerons la sphère humaine au règne végétal. Chaque plante produit à l'époque propice, selon l'espèce dont elle fait partie, et chaque âme établit, pour elle-même, les circonstances heureuses ou malheureuses dans lesquelles elle se trouve, conformément aux actions qu'elle pratique, à travers ses sentiments, ses idées et ses décisions, tout au long du pèlerinage évolutif. Au commencement, la plante se trouve contenue dans l'embryon et, au début de chaque nouvelle existence, le destin se trouve conservé dans l'esprit. Avec le temps, la plante germe, se développe, fleurit et l'âme, également avec le temps, éclôt au soleil de l'éternité, croît en connaissances et en vertu, fleurit en beauté et en compréhension, et donne des fruits en amour et en sagesse. Mais la plante est une chrysalide de conscience qui dort durant de longs millénaires, étroitement attachée aux principes de la génétique vulgaire qui lui impose les caractères de ses ancêtres, tandis que l'âme humaine est une conscience formée qui reflète en elle les lois qui gouvernent la vie et, de ce fait, elle dispose déjà, jusqu'à un certain point, de facultés avec lesquelles elle peut influer sur la génétique, modifiant sa structure parce que la conscience responsable est toujours sa propre héritière, ajustée aux consciences qui lui sont semblables. Notre esprit garde avec lui, à l'état de germe, les faits agréables ou désagréables qui le trouveront demain, de la même manière que la minuscule graine contient potentiellement la plante productive en laquelle elle se transformera dans le futur.

À cet instant, Hilario, inquiet, demanda :

– N'aurions-nous pas, dans cet état de fait, la concrétisation d'un déterminisme d'ordre absolu ? Si aujourd'hui nous portons dans le domaine mental tout ce qui nous arrivera demain...

Mais Sanzio expliqua aimablement :

– Oui, le déterminisme peut, dans les sphères primaires de l'évolution, être considéré comme étant irrésistible. C'est le minéral qui obéit aux lois invariables de la cohésion et le végétal qui répond fièrement aux principes organiques. Mais dans la conscience humaine, la raison et la volonté, la connaissance et le discernement entrent en fonction dans les forces du destin, conférant à l'Esprit les responsabilités naturelles qu'il doit posséder envers lui-même. Aussi, bien que nous nous reconnaissions soumis aux effets de nos propres actions, nous ne pouvons ignorer que le comportement de chacun d'entre nous peut signifier libération anticipée ou emprisonnement plus long, aggravation ou amélioration de notre condition d'âmes endettées devant la Loi, au sein de ce déterminisme relatif résultant de notre propre conduite.

– Mais, alors qu'elle se trouve encore dans les pires situations expiatoires, demandai-je, la conscience jouit-elle des droits inhérents au libre arbitre ?

– Pourquoi ne pourrait-elle pas en jouir ? demanda le Ministre, généreusement. Imaginons un monstrueux délinquant, enfermé dans un pénitencier. Accusé de plusieurs crimes, il demeure privé de la moindre liberté dans son simple cachot. Même ainsi, dans l'hypothèse qu'il profite de son temps en prison pour servir l'ordre et le bien-être des autorités et de ses compagnons, suivant avec humilité et respect les dispositions de la loi qui le corrige, attitude qui résulte de son libre arbitre pour s'aider lui-même ou se nuire, en peu de temps, ce prisonnier commencera à attirer la sympathie de ceux qui l'entourent, avançant avec assurance vers son propre rétablissement.

Le raisonnement était clair, mais désirant ne pas perdre le fil de la leçon, à la fois simple et précieuse, je demandai :

– Vénérable bienfaiteur, pour notre élévation, pourrions-nous recueillir de plus amples réflexions sur la meilleure manière de collaborer avec la Loi Divine en notre propre faveur ? Disposons-nous d'un quelconque moyen pour échapper à sa justice ?

Sanzio sourit et dit :

– Personne n'échappera à sa justice. Simplement parce que notre conscience, en se réveillant à la sainteté de la vie, aspire à racheter dignement tous les débits dont elle s'est rendue coupable devant la Bonté de Dieu. Cependant, l'Amour Infini du Père Céleste brille de tous les processus de réajustement. Ainsi, si nous trébuchons dans une expérience particulière, expérience indispensable à la conquête de la lumière que le Sublime Seigneur nous réserve, il est nécessaire que nous nous adaptions au juste recommencement des expériences frustrées, utilisant les patrimoines du temps. Imaginons un homme faisant preuve de lâcheté devant la lutte. Il commet un suicide à l'âge de quarante ans, dans son corps physique. Cet homme pénètre dans le monde spirituel en souffrant les conséquences immédiates de son geste malheureux, dépensant une période de temps plus ou moins longue, selon les circonstances atténuantes ou aggravantes de sa désertion, ceci afin de reconstruire les cellules du véhicule périsprital. Ensuite, aussitôt que cela sera possible, quand il méritera à nouveau la récompense d'un corps de chair dans la Sphère Humaine, au sein des épreuves qu'il recommencera, une tentation suicidaire extrême se fera naturellement sentir quand il atteindra l'âge précis auquel il a abandonné la position de travail qui lui appartenait, parce que les images destructrices qu'il a enregistrées dans son esprit se dérouleront devant lui, à travers le phénomène que nous pouvons appeler « circonstances réflexes ». Ces images destructrices rendront possible des déséquilibres émotionnels profonds qui le situeront, logiquement, en contact avec les forces déséquilibrées qui s'ajustent à sa manière d'être temporaire. Si cet homme n'a pas rassemblé de ressources éducatives et rénovatrices en lui-même, par la pratique de la fraternité et de l'étude, afin de dépasser la crise inévitable, il échappera une nouvelle fois difficilement au suicide, car les tentations, bien qu'elles puissent être renforcées par des circonstances venant de l'extérieur, commencent en nous et se nourrissent de nous-mêmes.

Parce que l'explication était précieuse, je demandai, avec la curiosité de l'élève désireux d'apprendre :

– Et comment la créature peut-elle se rendre dûment capable de racheter le prix de sa libération ?

Sans avoir manifesté la moindre surprise, Sanzio répliqua sur le champ :

– Comme n'importe quelle personne endettée qui, de fait, s'engage dans la résolution de ses engagements. Il est certain que l'homme grandement endetté a besoin d'accepter des restrictions dans son confort afin de régler ses débits par ses propres économies. Ainsi, il ne connaîtra pas l'abondance mais l'abstinence et la sueur, de manière à se libérer aussi vite que possible.

Le grand orienteur fit une pause momentanée, comme s'il réfléchissait, puis il reprit :

– Revenons à l'image de la plante. Imaginons qu'une graine d'oranger soit tombée sur un terrain pauvre et sec. Selon les lois qui régissent les activités agricoles, elle germera sur des obstacles gênants, se transformant en un arbuste rabougri avec, le moment venu, une production lamentable. Mais si le laboureur répond à ses nécessités et exigences, dès le commencement de la lutte, lui offrant terreau, eau et protection, tout en l'aidant par la taille salutaire au moment opportun, l'oranger répondra brillamment à sa propre destinée... Des attentions similaires doivent être mises en action, l'heure venue, c'est-à-dire, quand l'âme est sur Terre, et cette restauration doit autant que possible commencer aux meilleures époques du voyage physique...

Hilario, qui accompagnait l'explication, aussi fasciné que moi par la pédagogie et ces mots simples et sages, demanda :

– Et quand durant l'enfance ou l'adolescence l'individu ne peut compter sur des précepteurs attachés au bien, capables de remplir le rôle de laboureurs intelligents auprès de ceux qui recommence la lutte humaine ?

– Il ne fait aucun doute, répondit le Ministre, que l'enfance et l'adolescence sont les époques les plus adaptées à la construction de la forteresse morale avec laquelle l'âme incarnée doit construire graduellement la couronne de la victoire qu'il lui faut atteindre. Il est cependant impérieux de comprendre que chez l'Esprit conscient, la volonté symbolise le laboureur auquel nous nous sommes référés, et le terreau, l'irrigation et la taille constituent le travail incessant auquel doit se consacrer notre volonté, dans la recomposition de nos propres destinées. En vue de cela, chaque minute de la vie est importante pour rénover, racheter, perfectionner et purifier. Nous avons compris que la tempête, en tant que symbole de crise, surgira pour tous, à un moment déterminé. Cela dit, la personne qui peut disposer d'un abri sûr, traversera ces dangers sans peur et avec profit.

L'explication atteignait notre esprit comme un rayon de Soleil pénétrant l'obscurité d'un cachot.

Pourtant, mon collègue demanda à nouveau :

– Action pour action, nous avons également beaucoup de travail après la mort du corps dense. Ainsi, comme nous perpétrons des fautes dans la chair pour, bien souvent, en souffrir ici les conséquences, est-il naturel que par nos actions déplorables, ici, nous ayons à souffrir une fois dans la chair ?

– Tout à fait, confirma Sanzio, bienveillant. Nos manifestations contraires à la Loi Divine, qui sera toujours le Bien de Tous, sont corrigées, quel que soit l'endroit. Voici la raison pour laquelle il y a des expiations au Ciel et sur Terre. De nombreux désincarnés qui se perdent dans des dérèglements passionnels jusqu'aux frontières du crime, principalement dans les processus d'obsession, malgré les mises en garde émanant de leur propre conscience bien qu'ils aient été prévenus par leur propre conscience et par les appels respectables d'instructeurs bienveillants, se créent de lourdes et douloureuses dettes envers la vie, dont le remboursement les contraindra à la lutte et au sacrifice durant une longue période de temps. D'ailleurs, à propos de ce sujet, il est utile de rappeler que notre effort d'auto-réajustement dans la vie spirituelle, avant la réincarnation, adoucit la situation dans la plupart des circonstances, nous garantissant une enfance et une adolescence pleines d'espoirs et de tranquillité, pour les répétitions qui devront s'effectuer à la maturité, exception faite, naturellement, des problèmes à l'expiation difficile et immédiate, dans lesquels l'âme est contrainte à supporter de rudes souffrances dès le ventre maternel, que ce soit les désillusions ou les maladies, les humiliations ou les douleurs de la vieillesse ou de la longue infirmité, avant le tombeau. Ces douleurs, angoisses et souffrances adoucissent notre situation d'Esprits endettés, nous permettant d'accéder à la trêve bénite dans les premiers temps suivant le retour à la sphère spirituelle, tout de suite après le pèlerinage par le champ physique.

La majorité des personnes incarnées dans le monde, lorsqu'elles atteignent un âge avancé, se confient, habituellement, dans les dernières phases de l'existence, à la réflexion et à la méditation, à la sérénité et à la douceur. Les esprits infantiles, même s'ils se trouvent dans la décrépitude des forces purement matérielles, demeurent inconséquents et irresponsables, mais les cœurs mûrs dans la connaissance profitent, par intuition naturelle, de la vieillesse et de la douleur afin de raisonner avec plus de justesse, soit en se consacrant à la foi dans les temples religieux, par laquelle ils s'assurent un plus grand équilibre intérieur, soit en se dévouant à la charité, grâce à laquelle ils atténuent dans leur mémoire les souvenirs les moins désirables, préparant ainsi, avec un succès louable et une admirable sagesse, l'irrévocable passage vers la Vie Supérieure.

Le regard de Druso me fit comprendre que notre entretien touchait à sa fin. Et c'est pour cette raison que j'avançai encore une question :

– Ministre ami, comprenant qu'il y a des dettes qui, par leur nature et leur étendue, nécessitent que nous ayons plusieurs vies ou pèlerinages dans la chair terrestre afin d'atteindre le rachat attendu, comment les apprécier du point de vue de la mémoire ? Je sens, par exemple, que là, au fond, j'ai d'immenses débits à rembourser, débits dont je ne me souviens plus à présent…

– Oui, oui... expliqua-t-il. Il s'agit d'une question de temps. Au fur et à mesure que nous demeurons ici, dans l'organisation périspritale, dans le fidèle accomplissement de nos obligations envers la Loi, notre pouvoir mnémonique se dilate de plus en plus. En avançant dans la lucidité, nous faisons preuve d'un plus ample contrôle de la mémoire. C'est ainsi qu'après de longues années de service dans les zones spirituelles de la Terre, nous entrons spontanément dans la tranche de souvenirs moins heureux, identifiant de nouvelles étendues de notre « karma » ou de notre « dette » et, bien que nous soyons reconnaissants à la bienveillance des Instructeurs et des Amis qui nous pardonnent le plus indigne passé, nous ne démontrerons jamais de condescendances envers nos propres faiblesses et c'est la raison pour laquelle nous nous trouvons obligés de demander aux autorités supérieures de nouvelles incarnations, difficiles et profitables, qui nous rééduquent ou nous rapprochent de la rédemption nécessaire. Comprenez-vous ?

Oui, nous avions compris.

Sanzio fixa le directeur du centre, comme à vouloir lui signifier que l'horaire était écoulé, et Druso rappela, avec gentillesse, que nous ne devions retenir l'Instructeur attentionné et aimable.

Nous exprimâmes avec humilité nos remerciements pour les leçons reçues, tandis que le Ministre s'en retournait vers la chambre brillante, où la brume mobile se mit de nouveau à se condenser, effaçant son vénérable visage à nos yeux.

En quelques brèves minutes, l'ambiance retrouvait les caractéristiques qui lui étaient habituelles et la parole émouvante de Druso, en prière, mit fin à l'inoubliable réunion.

8
Préparatifs pour le retour

L'étude à la « Mansão » était fascinante, mais elle demandait du temps. Mais l'opportunité qui nous avait été offerte était des plus précieuses.

Hilario et moi sollicitâmes l'assentiment des autorités dont nous dépendions et nous effectuâmes une adaptation profitable dans les services en demeurant quelques mois dans l'institut, de manière à recueillir et à conserver dans notre mémoire, ce qu'il nous serait donné d'observer.

C'est de cette manière que nous nous disposâmes à partager, en compagnie de Silas, le travail relatif au « processus Antonio Olimpio », dont nous avions assisté à la phase initiale avec grand intérêt.

Six jours après la réunion durant laquelle nous avions écouté les paroles de Sanzio, le grand Ministre, la sœur Alzira se rendit à notre établissement, dans le cadre du programme que Druso avait dressé pour les tâches la concernant.

Désigné par le directeur du centre, Silas la reçut en notre compagnie, alléguant qu'ensemble, nous répondrions au problème en agissant en coopération.

Les salutations d'usage passées, la noble créature nous expliqua que, soutenue par des amis d'une certaine colonie spirituelle de secours, elle faisait son possible pour aider son fils qu'elle avait laissé sur Terre.

Luis, dont l'esprit se rapprochait des anciens sentiments paternels, s'attachant aux gains matériels exagérés, nous expliqua notre interlocutrice, souffrait terriblement de l'obsession au sein de son foyer. Sous la surveillance entêtée des oncles désincarnés, qui excitaient sa mesquinerie, il conservait une grande fortune, sans lui trouver la moindre application. Il s'était amouraché de l'or avec une volupté extrême. Il soumettait sa femme et ses deux enfants aux plus dures nécessités, craignant de perdre ses avoirs qu'il faisait tout pour défendre et multiplier. Non contents de lui torturer l'esprit, Clarindo et Leonel conduisaient jusqu'à la ferme des usuriers ainsi que des tyrans ruraux désincarnés, dont les pensées se débattaient encore dans la richesse terrestre, afin qu'ils fissent s'aggraver son avarice. De cette façon, Luis vivait dans un monde d'images étranges, où l'argent s'érigeait en thème constant. Cela l'avait conduit à perdre tout contact avec la dignité sociale. Il était devenu ennemi de l'éducation et ne croyait que dans le pouvoir du coffre rempli afin de solutionner les difficultés de la vie. Il avait acquis la peur maladive de toutes les situations dans lesquelles des dépenses imprévues auraient pu surgir. Il possédait des sommes importantes dans des établissements bancaires dont sa femme elle-même ignorait l'existence, et il dissimulait dans son foyer d'énormes biens. Il fuyait délibérément la proximité des siens, négligeait sa propre apparence et s'enracinait dans une regrettable misanthropie, obsédé par le cauchemar de l'or qui consumait son existence.

Ensuite, cherchant à orienter nos futures activités, la femme nous fit part du fait que la noyade de ses beaux-frères avait eu lieu alors qu'ils étaient encore de jeunes mariés, quand leur fils effectuait ses premiers pas, et que six ans après le douloureux événement, elle s'était également désincarnée dans le terrible lac. Antonio Olimpio avait encore vécu presque quinze ans dans la sphère corporelle, après son départ et, cela faisait précisément vingt ans qu'il souffrait dans les ténèbres. Ainsi, Luis atteignait la pleine maturité, essayant de traverser sa quarantième année dans l'existence physique.

En réponse aux paroles de l'Assistant qui lui demandait ce qu'elle avait fait dans ses tentatives de secours envers son mari désincarné, Alzira déclara qu'il lui avait été impossible de faire quoi que ce soit car les victimes s'étaient transformées en de féroces geôliers du malheureux délinquant, et comme jusqu'à présent elle n'avait pu bénéficier du soutien d'une équipe de travail d'assistance, les bourreaux ne lui avaient permis le moindre rapprochement. Mais même dans ces conditions, au cours d'occasions fortuites, elle dispensait à son fils, à sa belle-fille et à ses deux petits-fils un certain soutien, ce qui devenait très difficile puisque les obsesseurs veillaient, irréductibles, luttant contre ses influences.

Face à la pause spontanée qui s'était faite dans notre conversation, dans un émouvant témoignage d'humilité, elle demanda à Silas si la « Mansão » pouvait lui permettre une visite à son époux, avant que ne soit entrepris le voyage qui nous conduirait à son fils, selon les tâches programmées.

L'Assistant acquiesça, avec la plus grande tendresse, et nous la guidâmes, tous trois, jusqu'au compartiment où Antonio Olimpio reposait.

S'approchant de sa couche, et à le voir encore prostré et inconscient, je notai que le visage de la noble femme accusait une altération visible. Des larmes incoercibles débordaient de ses yeux à présent troublés par une immense douleur. Comme elle lui caressait la tête, il me sembla voir les traits de sa physionomie se modifier, peu à peu, et elle l'appela à plusieurs reprises par son nom.

L'infirme ouvrit les yeux, les posant sur nous sans la moindre expression de lucidité, prononçant des monosyllabes décousus.

Se rendant compte de la ruine mentale, la femme demanda à Silas la permission de prier, ce qui lui fut concédé avec plaisir.

Devant notre surprise, Alzira s'agenouilla au chevet de son mari, serra son buste entre ses bras à la manière d'une mère dévouée cherchant à conserver entre ses bras un enfant malade, et, levant des yeux larmoyants vers les Hauteurs, clama, humble, selon sa foi :

« Mère Très Sainte !

« Ange tutélaire des naufragés de la Terre, prends pitié de nous et tends-nous tes mains douces et pures !...

« Je reconnais, Mère, que personne ne t'adresse, en vain, des paroles de douleur et d'affliction…

« Nous savons que ton cœur plein de compassion est lumière pour ceux qui tressaillent dans les ombres du crime, et amour pour tous ceux qui plongent dans les abîmes de la haine…

« Tu as pardonné à ceux qui tuèrent ton Divin Fils dans les tourments de la croix et, au-delà de la patience avec laquelle tu as supporté les insultes, tu viens encore du Ciel en leur ouvrant tes bras protecteurs !

« Mère Bienveillante, toi qui redresses ceux qui sont tombés, à travers tant de générations terrestres, et qui soignes, pieusement, ceux qui se sont pétrifiés dans la cruauté, porte un regard charitable sur nous, mon époux et moi, liés aux conséquences du double homicide qui fait saigner nos cœurs. Lui et moi sommes pris dans les mailles de notre délit. Bien qu'il se soit rendu sans moi dans les eaux fatales, pendant que nos frères vivaient l'asphyxie mortelle, je prends également part aux responsabilités et je me reconnais associée au crime, moi aussi...

« Mon époux, Mère du Ciel, devait avoir le cœur enveloppé d'un lourd nuage, quand il s'égara dans la farouche décision qui blessa nos consciences...

« Pour les autres, il pourra n'avoir été qu'une personne impénitente ayant pris possession des ressources d'autrui, infligeant la mort à ses propres frères, mais il ne le sera ni pour mon fils, ni pour moi, qui en avons reçu les plus grands témoignages d'amour... Pour les autres, il sera coupable, devant la Loi... Mais pour nous, il est le compagnon et l'ami fidèle... Pour les autres, il ressemblera à un égoïste sans droit à la rémission, mais pour nous, il est le bienfaiteur qui nous a assistés sur Terre, avec une immense tendresse...

« Comment ne serais-je pas moi-même égoïste et criminelle, Mère Chérie, si j'ai utilisé ses biens et si je me suis alimentée de la tendresse de son cœur ? Comment ne pas être également responsable dans la culpabilité, si toute sa culpabilité s'attachait au but, bien que celui-ci fût fou, de m'assurer la supériorité dans ma condition de femme et de mère ?!...

« Défends notre cause, Médiatrice Céleste !

« Fais-nous revenir, ensemble, dans la chair où nous nous sommes adonnés à la délinquance, afin que nous puissions expier nos erreurs !...

« Concède-moi la grâce de l'accompagner, comme serviteur, heureuse et reconnaissante, reliée à celui à qui je dois tant de félicité !...

« Réunis-nous nouvellement dans le monde et aide-nous à rendre avec loyauté et valeur ce que nous avons volé.

« Ne permets pas, Ange Divin, que nous arrivions à rêver du Ciel avant d'avoir racheté nos fautes de la Terre, et aide-nous à accepter, dignement, la douleur que réédifie et sauve !...

« Aide-nous, Mère !

« Étoile de notre vie, arrache-nous de l'obscurité de la vallée de la mort !... »

Sous nos yeux, l'inespéré nous contraignit à l'extase.

Alors qu'en pleurs elle parlait, Alzira se couronna d'une splendeur saphirine.

La douce clarté qui irradiait de son cœur inondait toute la chambre et, lorsque sa voix se tut, saisie et haletante, un magnifique jaillissement de lumière argenté descendit d'En Haut, atteignant toutes les personnes présentes et se communiquant spécialement à l'infirme qui poussa un long gémissement de douleur humaine et consciente.

La prière d'Alzira révélait un succès que les opérations magnétiques de Druso n'étaient pas parvenues à atteindre.

Antonio Olimpio desserra démesurément les paupières et afficha dans son regard la lucidité d'une personne qui se réveille après un sommeil long et torturé... Il s'agita, sentant sur son visage les larmes de son épouse qui l'embrassait, attendrie, et il cria, pris d'un contentement sauvage :

– Alzira ! Alzira !...

Elle le réconforta, le tenant contre sa poitrine, avec plus de douceur, comme quelqu'un qui aurait voulu apaiser un esprit tourmenté, mais, sur un signal de Silas, deux infirmiers s'approchèrent afin de le rendre au sommeil.

J'essayai de dire quelque chose à la sublime femme, dont la prière nous avait emportés vers une émotion si élevée, mais je n'y parvins pas.

Seuls ceux qui auront voyagé durant de nombreuses années, sous le brouillard de la séparation et de l'angoisse, pourront comprendre la commotion irrésistible qui nous saisissait en cet instant. Je cherchai à observer le visage de Hilario, mais mon compagnon avait plongé sa tête entre ses mains et, regardant le valeureux Assistant, je notai que Silas cherchait à essuyer les larmes qui perlaient de ses yeux…

Je me consolais.

Les grands cœurs de ce centre d'amour pleuraient également, autant que moi, misérable pécheur engagé dans une lutte visant à remédier à mes déficiences et, contemplant Alzira qui se trouvait à présent debout, caressant les cheveux du malheureux, je pensais à un ange du Ciel qui rendait visite à un pénitent de l'enfer.

Ce fut Silas qui nous arracha au silence, offrant un bras à la sœur dévouée pour sortir. Serviable, il expliqua :

– La prière lui a fait un bien immense, mais le réveil ne lui convient que de manière graduelle. Le sommeil naturel et réparateur est encore une nécessité dans sa guérison positive.

Malgré la flagellation morale de la nouvelle rencontre, Alzira s'écarta, plus tranquille.

Nous passâmes encore un certain temps, engagés dans une précieuse conversation, dans les divers secteurs du grand institut, jusqu'à ce que, le moment venu, nous nous absentassions, tous les quatre, dévorant le chemin qui représentait, pour notre compagne, le sentier du retour à l'ancien foyer.

Les premières heures de l'aube du paysage terrestre se remplissaient d'une brume claire et froide.

De retour aux vieux endroits qui avaient marqué sa douloureuse expérience, Alzira ne cachait pas l'émotion qui l'envahissait.

Légèrement soutenue par le bras de Silas, elle parcourait, ici et là, les passages et chemins qui lui évoquaient des souvenirs des plus vifs…

Tout à coup, le groupe de constructions où s'était déroulé le funeste drame nous apparut au milieu d'une plaine étroite.

En réalité, la clarté lunaire révélait une solide construction en franche décadence. De grands patios latéraux laissaient voir des jardins ruinés par le piétinement continuel des bovins de grande taille. Les poteries dépareillées, les clôtures abattues et les balcons immondes évoquaient, sans mot, la négligence des habitants.

D'étranges entités, dissimulées dans d'amples voiles d'ombre, transitaient, absorbées, sur les grands terrains, comme si elles ignoraient la présence les unes des autres.

Craignant visiblement de se faire entendre, l'épouse d'Olimpio nous signala, en sourdine :

– Ce sont des usuriers désincarnés amenés malhonnêtement jusqu'ici par Leonel et Clarindo, de manière à renforcer l'usure dans l'esprit de mon fils.

– Ne nous voient-ils pas ? demanda Hilario, intrigué avec raison.

– Non, confirma Silas. Ils doivent avoir certainement perçu notre arrivée, mais parce que je peux en déduire, ils se trouvent profondément fixés dans les idées dans lesquelles ils se plongent. Ils ne s'inquiètent pas de notre présence tant que nous ne pénétrons pas dans leur niveau mental, partageant leurs intérêts.

– Cela veut dire, commentai-je, que si nous leur parlions de choses à propos de la fortune terrestre, excitant leur goût de la possession humaine, nous réveillerions indiscutablement une plus grande attention…

– Exactement.

– Alors pourquoi ne pas le faire ? s'enquit mon compagnon, curieux.

– Nous ne pouvons nous permettre de perdre du temps, répondit notre ami, surtout que le travail qui nous revient nous attend à quelques pas d'ici, et jusqu'à présent, nous ignorons comment les tâches se dérouleront.

En effet, nous entrâmes, et le mouvement à l'intérieur de l'habitation était stupéfiant. Des désincarnés à l'aspect horripilant allaient et venaient, à travers de longs couloirs, conversant, à moitié fous, comme s'ils se parlaient à eux-mêmes.

J'essayai de percevoir quelque chose dans tout ce qu'il m'était donné d'entendre, et l'or constituait le sujet fondamental de tous les monologues qui s'entrechoquaient sans lien.

Comme s'il avait perçu avec une acuité plus aigüe les trames de l'ambiance, Silas s'arrêta soudainement et, nous laissant tous les trois dans un coin reculé du vieux salon, il s'absenta en nous recommandant d'attendre son retour prudemment.

Il dit vouloir anticiper l'étude de notre situation de travail.

Après quelques minutes, il revint nous chercher pour conduire la sœur Alzira vers la chambre où Adélia, la propriétaire des lieux, reposait auprès de ses petits enfants, expliquant qu'il n'était pas souhaitable qu'Alzira se retrouvât tout de suite en présence des frères qui s'étaient transformés en bourreaux, et nous l'y laissâmes sous la garde d'Hilario qui, évidemment, nous laissa nous éloigner à contrecœ ur, répondant aux impératifs de la surveillance.

Seul avec l'Assistant, celui-ci expliqua que pour fournir l'aide avec le profit désirable, nous avions avant tout besoin de savoir écouter et, qu'en raison de cela, il attendait de moi que je n'entravasse pas les activités, dans l'hypothèse où je me sentirais assailli par la moindre surprise, face aux attitudes qu'il serait obligé d'adopter.

Je compris ce que Silas voulait dire et je me préparai à observer, apprendre et contribuer, discrètement.

Nous pénétrâmes dans un compartiment étroit, où quelqu'un contemplait de grands tas de papier-monnaie, les caressant avec un sourire malicieux.

Dans le but de m'informer le mieux possible, l'Assistant me chuchota à l'oreille :

– Voici Luis, qui, délié du corps par l'influence du sommeil, vient cajoler l'argent qui nourrit ses passions.

Nous avions face à nous un homme d'âge mûr, mais à la physionomie encore jeune, relâché dans ses manières, dont les yeux fixés sur les billets couronnaient son étrange expression de cupidité victorieuse. Il jeta un rapide coup d'œil alentour, avec l'indifférence d'une personne qui ne parvenait pas à nous voir, et, alors que nous n'étions là, à l'observer que depuis une minute, comme s'il avait été surveillé par d'invisibles cerbères, deux hommes désincarnés à la présence désagréable pénétrèrent dans la petite pièce et, se dirigeant brusquement dans notre direction, l'un d'eux demanda :

– Qu'êtes-vous, Qui êtes-vous ?

– Nous sommes des amis, répondit machinalement Silas.

– Bien, dit l'autre. N'entrent dans cette maison que ceux qui savent valoriser l'argent…

Et indiquant Luis, il ajouta :

– Afin qu'il n'oublie pas de préserver notre fortune.

J'en vins intuitivement à la conclusion que nous nous trouvions devant Leonel et Clarindo, les frères spoliés d'une autre époque.

Face à la féroce attende dans laquelle ils épiaient nos moindres mouvements, Silas ajouta dans un désir d'éclaircissement :

– Oui, oui... qui n'appréciera pas les avoirs qui lui appartiennent ?

– Très bien ! Très bien !... répondirent avec satisfaction les deux persécuteurs qui se frottaient les mains avec l'allégresse de quelqu'un qui vient de trouver plus de combustible pour jeter dans le bûcher de la vengeance à laquelle ils se livraient dans un effroyable délire. Et, acquérant grâce aux paroles de l'Assistant qui avait su faire taire leur inquiétude une confiance en nous immédiate, Clarindo, le plus brutal des deux, se mit à dire :

– Nous avons été victimes d'une terrible trahison et nous avons perdu notre corps sous les coups d'un frère honni qui pilla nos biens, et nous sommes ici pour la juste revanche

Il rit aux éclats d'une étrange manière et ajouta :

– Mais cet être maudit a cru que la mort étoufferait son crime, et que nous, les malheureux qui avions succombé entre ses mains, serions réduits en poussière et en cendre. Il prit possession de nos avoirs après avoir mis sur pied un accident spectaculaire dans lequel il nous a assassinés sans compassion. Cependant, à quoi cela lui a-t-il servi de jouir, à nos dépens, si la mort n'existe pas et si les délinquants, qu'ils soient dans un corps ou non, se trouvent menottés aux conséquences de leurs actions ? Le bandit souffrira les résultats de l'infamie pratiquée contre nous, et ici vit son fils, dont nous gouvernerons les moindres mouvements, jusqu'à ce qu'il nous restitue la fortune dont nous sommes les légitimes propriétaires...

Durant un moment relativement long, les deux frères déversèrent un important répertoire de lamentations, renforçant les chaînes du sinistre état mental auquel ils se raccrochaient. Et peut-être las de marteler les mêmes allégations, sans la moindre réponse de notre part, ils se turent durant un plus long moment. Clarindo rompit cette pause en s'adressant à l'Assistant sur un ton amer :

– Vous ne pensez pas que nous avons raison ?

– Si, reconnut Silas, énigmatique, nous avons tous raison. Cela dit…

– Cela dit, quoi ? coupa Leonel, une pointe d'ironie dans la voix. Se pourrait-il que tu veuilles intervenir dans nos desseins ?

– D'aucune manière, rectifia mon ami avec une inflexion joviale. Je désire simplement rappeler que j'ai déjà excessivement lutté pour l'argent, imaginant que le droit prévalait de mon côté…

L'ambiguïté de l'observation avait choqué nos interlocuteurs et le chef de notre expédition mit à profit l'attente naturelle qui s'était ensuivie pour demander :

– Amis, nous voyons que cette maison se trouve fortement peuplée par nos frères dont la folie est avérée... Sont-ils tous créditeurs de cette famille infortunée ?

Le regard intelligent que mon compagnon m'adressa me laissa comprendre que l'affectueux questionnement avait pour objectif d'entretenir la confiance des vengeurs ennemis.

Leonel, me paraissait être le cerveau de l'entreprise délictueuse, fut rapide à répondre.

– C'est que jusqu'à présent, dit-il, impassible, nous avions besoin de partager notre temps entre le père et le fils, et c'est pour cela que nous avons temporairement placé ici les usuriers déments qui, en dehors du champ charnel, ne savent que penser à l'or et aux biens auxquels ils se sont attachés sur Terre, de manière à nous rendre la tâche possible. Accompagnant l'avare qui nous obéit au doigt et à l'œil, ils l'obligent à vivre, autant que possible, avec son imagination captive de l'argent qu'il aime d'une passion insensée.

– Toutefois, informa Clarindo, le criminel que nous avions placé dans les ténèbres a été à présent arraché à notre vigilance. Nous disposerons de plus de temps pour accélérer notre revanche. Puisque l'assassin a été masqué à notre vue, le fils paiera deux fois plus…

Loin de toute précipitation dans la défense de la vérité et du bien, l'Assistant dit avec calme :

– L'explication nous laisse penser que cet homme – et il indiqua Luis, qui demeurait plongé dans sa fascination pour les amas de billets du tiroir rempli –, en plus de l'attachement maladif à la richesse humaine, souffre également de la pression d'autres esprits, hallucinés, tout comme lui, dans les tromperies de la possession matérielle. Dans ce cas, le désir maladif dont il se sent l'objet est naturellement élevé à la tension maximale...

Percevant que Silas pénétrait au cœur du problème avec une surprenante facilité, Leonel expliqua, enthousiasmé :

– Oui, nous avons appris dans les écoles des vengeurs[5] que nous possédons tous, en plus des désirs immédiats communs, à n'importe quelle phase de la vie, un « désir central » ou « thème basique » des intérêts les plus intimes. C'est pour cela qu'en plus de nos pensées vulgaires qui emprisonnent notre expérience routinière, nous émettons avec plus de fréquence les pensées qui naissent du « désir central » qui nous caractérise, pensées qui deviennent le reflet dominant de notre personnalité. Il est facile de connaître de cette manière la nature de n'importe quelle personne, sur n'importe quel plan, à travers les occupations et les postures dans lesquelles elle préfère vivre. Ainsi, la cruauté est le reflet du criminel, la cupidité est le reflet de l'usurier, la médisance est le reflet du calomniateur, la raillerie est le reflet de l'ironiste et l'irritation, le reflet du déséquilibré, comme l'élévation morale est le reflet du saint... Une fois le reflet de la créature que nous nous disposons à corriger ou à punir connu, il devient très facile de la gaver d'excitations constantes, renforçant les impulsions et les situations déjà existantes dans l'imagination et créant, de cette façon, la fixation mentale. Avec cet objectif, il suffit de faire preuve d'un peu de diligence pour placer auprès de la créature malfaisante que nous avons besoin de corriger, d'autres entités qui s'adaptent à sa manière de sentir et d'être, quand, par manque de temps, nous ne pouvons créer nous-mêmes les images que nous désirons, en vue des buts visés, par l'intermédiaire de la détermination hypnotique. À travers de tels processus, nous créons et entretenons facilement le « délire psychique »

5 Note de l'Auteur Spirituel : l'entité se réfère à des organisations maintenues par des Intelligences criminelles, temporairement en fuite dans les plans inférieurs.

ou l' « obsession », qui n'est rien d'autre qu'un état anormal de l'esprit subjugué par l'excès de ses propres créations qui exercent une pression sur le champ sensoriel, auxquelles est adjointe, de manière infinie, l'influence directe ou indirecte d'autres esprits désincarnés ou non, attirés par son propre reflet.

Et, souriant, l'intelligent persécuteur dit avec sarcasme :

– Chaque personne est tentée extérieurement par la tentation qu'elle alimente intérieurement.

Je me sentais perplexe : je n'avais jamais entendu un bourreau, apparemment commun, avec autant de connaissances, et conscient de son rôle. Il me semblait assister à un cours express de sadisme mental, extravagant et froid.

Silas, qui était plus rompu que moi aux relations avec les amis de cette condition, n'extériorisa pas le moindre sentiment de chagrin ou de stupéfaction, sur son visage serein.

Mais démontrant un grand intérêt à propos de la leçon, il dit :

– L'explication est indiscutablement parfaite. Chacun d'entre nous vit et respire dans ses propres reflets mentaux, accumulant les influences heureuses ou malheureuses qui nous maintiennent dans la situation que nous recherchons... Les Cieux ou les Sphères Supérieures sont constitués par les reflets des Esprits sanctifiés et l'enfer…

Est notre propre reflet, compléta Leonel dans un éclat de rire.

Je crois qu'ayant perçu mon intérêt pour l'apprentissage en cours, l'Assistant demanda au frère Clarindo une démonstration pratique de ce qu'il avait affirmé théoriquement pour notre étude, ce que l'autre accepta avec plaisir en disant :

– L'avare qui se trouve sous nos yeux nourrit le dessein d'acheter ou d'extorquer un terrain agricole voisin, à n'importe quel prix, même s'il est question de transaction criminelle, afin de valoriser les eaux de la propriété qui nous appartient. S'agissant de la convoitise, thème essentiel de son existence, il recueillera facilement les images que je désire lui transmettre en me servant de l'onde mentale dans laquelle ses idées habituelles s'expriment...

Et passant de la parole à l'action, il plaça sa main droite sur le front de Luis, se maintenant dans l'attention profonde de l'hypnotiseur qui gouverne sa proie.

Nous vîmes le pauvre ami, délié du corps physique, écarquiller les yeux avec la volupté d'une personne affamée qui contemple un plat savoureux, à distance, puis afficher une grimace de méchanceté satisfaite, se disant à lui-même :

– Maintenant ! Maintenant ! Les terres seront miennes ! Vraiment à moi ! Personne ne pourra rivaliser avec mon prix ! Personne !...

Peu après, il s'éloigna, enjoué, avec une expression d'indéfinissable folie.

Nous l'accompagnâmes jusqu'à la sortie et, depuis le grand balcon, nous pouvions le voir qui avançait, avec empressement, avant de finir par disparaître dans le grand entremêlement d'arbres qui se trouvait non loin, en direction de la fermette voisine.

– Avez-vous vu ? s'exclama Leonel, content. J'ai transmis à son champ mental une représentation fantastique dans laquelle les terres du voisin se trouvaient mises aux enchères, finissant par tomber entre ses mains. Il a suffi que je crée mentalement une image allant dans ce sens, représentant la propriété à vendre, pour qu'il l'accepte comme étant une réalité indiscutable, car dès qu'il s'agit de notre reflet fondamental, nous sommes induits à croire en ce que nous désirons voir se produire... Aussitôt que le flux contrôlé par mon influence hypnotique s'interrompra, il reviendra vers son corps de chair, se léchant les lèvres dans la certitude d'avoir rêvé de la faillite de la grange dont il prétend se rendre propriétaire.

Animé d'une intention manifeste, Silas ajouta, serein :

– Ah ! Oui !... Nous sommes devant un processus de transmission d'images analogue, par certains points, aux principes dominants de la télévision, dans le règne de l'électronique actuellement en vogue sur le plan terrestre. Nous savons que chaque personne est un point générateur de vie, avec des qualités spécifiques d'émission et de réception. Le champ mental de l'hypnotiseur qui crée dans le monde de sa propre imagination les formes-pensées qu'il désire extérioriser, est semblable à la chambre d'image d'un transmetteur commun, au point que ce dispositif est identique, dans ses caractéristiques, à la chambre noire de l'appareil photographique. Projetant l'image dont il désire extraire le meilleur effet, il l'envoie dans le champ mental de l'hypnotisé qui procède alors de la même manière que la mosaïque en télévision ou de la pellicule sensible dans le travail photographique. Nous savons que dans la transmission d'images, la distance, ou mosaïque, en recueillant les scènes que la chambre est en train d'utiliser, fonctionne comme un miroir réfléchissant, transformant les traits lumineux en impulsions électriques et les projetant en direction de l'appareil de réception qui les capte au moyen d'antennes spéciales, reconstituant par leur intermédiaire les images à l'aide des signaux vidéos, recomposant ainsi les scènes télévisées à la surface du récepteur commun. Dans le problème en étude, toi, Leonel, tu as créé les situations que tu désirais transmettre à la pensée de Luis, et, recourant aux forces positives de la volonté, tu les as colorées avec les ressources de ta propre pensée, qui a fonctionné comme une chambre d'image. Profitant de l'énergie mentale, bien plus puissante que la force électronique, tu les as projetées, comme un hypnotiseur, sur le champ mental de Luis, qui fonctionna comme la mosaïque, transformant les impressions reçues en impulsions magnétiques qui ont reconstruit les formes-pensées émises par toi, au moyen de tes centres cérébraux, par l'intermédiaire des nerfs qui tiennent le rôle d'antennes dédiées, qui fixent les détails dans la sphère des sens, au sein d'un jeu hallucinatoire parfait, où le son et l'image se mêlent harmonieusement, comme cela se produit avec la télévision où l'image et le son s'associent avec le concours efficace et conjugué de divers appareils, présentant dans le récepteur une séquence de scènes que nous pourrions considérer comme étant des « mirages techniques ».

Les vengeurs, tout comme moi, notèrent l'explication avec une grande surprise.

Fin psychologue, l'Assistant s'était servi d'une argumentation à la hauteur de celle qui avait émané de la bouche de Leonel, dans le but certain de leur démontrer que lui aussi, Silas, connaissait les processus d'obsession dans les moindres détails.

Leonel, admiratif, le prit dans ses bras en s'exclamant :

– Compagnon, compagnon, de quelle école viens-tu ? Ton intelligence nous intéresse.

Le chef de notre expédition prononça quelques monosyllabes et m'invita au départ, prétextant un service à accomplir.

Les frères, accoutumés à la rébellion, échangèrent un étrange regard, comme s'ils se disaient que nous appartenions à un quelconque centre infernal lointain et qu'il ne leur revenait pas de nous molester.

Ils insistèrent cependant pour que nous revenions le jour suivant afin d'échanger des idées, ce que Silas accepta avec une évidente satisfaction.

Quelques minutes plus tard, l'Assistant, en ma compagnie, entraînait Alzira et Hilario à l'extérieur, nous mettant en route pour la « Mansão ».

L'obligeant serviteur du bien, durant le voyage de retour, se tenait en silence, perdu dans ses pensées…

Mais face à ma perplexité, il expliqua fraternellement :

– Non, André. Il est encore trop tôt pour présenter Alzira aux malheureux tourmenteurs. À en juger par la conversation de Leonel, j'ai découvert que nous croisons le chemin de deux vigoureuses intelligences dont la modification initiale doit être faite avec amour s'accomplir avec assurance. Nous reviendrons demain, sans la présence de notre amie, afin d'avoir une conversation plus stable et, par cela même, plus profitable.

Je me mis ainsi à attendre le lendemain avec impatience.

9
L'histoire de Silas

La nuit suivante, accompagnant l'Assistant, Hilario et moi nous trouvions de nouveau à la résidence de Luis.

Les frères d'Antonio Olimpio nous reçurent de bonne grâce.

La famille se trouvait dans la grande cuisine de la ferme, en train de prendre un repas léger, en compagnie des deux Esprits.

La pendule indiquait vingt-et-une heures.

La physionomie du propriétaire des lieux était pratiquement la même que la veille, malgré la différence que lui imposait le masque physique.

Tandis qu'Adélia caressait les enfants assommés de sommeil, son mari commentait le journal radiophonique, soulignant les informations alarmantes qu'il avait entendues dans les secteurs de l'économie. Et s'adressant aux amis surpris, il mit en avant les difficultés publiques, mentionna des misères imaginaires, critiqua les politiciens et les administrateurs et se référa aux parasites qui frappaient le café et le manioc, s'attardant particulièrement sur les épizooties.

Finalement, non content d'avoir énoncé les calamités de la Terre, il parla avec inconséquence de la supposée colère du Ciel, affirmant croire que la fin du monde était proche et pestant contre l'égoïsme des riches qui aggravait l'infortune des pauvres.

Silencieux, nous écoutions ses paroles quand Leonel, plus confiant, s'adressa à l'Assistant, en faisant observer :

– Alors, vous voyez ? Cet homme – et il pointa son doigt en direction de Luis dont le verbe dominait la petite assemblée familiale – est le défaitisme personnifié. Il ne voit que cendre et boue partout, il opine avec fermeté sur les hécatombes sociales et il connaît les zones les plus tristes de l'indigence collective ; cela dit, il ne sait pas se défaire du moindre centime des millions qu'il garde jalousement, en faveur de ceux qui souffrent de la nudité et de la faim...

Et, après un sourire ironique :

– Se pourrait-il que vous croyiez qu'il puisse continuer à mériter la félicité de vivre dans un corps de chair ?

Silas contempla les personnages de cette scène familiale, affichant une immense pitié sur son visage ami, et il dit :

– Leonel, toutes tes observations font, à première vue, preuve de logique et de vérité. En surface, Luis est un cas reconnu de pessimisme et d'usure. Cependant, au fond, il est un malade qui a besoin de compassion. Il y a des maladies de l'âme qui ruinent l'esprit pour une durée indéterminée. Qui deviendrait-il, s'il se trouvait soutenu par d'autres influences ? Spirituellement étouffé par les visions de la fortune terrestre avec lesquelles nous assaillons sa pensée, le malheureux a perdu le contact avec les livres nobles et avec les compagnies respectables. Il ne reçoit que l'aide de la religion dominicale des croyants qui se croient exonérés de la moindre obligation envers la foi, partant du principe qu'ils participent à l'office d'adoration de Dieu, à la fin de chaque semaine. Qui pourrait prévoir ses changements bénéfiques à partir du moment où il pourrait recevoir un autre type d'assistance ?

Clarindo et Leonel écoutèrent ses réflexions qu'ils ressentirent comme un coup de point au plus profond de leur âme, en regard de l'expression de révolte qui envahit leur regard brillant.

– D'accord, mais lui et son père nous doivent des comptes... Ils nous ont volés, nous ont assassinés... s'exclama Leonel avec l'inflexion d'un enfant volontaire et intelligent qui se voit contrarié dans ses caprices.

– Et que désirez-vous qu'ils fassent ? ajouta l'Assistant, sans se laisser perturber.

– Ils doivent payer !... Payer !... rugit Clarindo en serrant les poings.

Silas sourit et acquiesça :

– Oui, payer est le verbe exact... Mais comment le débiteur peut-il se racheter quand le créancier lui retire toutes les possibilités de s'acquitter de tous ses débits ? Que nous devions nous-mêmes guérir les maux dont nous sommes les auteurs ne fait aucun doute... Cependant, s'il nous revient aujourd'hui de réparer la route que nous avons abîmée hier, comment procéder si on nous ampute des deux mains ? Le Christ en personne a conseillé : « Aidez vos ennemis.[6] » Je pense bien souvent que pareille affirmation, correctement interprétée, veut dire : aidez vos ennemis afin qu'ils puissent payer les dettes dans lesquelles ils se sont enfoncés, restaurant l'équilibre de la vie, dans lequel aussi bien lui que vous, recevrez la paix.

Il était clair que l'Assistant, avec la sympathie conquise la veille et avec l'argumentation sans prétention et limpide, jouissait

6 Note de l'éditeur : André Luiz fait dire à son personnage une synthèse des versets 27 et 28 du chapitre 6 de Luc, afin d'être plus facilement compris par les Esprits emplis de haine pour qui le verbe « aimer » répugne. Ils se rebelleraient face au texte intégral. Il serait maladroit de parler d' « aimer » en cet instant. Mais « aider » à payer a bien été accepté, parce qu'ils voulaient recevoir.

d'une indéniable supériorité morale sur l'esprit des obsesseurs aux sentiments figés. Mais même ainsi, Leonel demanda, apeuré :

– Quelles sont ces considérations ? Serais-tu un prêtre caché ? Chercherais-tu, par hasard, à nous faire changer ?

– Tu te trompes, mon ami, lui expliqua l'Assistant. Si je cherche quelque chose, par notre communion fraternelle, c'est ma propre rénovation.

Et peut-être parce qu'un long silence s'était abattu sur notre groupe, Silas poursuivit :

– La séduction de l'argent a également causé ma perte lors de mon dernier passage par la Terre. La passion de la possession gouvernait tous mes idéaux... La fascination pour l'or s'empara de mon être de telle manière que bien qu'ayant reçu le titre de médecin dans une université respectable, j'ai fui l'exercice de la profession pour surveiller les agissements de mon vieux père afin qu'il ne puisse lui-même disposer avec largesse des biens de notre maison. L'attachement à nos propriétés et à nos avoirs s'est transformé en une perversion du paradis familial, me transformant, encore, en un persécuteur intraitable, naturellement haï par tous ceux qui vivaient sous mes ordres dans le vaste cercle de ma domination temporaire... Pour amonceler de l'argent et de nombreux gains faciles, j'ai commencé par la cruauté pour finir dans les mailles du crime... J'ai abominé l'amitié, j'ai méprisé les faibles et les pauvres et dans la peur de perdre la fortune dont j'ambitionnais la possession, je n'ai pas hésité à adopter la délinquance comme enfer social de mon terrible chemin...

Face aux paroles de l'Assistant, une énorme surprise s'empara de moi à l'improviste.

Silas se référait-il à la vérité crue ou bien se servait-il en cet instant de ressources extrêmes en s'accusant à tort dans le but de régénérer les tortionnaires qui nous écoutaient ?

De toute manière, Hilario et moi avions promis de ne pas compromettre sa tâche. C'était la raison pour laquelle nous nous limitions, tacitement, à l'écouter avec attention.

Sentant que Leonel et Clarindo se montraient quelque peu émus, rendant possible l'assimilation de pensées nouvelles, Silas nous invita tous à nous retirer de ce lieu.

Il prétendait vouloir nous dire quelque chose portant sur son expérience, dit-il. Mais il préférait converser avec nous devant l'autel béni de la nuit, afin que sa mémoire pût évoquer tranquillement les faits qu'il chercherait à relater.

À l'extérieur, les constellations resplendissaient tels les foyers suspendus de la Création, et le vent parfumé courait, véloce, comme une personne qui aurait voulu transporter notre prière ou notre parole jusqu'à la Gloire du Ciel.

Incapable de pénétrer le sens véritable de l'attitude inattendue que l'Assistant venait d'adopter, je remarquai qu'il était effectivement ému, comme si les yeux de son âme s'étaient posés sur des images lointaines.

Naturellement dominés par la sympathie qui émanait de son visage, Leonel et Clarindo l'observaient, soumis.

Et Silas commença d'une voix pausée :

– Aussi loin que peut remonter ma mémoire actuelle, je me souviens que lors de mon dernier voyage parmi les domaines de la chair, depuis l'enfance, je me suis livré à la passion de l'argent, ce qui me confère aujourd'hui la certitude qu'à de nombreuses et très nombreuses reprises, j'ai été un usurier terrible parmi les hommes de la Terre. Aujourd'hui, grâce aux informations d'instructeurs dévoués, je sais que comme en d'autres occasions, je renaquis sur Terre dans la dernière existence, dans un foyer favorisé par une grande fortune, afin de souffrir la tentation de l'or à profusion et de la vaincre, à coups de volonté ferme, dans le labour incessant de l'amour fraternel. Malgré tout, je chutai lamentablement pour mon plus grand malheur. J'étais le fils unique d'un homme probe qui avait hérité de biens ancestraux considérables. Mon père était un avocat correct qui, par excès de confort, ne se dévouait pas aux obligations de la profession, mais, possédant un goût prononcé pour l'étude, il vivait entouré de livres rares, et entre ses livres et les obligations sociales, il se trouvait comme soustrait aux réflexions de la foi. Ma mère était pourtant une catholique romaine à la pensée fervente et digne, et bien qu'elle ne s'abaissât pas à la moindre dispute dans la sphère dévotionnelle avec nous, elle essayait de nous inculquer les devoirs de la bienfaisance. Je me souviens, avec un repentir tardif, des invitations répétées qu'elle nous adressait, bienveillante, pour que nous prenions part aux actes de charité chrétienne, invitations que mon père et moi refusions unanimement, murés dans notre irrévérence arrogante et ironique. Ma mère perçut rapidement que mon pauvre esprit portait en lui la corrosion de l'usure et, reconnaissant qu'il lui serait extrêmement difficile de collaborer à la réforme intérieure de mon père, homme déjà établi et habitué depuis l'enfance à la domination financière, concentra sur moi ses desseins d'élévation. Pour ce faire, elle chercha à stimuler en moi le goût pour les études de médecine, affirmant qu'au côté de la souffrance humaine, je pourrai trouver les meilleures opportunités pour aider mon prochain, devenant ainsi agréable à Dieu, même s'il ne m'était pas possible d'engranger les ressources de la foi. Intérieurement, je raillais les espérances sacrées de cet être qui était la personne la plus chère à mon esprit. Mais sans pouvoir résister à son siège affectif, je me consacrai à la carrière médicale, bien plus intéressé à exploiter les riches infirmes, dont les maux du corps mettraient indiscutablement à ma portée de plus amples avantages matériels. Cependant, à la veille de ma victoire estudiantine, ma mère, alors qu'elle était encore jeune, quitta l'expérience physique, victime d'un problème lié à une angine. Notre douleur fut énorme. Je reçus mon diplôme de médecine comme s'il représentait qu'un souvenir détestable, et malgré les stimulations de la bonté paternelle, je ne parvins pas à entrer dans la pratique de la profession conquise. Je me retirai dans l'intimité familiale dont je ne sortis que pour des moments de diversion et de repos, alors, plus que jamais, je me vautrai dans l'avarice, puisque j'accompagnai l'inventaire des biens de ma mère avec une vigilance si rigoureuse que mes attitudes étranges finirent par surprendre mon propre père, égoïste et déplaisant, mais jamais avare en ce qui me concernait. Je compris que la fortune héritée me plaçait, pour mon infortune morale, à l'abri de n'importe quelle nécessité de la vie physique, pour de nombreuses années, du moment que je ne m'adonnais pas au gaspillage... Et même quand je vis mon père s'engager vers de nouvelles noces, à presque soixante ans, je fis tout ce qui était en mon pouvoir, indirectement, pour le dissuader et l'écarter d'une telle idée. Toutefois, il était un homme résolu quant à ses décisions et il épousa Aida, une jeune femme de mon âge, qui approchait la trentaine... Je reçus ma belle-mère comme une intruse dans notre famille et je ne vis en elle qu'une femme cavalière commune à la recherche de la fortune facile. Je jurai de me venger. Malgré les requêtes pleines de tendresse du couple, malgré la manière attentionnée dont faisait preuve à mon égard la pauvre jeune femme, je trouvais toujours un prétexte pour fuir leur présence. Cependant, le nouveau mariage commença à exiger de l'époux de plus grands sacrifices dans le monde social dont Aida prétendait ne pas vouloir s'éloigner, et c'est ainsi qu'au terme de quelques mois, mon père était contraint à se rendre chez le médecin, s'adonnant, alors, au repos nécessaire. J'accompagnai sa décadence organique, saisi de vives appréhensions. Ce n'était pas la santé paternelle qui blessait mon imagination, mais l'importante réserve financière de notre maison. Dans l'hypothèse du décès subit de l'homme qui m'avait donné la vie, je ne me serais résigné, en aucune manière, à partager l'héritage avec cette femme qui, à mes yeux, occupait indûment la place de ma mère.

L'Assistant fit une longue pause tandis que nous fixions son visage mélancolique.

Face à tout ce qu'il m'avait été donné d'entendre, je me demandais, sans voix, si de fait, tout cela s'était passé... Silas avait-il été réellement l'homme auquel il se rapportait ou créait-il cette histoire pour modifier l'état d'esprit des persécuteurs ?

Il me fut toutefois impossible de poser la moindre question car notre ami, animé du désir de se punir par la douloureuse confession, poursuivit dans les plus petits détails :

– Je me mis à échafauder des plans délictueux afin d'établir la meilleure manière d'écarter Aida de toute possibilité d'être concernée, dans le futur, par notre patrimoine, sans blesser mon père malade... Et dans les projets criminels qui traversaient mon esprit, la mort apparaissait comme étant la solution. Cela dit, comment la supprimer sans causer de plus grande souffrance à l'infirme que je souhaitais préserver ? N'était-il pas recommandable de ternir son image aux yeux de mon père, pour qu'il ne souffrît en rien de l'absence de cette femme, que j'avais condamnée au délaissement ? Je tramais dans le silence et dans l'ombre quand l'occasion attendue vint à ma rencontre... Invité à comparaître avec son épouse lors d'une festivité publique, mon père m'appela et insista pour que j'accompagnasse Aida, représentant son autorité... Pour la première fois, j'acceptais avec plaisir... Je voulais à présent mieux connaître ses sentiments... De funestes desseins naquirent dans mon esprit... Ainsi, au cours de ces festivités joyeuses, je pris contact avec Armando, cousin de ma belle-mère qu'il avait courtisée lorsqu'elle était célibataire. Armando était un jeune homme un peu plus âgé que moi, dépensier et fanfaron, qui partageait son temps entre les femmes et les verres remplis de breuvages pétillants. Contrairement à mes habitudes, je lui offris une communion affective préméditée... Dominant moralement les dispositions de mon père, je me mis dès lors autant que possible à l'associer à notre maison, lui accordant le plus ample retour à l'intimité avec l'être dont il était tombé amoureux quelques années auparavant. La plage, le théâtre, le cinéma, aussi bien que des promenades variées représentaient à présent nos occupations coutumières, au cours desquelles j'attirais intentionnellement les deux cousins dans les bras l'un de l'autre... Aida ne se rendit pas compte de ma manœuvre et, bien qu'elle résistât durant plus d'un an à la galanterie du compagnon, elle finit par céder à son offensive constante... J'ai feint ne pas avoir connaissance de leurs relations jusqu'à ce que je pusse conduire mon père à être le témoin direct des faits... J'inventais jeux et distractions afin de retenir le séducteur dans notre maison... J'avais gagné son absolue confiance, de manière à l'utiliser comme une pièce maîtresse dans ma ruse criminelle et, un certain soir, alors que j'avais pris soin de laisser croire à mon absence totale de notre temple familial, sachant que les amants se trouvaient dans une chambre contiguë à la mienne, je me rendis auprès de mon père dans ses appartements d'infirme, arborant de manière intense la dignité offensée, en appelant à son amour-propre dans une exposition synthétique des faits... Livide et tremblant, le malade exigea des preuves et je ne fis rien d'autre que le conduire, chancelant, jusqu'à la porte de la chambre dont j'avais fragilisé la serrure... Il suffit d'une pression plus forte contre le battant et mon père, désolé, les surprit en flagrant délit, comme je le souhaitais... Malgré son désappointement, Armando s'écarta avec adresse non sans cynisme, conscient qu'il ne pourrait recevoir un coup dangereux d'un sexagénaire abattu... Mais profondément blessée dans son amour-propre, ma belle-mère adressa à son vieil époux des accusations humiliantes, en s'en retournant vers ses appartements particuliers, dans une explosion d'amertume. Complétant l'œuvre à laquelle je m'étais dévoué, je me mis à faire preuve de plus de tendresse à l'égard de l'infirme, intérieurement détruit... Deux semaines s'écoulèrent lentement au sein de notre groupe familial... Tandis qu'Aïda gardait le lit, assistée par deux médecins en qui nous avions toute confiance et qui ignoraient complètement la tragédie dissimulée, je cajolais mon père avec des lamentations et des suggestions indirectes visant à ce que les biens de notre maison fussent, pour la plus grande part, conservés en mon nom, vu que ce second mariage ne pouvait être rompu devant les autorités légales. Je poursuivais ma besogne délictueuse quand ma belle-mère mourut... nos amis médecins diagnostiquèrent un empoisonnement foudroyant et, gênés, ils signifièrent à mon père qu'il s'agissait d'un suicide, assurément provoqué par l'insupportable neurasthénie dont la malade faisait l'objet. Mon père se trouvait plus abattu lors des somptueuses funérailles, et malgré cela, je me réjouissais dans mes intentions destructrices... Maintenant, oui... L'intégralité de la fortune familiale m'appartiendrait... Cependant, ma joie satanique fut de courte durée... À compter de la mort de sa seconde femme, mon père s'alita pour ne plus jamais se relever... Médecins et prêtres amis essayèrent de lui prodiguer du réconfort et des améliorations dans son état, en vain... Deux mois s'étant écoulés, mon père, qui ne sourit plus jamais, entra dans une douloureuse agonie durant laquelle, par une confidence entrecoupée de larmes, il confessa avoir empoisonné Aïda, en lui administrant un poison violent dans ses calmants habituels. Toutefois, je lui avais également imposé la mort du fait qu'il ne parvenait pas à se pardonner, portant en lui un fardeau de remords constant et intolérable, et je m'avouais vaincu... Pour la première fois, mon âme me faisait souffrir, profondément. L'attachement aux biens de la chair avait détruit ma vie... Le vieillard bien-aimé s'éteignit dans mes bras, croyant que mes larmes de regret étaient des larmes d'amour. Laissant son corps fatigué dans la terre froide, je m'en retournais à notre maison seigneuriale, me sentant le plus infortuné des êtres... Tout l'or du monde n'aurait à présent su me garantir le moindre réconfort. Je me trouvais tout seul, seul et... infiniment misérable. Tous les recoins et les dépendances de notre habitation me parlaient de crime et de remords... À de nombreuses reprises, l'ombre nocturne me sembla peuplée de fantômes horrifiants qui se moquaient de ma douleur et, au milieu de ces invisibles démons qui complotaient contre moi, j'eus l'idée d'écouter la voix unique de mon père, clamant à mon âme : « Mon fils ! Mon fils ! Recule pendant qu'il en est encore temps. » Je me fis distant et suspicieux... En proie à une terrible crise morale, je gagnai l'Europe lors d'un long voyage de diversion. Mais l'enchantement des grandes villes du Vieux Monde ne parvint pas à soulager mes blessures intérieures. Où que j'allasse, le plus noble des repas me laissait un goût amer, et les plus beaux spectacles artistiques ne me laissaient qu'anxiété et désolation. Je revins au Brésil, mais je n'eus le courage de retrouver l'intimité avec notre ancienne résidence. Soutenu par l'affection d'un vieil ami de mon père, j'acceptai son accueil pour quelques jours, jusqu'à ce que ma santé organique me permît de penser à une transformation radicale de mon existence... Bercé par la tendresse familiale de cet ami, j'ai laissé s'écouler de longs mois en essayant de trouver une fuite mentale que je ne méritais pas... jusqu'à ce qu'une nuit, qui m'est inoubliable, durant laquelle ma gastralgie se transforme en un fouet de douleur, je pris un flacon d'arsenic dans le cellier de mon hôte, pensant qu'il s'agissait de bicarbonate de sodium qu'il avait laissé là la veille. Le poison m'expulsa de mon corps en m'imposant de terribles souffrances... Comme cela s'était produit avec ma belle-mère, qui s'était désincarnée dans d'atroces souffrances, je passais également par la mort dans des conditions analogues... Et les amis qui m'abritaient dans leur temple domestique, ignorant l'erreur dont j'avais été victime, crurent sans avoir le moindre doute, que j'avais cherché dans le suicide l'extinction des peines morales qui frappaient l'âme d'un « jeune homme riche et lassé de la vie », selon la version qui eut cours.

Silas promena sur nous un regard triste, comme s'il cherchait l'effet de ses paroles, puis poursuivit :

– Mais cela ne fut pas suffisant pour réparer mes terribles fautes... Gagné par la folie, après être passé par la tombe, j'ai traversé des mois cruels de terreur et de déséquilibre, pris entre les situations vivantes qui s'extériorisaient de mon esprit attaché à ses propres créations, jusqu'à ce que je fusse secouru par des amis de mon père qui se trouvait également sur le chemin du rétablissement et, m'unissant à lui, je me mis à engager toutes mes forces dans la réparation du futur…

Quelques instants d'un lourd silence s'écoulèrent avant qu'il ne conclue :

– Comme vous le voyez, la fascination de l'or a été la cause de ma perte. J'ai besoin de réaliser un grand effort dans le bien et de la foi vigoureuse afin de ne pas tomber une autre fois, car il est indispensable que je me consacre à une nouvelle expérience parmi les hommes…

Leonel et Clarindo ne se trouvaient pas plus surpris que moi ou Hilario, habitués à trouver, en Silas, un remarquable compagnon, apparemment sans affliction et sans problème.

Ce fut Leonel qui rompit le silence en demandant à l'Assistant qui s'était tu, comme s'il s'était retrouvé subjugué par la force des propres souvenirs :

– Alors t'en retourneras-tu vers la chair si tôt que ça ?

– Oh ! qu'on me donne la chance d'y retourner aussi vite que possible !... soupira le chef de notre expédition, avec une pointe d'impatience. Le débiteur est inéluctablement lié aux intérêts des créditeurs... Ainsi, il est avant tout indispensable que je retrouve ma belle-mère dans le vaste pays d'ombre où nous nous trouvons, pour débuter la tâche difficile de ma libération morale.

– Comment cela ? demandai-je, ému.

– Oui, mon ami, dit Silas, en me serrant dans ses bras, mon cas n'est pas seulement profitable à Clarindo et à Leonel, qui cherchent à faire eux-mêmes justice, ce qui, de bien nombreuses fois, ne signifie que violence et cruauté, mais également à Hilario et à toi qui étudiez actuellement la loi du karma, ou autrement dit, la loi d'action et de réaction... Nous sommes, ici, poussés à nous remémorer la leçon du Seigneur : « aidez vos ennemis », parce que si je n'aide pas la femme dans le cœur de laquelle j'ai créé une importante adversaire de ma paix, je ne peux pas recevoir son soutien fraternel sans lequel je ne reconquerrai pas ma sérénité... Je me suis servi de la faiblesse d'Aïda pour la jeter dans le gouffre de la perturbation, la rendant plus fragile qu'elle ne l'était déjà en elle-même... Maintenant, mon père et moi, qui avons compliqué son chemin, sommes naturellement contraints à la chercher, à la redresser, à la protéger et à lui rendre un équilibre relatif sur la Terre, pour que nous parvenions à nous acquitter, tout au moins en partie, de notre immense dette...

– Votre père ? Vous vous référez à votre père ? demanda Hilario, avec hardiesse.

– Oui, pourquoi ? répondit l'Assistant. Mon père et moi, assistés par ma mère, aujourd'hui notre bienfaitrice dans les Sphères Plus Élevées, sommes associés dans la même entreprise – notre propre régénération morale dans la recherche du redressement d'Aïda –, sans quoi nous ne parviendrions pas à désintégrer la glu empoisonnée du remords qui emprisonne notre champ mental dans les niveaux inférieurs de la vie terrestre. C'est ainsi qu'il nous revient de la retrouver, dans notre propre intérêt... Tant que la Miséricorde Divine nous permettra pareille félicité, mon père, entouré par l'amour et le renoncement de ma mère qui, tout comme lui, retournera vers les luttes de la chair, se vêtira d'une nouvelle apparence corporelle dans le plan des formes physiques et, reprenant au cours de l'adolescence terrestre les liens humains du mariage, ils nous recueilleront comme leurs enfants bénis... Aïda et moi serons frère et sœur par les liens du sang... En accord avec nos aspirations que le Ciel protégera, en face de la Magnanimité Divine, je serai à nouveau médecin dans le futur, au prix d'un immense effort pour me consacrer à la bienfaisance où je récupérerai mes précieuses opportunités perdues... Ma belle-mère qui, à n'en pas douter, vivra en souffrant une regrettable intoxication de l'âme, dans les abîmes ténébreux, sera secourue le moment opportun, et malgré la longue période d'assistance qui nous attendra dans ce plan, pour une reconstruction nécessaire, elle renaîtra dans un corps physique frêle, auprès de nous, de manière à remédier aux psychoses difficiles qu'elle aura acquises sous la domination des ténèbres, psychoses qui marqueront son existence dans la chair, sous la forme d'étranges infirmités mentales... Ainsi, je ne serai pas pour elle qu'un simple frère au sein du foyer, mais également un infirmier et un ami, un compagnon et un médecin, en train de payer par le sacrifice et la bonne volonté, l'affection et la tendresse, l'équilibre et la félicité que je lui ai dérobée...

La confession de l'Assistant avait la valeur de tout un compendium vivant d'expériences précieuses et c'est peut-être à cause de cela que nous entrâmes tous en une grave méditation.

Cependant, à l'image d'une personne qui n'aurait pas voulu perdre le fil de l'enseignement, Hilario s'adressa à notre ami en disant :

– Mon cher, vous dites attendre, en communion avec votre père, la joie de retrouver votre belle-mère... Comment comprendre pareille allégation ? Se pourrait-il que malgré votre niveau de connaissance, vous souffriez d'une quelconque difficulté pour savoir où elle réside ?

– Oui, oui... confirma l'Assistant, avec tristesse.

– Et les bienfaiteurs spirituels qui tracent actuellement votre sentier ? Ne connaissent-ils pas l'endroit où elle se trouve, afin de pouvoir orienter vos mouvements dans l'objectif à atteindre ?

– Nos orienteurs ne souffrent indéniablement pas de l'ignorance qui me caractérise sur ce sujet, répondit Silas, bienveillant... Cependant, comme cela se produit parmi les hommes, ici aussi le professeur ne peut pas prendre sur lui les devoirs de l'élève, sous peine de lui retirer le mérite de la leçon. Sur Terre, bien qu'elles nous aiment énormément, nos mères ne nous remplacent pas dans les prisons quand nous devons expier un crime quelconque, et nos meilleurs amis ne peuvent attirer à eux, au nom de l'amitié, le droit de souffrir la mutilation que notre imprudence a infligé à notre propre corps. Il ne fait pas de doute que les bénédictions de l'amour de nos dirigeants ont apporté à mon âme d'inappréciables ressources... Elles me confèrent une lumière intérieure pour que je sente et reconnaisse mes faiblesses et aident ma rénovation, afin que je puisse chercher, avec plus de décision et de facilité, l'objectif que je me suis proposé d'atteindre... mais en réalité, le service de mon propre sauvetage est personnel et intransférable...

Leonel et Clarindo l'écoutaient, ébahis.

En parlant de lui-même, l'Assistant, sans blesser son amour-propre, travaillait indirectement pour qu'ils se livrent au réajustement. Et, par l'expression de leur regard, il était visible que les deux bourreaux révélaient à présent un admirable changement intime.

Hilario réfléchit quelques instants et se remit à parler :

– Mais tout ce drame doit être lié à des causes du passé...

– Oui, c'est vrai, confirma l'Assistant, mais dans notre région tourmentée, il n'y a pas de temps mental pour accomplir le moindre prodige de la mémoire. Nous nous trouvons attachés au souvenir des causes toutes proches de nos angoisses, compliquant notre possibilité de pénétrer le domaine des causes lointaines, car la situation de notre esprit est pareille à celle d'un malade dans un état grave qui nécessiterait une intervention urgente, au profit du réajustement. L'enfer, qui se trouve dans les zones inférieures de la Terre, se trouve rempli d'âmes qui, déchirées et souffrantes, se lèvent en clamant pour recevoir l'aide de la Providence Divine contre les maux qu'elles se sont elles-mêmes créés, et la Providence Divine leur offre la chance de travailler, avec les aiguillons de la culpabilité et du repentir qui punissent leur cœur, au bénéfice de leurs victimes et des frères dont les fautes s'apparentent avec les délits qu'elles ont commis, afin qu'elles s'harmonisent nouvellement, aussi vite que possible, avec l'Infini Amour et la Justice Parfaite de la Loi... Nous payons nos dettes, qui répondent pour des ombres épaisses en nos âmes, et le miroir de notre pensée, où que nous soyons, reflétera la lumière du Ciel, la patrie du Souvenir Divin !...

Nous comprîmes que Silas aidait Clarindo et Leonel, les considérant comme des frères de lutte et d'apprentissage, dans ce qui, indiscutablement, accroîtrait son propre mérite.

De nombreuses questions explosèrent, en pensée, dans mon monde intérieur étroit... Qui serait son père ami ? Où vivrait sa mère dévouée ? Pensait-il passer encore beaucoup de temps à la recherche de sa malheureuse belle-mère ?

Toutefois, la grandeur spirituelle de l'Assistant ne nous permettait pas la moindre question indiscrète. À peine eus-je le courage de relever, avec respect :

– Oh ! Mon Dieu, combien de temps passons-nous parfois pour rattraper l'inconséquence d'une simple minute !

– Tu as raison, André, commenta Silas, généreux. C'est une loi d'action et de réaction... L'action du mal peut être rapide, mais personne ne sait combien de temps le service de la réaction exigera, service indispensable au rétablissement de l'harmonie souveraine de la vie, rompue par nos attitudes contraires au bien...

Et en souriant :

– C'est la raison pour laquelle Jésus recommandait aux créatures incarnées : « Accordez-vous au plus tôt avec votre adversaire pendant que vous êtes en chemin avec lui[7] ». C'est qu'aucun Esprit n'entrera au Ciel sans la paix de la conscience et, s'il est plus facile de mettre un terme à nos querelles et de rectifier nos erreurs tant que nous nous trouvons sur le même chemin qu'arpentent nos victimes sur Terre, il est bien plus difficile de trouver la solution de nos énigmes criminelles quand nous nous trouvons déjà plongés dans les brumes infernales.

La réflexion était valable et juste.

Mais il ne nous fut pas possible de poursuivre la conversation.

Leonel, dont nous avions perçu l'impassibilité, avait les yeux embués, pour notre plus grande surprise...

Silas éleva les yeux vers le Ciel, remerciant pour la bénédiction de la transformation qui se dessinait, et le recueillit dans ses bras.

Le pauvre frère de Clarindo voulait parler...

Nous perçûmes qu'il voulait se référer à la mort d'Alzira, dans le lac, mais l'Assistant lui promit que nous reviendrions la nuit suivante.

7 NdT : Mathieu, 5:25.

Peu après, nous revînmes, mais ni Hilario ni moi n'eûmes la volonté de converser avec le compagnon courageux qui rentrait, mélancolique, plongé dans un silence lourd de sens.

10
Compréhension

Le lendemain soir, après avoir accompli les services quotidiens, Silas vint à notre rencontre afin de reprendre la tâche que nous avions entreprise.

De retour au foyer de Luis, nous entretînmes une conversation anodine, sans la moindre allusion aux thèmes de la veille, et, comme s'ils s'étaient syntonisés avec notre onde mentale, Clarindo et Leonel nous reçurent avec discrétion et gentillesse.

Ils nous paraissaient tous deux hautement travaillés par les idées que l'Assistant leur avait indirectement offertes à l'esprit.

La situation de Luis ne s'était en rien modifiée au sein de la maison. Ce dernier, en compagnie des amis, discutait cordialement, commentant des sujets tels que les parasites des champs et les maladies des animaux, le coût de la viande et les mauvaises affaires... Cependant, les deux frères se révélaient maintenant clairement détachés d'un tel tableau d'ombre.

Ils nous saluèrent avec la gentillesse irradiante d'une personne qui se mettrait à notre disposition au moment de nous accueillir, et ils fixèrent Silas avec un intérêt inhabituel.

Il était clair qu'ils avaient mis à profit la confession de l'Assistant pour se livrer à de précieuses réflexions.

Observant leur métamorphose avec des signes de satisfaction qui ne pouvaient tromper, le chef de notre expédition ne se référa pas le moins du monde au problème de Luis, et il les convia avec simplicité à nous accompagner.

Révélant la rénovation dont ils se trouvaient possédés, ils se joignirent sur le champ à notre petit groupe et, répondant à la recommandation de Silas, les deux frères parvinrent à voliter avec une certaine facilité et assurance après avoir uni leurs mains aux nôtres.

Après quelques minutes, nous arrivâmes à un vaste hôpital d'une ville terrestre animée.

À l'entrée, l'un des gardiens spirituels s'adressa gentiment à Silas, le saluant fraternellement, et, prévenant, notre dirigeant nous le présenta :

– Voici notre compagnon Ludovino, qui se trouve chargé, en ce moment, de la surveillance nécessaire pour le bien de quelques infirmes dont la réincarnation est liée aux bons soins de notre centre.

Nous nous donnâmes tous fraternellement l'accolade.

Ensuite, le responsable de notre équipe de travail prit la parole pour demander :

– Et notre sœur Laudemira ? Nous avons reçu, aujourd'hui, de graves nouvelles…

– Oui, concorda l'homme. Tout laisse penser que la pauvre devra souffrir une intervention dangereuse. Enveloppée par les fluides anesthésiants qui lui sont envoyés par les persécuteurs, durant le sommeil, sa vie utérine se trouve sensiblement pénalisée par une apathie extrême. Le chirurgien reviendra d'ici une heure et, dans l'hypothèse où les moyens mis en place ne donneraient pas l'effet escompté, il procédera à une césarienne qui pour lui est le traitement conseillé…

Une profonde préoccupation se peignit sur le visage habituellement calme de notre ami, et il ajouta :

– Une opération de cette espèce lui amènera de grands préjudices pour le futur. Comme il est prévu dans le programme qui lui a été préparé, elle doit encore recevoir trois autres enfants dans le temple du foyer, de manière à employer son passage par le stage humain avec autant d'efficacité que possible…

Le gardien fit un signe de respect et dit :

– Alors je crois qu'il n'y a pas de temps à perdre.

Silas prit la tête de notre groupe et nous conduisit jusqu'à l'infirmerie où la jeune femme se lamentait, affligée.

Une matrone sympathique à la chevelure neigeuse, à travers la douceur de laquelle nous identifiâmes la présence maternelle, veillait, attentive, lui caressant ses mains agitées.

Notant l'expression de terreur que les yeux noyés de larmes de la malade affichaient, je cherchai l'explication de Silas à propos de la cause d'une souffrance si angoissée.

– Notre sœur, éclaircit-il, serviable, sera de nouveau mère d'ici quelques brèves minutes. Mais elle se trouve prise à de dures épreuves. Elle est restée longtemps à notre « Mansão », avant de s'en retourner vers le dense corps de chair, toujours surveillée par des ennemis qu'elle s'est elle-même créés en d'autres époques, quand elle se servit de la beauté physique pour se rendre complice avec le crime. Femme belle, elle agit lors de décisions politiques qui ruinèrent la route de nombreuses personnes. Elle souffrit de longues années dans les ténèbres infernales, entre la chair et l'ombre, jusqu'à ce qu'elle mérite maintenant la félicité de renaître avec la tâche de se reconstruire, reconstruisant quelques-uns des compagnons de cruauté qui, sous l'apparence de ses enfants, se lèveront avec elle pour de plus amples travaux régénérateurs...

Néanmoins, Silas me lança un regard expressif et ajouta :

– Nous aborderons le sujet plus tard. Maintenant, il est indispensable d'agir...

Sous l'attention de Clarindo et de Leonel qui nous suivaient, surpris, il convoqua Hilario et moi pour le secours immédiat.

Nous donnant l'ordre de rester tous deux en prière, avec la main droite collée au cerveau de la malade, il commença à procéder à des opérations magnétiques d'excitation sur le col utérin.

Une substance laiteuse, pareille à une légère brume, irradiait de ses mains, se répandant dans tous les recoins de l'appareil génital.

Après quelques minutes d'une lourde attente, des contractions apparurent. Peu à peu, elles s'accentuèrent intensément.

Attentif, Silas contrôla l'évolution de l'accouchement jusqu'à ce que le médecin revînt sur les lieux.

Loin de pouvoir percevoir notre présence, il sourit, satisfait, réclamant le concours d'une infirmière compétente. La césarienne tomba dans l'oubli.

L'Assistant nous invita à repartir, nous informant, plus tranquille :

– L'organisme de Laudemira réagit brillamment. Nous espérons qu'elle pourra poursuivre l'œuvre qui lui revient, avec le succès nécessaire.

Nous nous mîmes de nouveau en marche.

Leonel, dont l'intelligence aiguë ne perdait pas le moindre de nos mouvements, demanda à Silas, avec un air de respect, si les travaux auxquels il se dédiait signifiaient une quelconque préparation pour l'avenir, ce à quoi l'Assistant répondit sans sourciller :

– Absolument. Pas plus tard qu'hier, je vous parlais de mes erreurs de médecin, que je n'ai pratiquement jamais été, et je commentais le plan d'embrasser la Médecine dans le futur, parmi les incarnés, nos frères. Toutefois, pour que je puisse mériter la joie d'une telle reconquête, je me consacre, dans les régions inférieures qui me servent de domicile, au ministère du soulagement, créant des causes bénéfiques pour les travaux à venir…

– Des causes ? Des causes ? murmura Clarindo, quelque peu surpris.

– Oui, en cherchant à aider spontanément au-delà des devoirs qui me sont imposés, dans la lutte pour mon propre rétablissement moral, j'étendrai le courant de sympathie en ma faveur avec la Bénédiction Divine.

Et, promenant significativement son regard sur nous, il souligna après une courte minute de réflexion :

– Un jour, en accord avec les dettes dont il me faut m'acquitter, je serai de nouveau parmi les créatures incarnées et, afin de me libérer de mes fautes, je souffrirai également obstacles et doutes, infirmité et affliction... Que des mains charitables et amies me soutiennent d'ici, au nom de Dieu, car isolé, personne ne parvient à vaincre... Et pour que plus tard des bras chargés d'amour se tendent en ma direction, il est impérieux que je mette les miens en action maintenant dans l'exercice volontaire de la solidarité.

L'enseignement était précieux, non seulement pour les deux persécuteurs qui en avaient pris note, perplexes, mais également pour nous qui reconnaissions, une fois de plus, la Bonté Infinie du Seigneur Suprême qui même dans les plus ténébreuses zones de l'ombre, nous permet de travailler pour l'accroissement continuel du bien, en guise du prix béni de notre félicité.

Tandis que nous volitions de retour, Hilario, anticipant ma curiosité, amena la conversation sur le cas de Laudemira.

Était-elle connue de Silas depuis longtemps ? Avait-elle assumé des engagements si grands avec la maternité ? Quel était le rôle des enfants auprès d'elle ? Créditeurs ou débiteurs ?

Silas sourit avec complaisance face à l'avalanche de questions et expliqua :

– Je crois indéniablement que le processus rédempteur de notre amie sert de thème palpitant dans les études de causalité que vous accumulez.

Il se livra à une longue pause pendant laquelle il consulta sa mémoire, avant de poursuivre :

– Nous ne pouvons plonger ainsi en détail, à brûle-pourpoint, dans le passé qui la concerne, pas plus que je ne puis commettre de mon propre chef la moindre indiscrétion, abusant de la confiance que la « Mansão » me porte, dans l'exercice de mes charges. Cependant, au nom de notre édification spirituelle, je peux vous dire que les peines de Laudemira, aujourd'hui, résultent de lourds débits qu'elle a contractés, il y a un peu plus de cinq siècles. Dame de haut rang dans la Cour de Jeanne II, Reine de Naples, de 1414 à 1435, elle avait deux frères de sang qui appuyaient tous ses plans les plus fous de vanité et de domination. Elle se maria, mais percevant dans la présence de son mari une entrave à l'accomplissement des légèretés qui marquaient son caractère, elle finit par le contraindre à affronter le poignard des favoris, l'entraînant dans la mort. Veuve et propriétaire de biens considérables, elle grandit en prestige pour avoir rendu possible le mariage de la reine, alors veuve de Guillaume, Duc d'Autriche, avec Jacques de Bourbon, Comte de la Marche. Dès lors, associée plus intimement aux aventures de sa souveraine, elle s'abandonna aux plaisirs et au libertinage, dans lesquels elle perturba la conduite de nombreux hommes de bien et ruina les constructions familiales, élevées et dignes, de plusieurs femmes de son époque. Elle négligea les opportunités sacrées d'éducation et de bienfaisance qui lui avaient été concédées par la Bonté Céleste, profitant de la noblesse précaire pour s'égarer dans l'irréflexion et dans le crime. C'est ainsi qu'au moment de se désincarner, à l'apogée de l'opulence matérielle, vers la moitié du XVe siècle, elle descendit dans d'effroyables gouffres infernaux, où elle souffrit l'assaut d'ennemis féroces qui ne lui pardonnèrent pas les délits et les désertions. Elle souffrit pendant plus de cent années consécutives dans les ténèbres denses, conservant son esprit figé dans les illusions qui lui étaient propres, revenant à la chair par quatre fois successives, grâce à l'intercession d'amis du Plan supérieur, en de poignants problèmes expiatoires, durant lesquels, en tant que femme, elle vécut des hontes et des humiliations abominables de la part d'hommes sans scrupule qui étouffèrent tous ses rêves, bien qu'elle eût embrassé de nouveaux engagements...

– Mais à chaque fois qu'elle s'est retirée de la chair, lors des quatre existences que vous avez mentionnées, était-elle toujours liée aux ombres ?

– Bien sûr ! s'exclama l'Assistant. Quand la chute dans l'abîme est de longue durée, personne n'émerge d'un saut. Elle entrait naturellement par la porte de la tombe et sortait par celle du berceau, transportant avec elle les déséquilibres intérieurs auxquels elle ne pouvait remédier d'un instant à l'autre.

– Si la situation était inaltérable, demanda mon collègue, pourquoi avoir repris un corps physique ? Souffrir la douloureuse purgation de ce côté-ci, sans avoir à renaître dans la sphère corporelle, n'aurait pas suffi ?...

– Cette observation est compréhensible, répondit Silas avec patience. Cela dit, notre sœur, avec le soutien de compagnons dévoués, retourna au paiement échelonné de ses dettes, se rapprochant des créditeurs réincarnés, malgré la bénédiction de l'oubli temporaire, grâce auquel il a été possible d'obtenir une précieuse rénovation des forces.

– Mais est-elle toujours parvenue à rembourser, d'une manière ou d'une autre, les débits dans lesquels elle s'est empêtrée ?

– En quelque sorte, oui, car elle a souffert de terribles coups dans l'orgueil cristallisé en son cœur... Malgré tout, elle contracta de nouvelles dettes étant donné qu'en certaines occasions, elle ne parvenait pas à dépasser l'aversion instinctive face aux adversaires envers lesquels elle se mit à devoir travail et obéissance, arrivant à l'infortune d'étouffer un petit enfant qui s'essayait à ses premiers pas, de manière à blesser la propriétaire de la maison où elle faisait office de gouvernante, essayant de se venger des cruautés reçues. Après chaque désincarnation, elle retournait habituellement dans les zones purgatoriales d'où elle venait, avec quelques profits dans le règlement de ses dettes, mais sans le mérite accumulé, indispensable à la libération définitive des ombres, parce que nous sommes tous lents à prendre la décision de payer nos débits, jusqu'au sacrifice intégral...

– Mais à chaque fois qu'elle revenait à la sphère spirituelle, elle contait assurément avec l'aide des bienfaiteurs qui cherchent à réfréner ses écarts de conduite, dit Hilario.

– Exactement, confirma Silas. Personne n'est condamné à l'abandon. Vous n'êtes pas sans savoir que le Créateur répond à la créature par l'intermédiaire des autres créatures. Tout appartient à Dieu.

– Même l'enfer ? ajouta Leonel, préoccupé.

L'Assistant sourit et expliqua :

– L'enfer est surtout notre œuvre, purement notre œuvre, mais imaginons-le comme une construction indigne et calamiteuse, dans le terrain de la vie qui est Création de Dieu. Ayant abusé de notre raison et de nos connaissances pour générer un tel monstre, dans l'Espace Divin, l'obligation de le détruire nous revient pour ériger le Paradis à la place qu'il occupe indûment. Dans ce but, l'Infini Amour du Père Céleste nous aide de multiples manières, afin que nous puissions répondre à la Justice Parfaite. Comprenez-vous ?

L'explication ne pouvait être plus claire. Cependant, Hilario paraissait désireux de tirer tout doute et, peut-être pour cette raison, il demanda de nouveau :

– Pensez-vous qu'il soit possible que nous venions à savoir quelles auraient été les existences de Laudemira, avant d'être revenue dans la Cour de Jeanne II ?

– Oui, répondit Silas, tolérant. Il serait facile de les connaître, mais il ne nous appartient pas de faire l'expérience durant une simple étude, car le sujet en lui-même demanderait temps et attention en grandes proportions. Il suffit que nous recherchions la condition mentionnée pour définir ses luttes rédemptrices de maintenant, car nos passages en n'importe quelle éminence sociale dans le monde, que ce soit dans le domaine de l'influence, des finances, de la culture ou de l'idée, servent de points vivants de référence de notre conduite digne ou indigne, dans l'utilisation des possibilités que le Seigneur nous prête, désignant avec clarté notre avancée en direction de la lumière ou notre emprisonnement plus ou moins important dans les cercles de ténèbres, par les vertus conquises, ou par les débits assumés.

La conception lumineuse de Silas était un véritable jaillissement solaire dans ma compréhension…

Mais même ainsi, mon compagnon insista :

– Malgré vos précieux concepts relatifs à la mémoire dans les régions inférieures, que vous avez déjà exposés, il serait intéressant de savoir si Laudmira, avant l'incarnation actuelle, parvenait à se souvenir avec précision des stages par lesquels elle passa dans les épreuves difficiles auxquelles vous vous référez...

Notre ami expliqua, avec la plus grande tolérance :

– Voici quarante ans que je suis à la « Mansão », et j'ai accompagné son internement dans notre centre il y a précisément trente ans. Elle venait de terminer sa dernière existence, dans le plan corporel, au début de ce siècle[8], et elle avait traversé de longues souffrances dans les sphères de bas niveau. Elle entra dans notre institut en accusant une terrible démence et, soumise à l'hypnose, elle révéla les faits que je viens de rapporter, faits qui apparaissent naturellement dans la ligne de conduite qui définit sa personnalité, dans les archives des observations qui nous orientent. Mais nos instructeurs jugèrent qu'un plus grand recul mnémonique n'était pas nécessaire, tout au moins pour le moment, pour qu'ils puissent l'aider. Cela dit, je sais que Laudemira, perturbée comme elle l'était, ne dispose pas de forces pour articuler la moindre réminiscence durant la veille commune. C'est également dû au fait qu'elle a été amenée à la réincarnation actuelle sous les auspices de bienfaiteurs qui veillent sur notre organisation, alors qu'elle se trouve encore syntonisée mentalement avec les liens les moins dignes du chemin qu'elle a choisi. Elle doit maintenant recevoir cinq de ses anciens complices dans la chute morale, pour relever leurs sentiments, dans la direction de la lumière, au cours d'un sacerdoce maternel, long et béni. De sa réussite dans le présent dépendront les facilités qu'elle espère recueillir pour le futur, concernant sa libération définitive des ombres qui obscurcissent encore son Esprit, car si elle parvient à former les cinq âmes à l'école du bien, elle aura gagné un énorme prix face à la Loi juste et pleine d'amour.

Le problème de Laudemira, débattu durant notre retour, était une précieuse contribution dans le thème « cause et effet » que nous avions décidé d'étudier.

Et se rendant compte que notre curiosité était retombée, satisfaite, Silas se tourna avec plus de douceur vers Leonel et

8 NdT : le XXe.

Clarindo, sondant leurs idéaux. Bien sûr, pour connaître naturellement leurs espérances, il se reporta à ses propres aspirations relatives aux travaux médicaux du futur. Il ne prétendait pas perdre de temps. Il avait à présent soif d'apprendre et de servir pour regagner le champ humain avec les plus grands mérites de l'esprit qui s'exprimeraient dans sa pensée quand il serait incarné, sous la forme de tendances et de facilité dans ce que l'on appelle une « vocation innée ».

Sagement touchés par les paroles de l'ami qui avait gagné leur confiance, les deux frères se sentaient à présent plus à leur aise.

La confession de l'Assistant et l'exemple d'humilité qu'il nous avait fourni spontanément, les avait profondément pénétrés.

Impulsif et franc, Clarindo évoqua les idéaux pour lesquels il s'était enflammé, des années auparavant. Il possédait un profond amour pour le sol et il avait projeté, dans sa jeunesse, l'organisation d'un espace agricole où il lui aurait été possible de se consacrer à des expériences ennoblissantes. Il avait ardemment désiré vivre longtemps dans la propriété familiale, créant un secteur d'action qui lui aurait été propre. Hélas, commenta-t-il avec une pointe de tristesse, mais sans le ton de révolte de ses conversations antérieures, la décision criminelle d'Antonio Olimpio avait annihilé ses rêves. Il s'était vu dépossédé de ses idéaux, par une terrible frustration qui, après la tombe, lui avait fait perdre la tête... Il ne trouvait pas de dispositions mentales pour retrouver l'espoir... Il se sentait comme le désespoir personnifié, comme quelqu'un qui se verrait irrémédiablement enchaînée à un pilori dégradant...

Et à présent, des sanglots pointaient dans la voix de Clarindo qui se révélait immensément transformé.

Leonel, dont l'intelligence raffinée nous inspirait un prudent respect, commença à évoquer son inclination pour la musique, stimulé par Silas...

Encore enfant parmi les hommes, il se croyait taillé pour l'art sublime. Jeune, il s'était pris de passion pour l'œuvre de Beethoven, dont il connaissait la biographie par cœur. Ainsi, il avait cherché non seulement le titre de bachelier pour lequel il se préparait, mais également les lauriers de pianiste qui l'auraient fait se sentir souverainement heureux...

Cependant, et il s'exprimait avec dans la voix une amertume irrépressible, l'homicide dont il avait été victime, troublait sa vision. Il n'abritait en son âme que la haine qui avait fini par redresser son existence et, avec la haine dans le cœur, il ne pouvait plus ré-échafauder les châteaux du début...

Leonel fit une longue pause et insista avec une agréable surprise pour nous :

– Toutefois, au cours de nos contacts personnels des derniers jours, je commence à percevoir que si nous avons l'expérience physique fauchée en pleine jeunesse du corps, nous avons indubitablement des débits qui justifient une épreuve aussi rude, bien que cela n'exempte pas Antonio Olimpio, le frère ingrat, de la culpabilité qu'il porte, épousant la responsabilité de l'horrible assassinat par lequel il nous a précipités dans les ombres.

– Exactement, ajouta Silas, ému. Tes arguments dénotent une grande rénovation...

L'Assistant ne put continuer car Leonel plongea sa tête entre ses mains et clama, en pleurs :

– Mais, ô Dieu, pourquoi découvrons-nous la haute vertu du pardon quand nous nous souillons dans le crime ? Pourquoi les désirs de réparer le domaine de nos aspirations vient-il si tardivement, quand la vengeance a déjà consumé notre vie dans l'incendie du mal ? !...

Tandis que Clarindo accompagnait son explosion de douleur et de remords, avec des signes d'approbations, et que Silas le recueillait généreusement contre sa poitrine, nous pressentîmes que Leonel se référait à la mort d'Alzira, sous les coups de l'obsession que lui et son frère avaient sans le moindre doute ordonnée.

L'orienteur de notre excursion s'empressa toutefois de le consoler, l'exhortant, bienveillant :

– Pleure, mon ami ! pleure afin que les larmes purifient ton cœur !... Mais ne permets pas que ces pleurs écrasent le labour de l'espérance... Qui parmi nous peut se dire sans faute ? Nous avons tous des engagements à racheter et le Trésor du Seigneur ne s'appauvrit jamais pour ce qui est de la compassion. Le temps est notre bénédiction... Au fil des jours, coagulons les ténèbres en dehors de nous, et au fil des jours, nous les transformerons en lumière sublimée... Cependant, pour cela, il est indispensable que nous persévérions dans le courage et dans l'humilité, dans l'amour et dans le sacrifice. Levons-nous en direction du futur, disposés à la reconstruction de nos destins.

Nous vîmes que Leonel, à cet instant, se disposait à ouvrir son cœur à nos oreilles. Il voulait parler, se confesser... Mais Silas, le rendant à la méditation, nous invita au départ, promettant de revenir la nuit suivante.

Les deux compagnons, complètement transformés, se réinstallèrent dans le foyer de Luis, et nous procédâmes au retour.

Sur le chemin, l'Assistant se réjouissait. Le cas d'Antonio Olimpio, qui nous avait été confié, approchait d'une issue favorable.

La rénovation des obsesseurs s'était couronnée de succès.

Et le chef de notre expédition disait attendre la prochaine nuit pour la conversation entre Alzira et ceux qui deviendraient ses enfants dans le futur, après quoi ils seraient tous deux internés à la « Mansão », avec leur plein assentiment, ayant en tête la préparation de l'avenir... Ils travailleraient et se rééduqueraient dans le centre de Druso, rencontrant de nouveaux intérêts mentaux et de nouvelles stimulations pour le rétablissement nécessaire…

Comme notre ami se plongeait dans le silence, Hilario demanda, préoccupé :

– Combien de temps Clarindo et Leonel devront-ils passer pour aplanir les chemins qui mènent au retour vers le corps physique ?

– Probablement un quart de siècle…

– Pourquoi si longtemps ?

– Ils auront besoin de reconstruire leurs idées dans le domaine du bien, les créant de manière indélébile dans leur esprit, afin qu'ils se consacrent à la réalisation des nouveaux plans. Ils se réfugieront dans le service actif, aidant les autres et créant, ainsi, de précieuses semences de sympathie qui faciliteront leurs luttes sur Terre, demain... Dans le travail et dans l'étude, comme dans les entreprises de pure fraternité, ils engrangeront d'incorruptibles profits moraux, et ainsi, la rééducation perfectionnera leurs tendances, les prédisposant à la victoire dont ils ont besoin dans les épreuves rédemptrices.

– Et Antonio Olimpio ? insista Hilario. Selon ce que je peux en déduire, il restera bien moins longtemps à la « Mansão » …

– Oui, reconnut l'Assistant. Après une brève réconciliation avec ses frères, Antonio Olimpio renaîtra d'ici deux à trois ans, sans l'ombre d'un doute.

– Pourquoi une si grande différence ?

– Nous ne pouvons perdre de vue, expliqua sereinement Silas, que c'est lui qui a commencé la trame criminelle que nous étudions. C'est la raison pour laquelle il sera le compagnon du groupe de « réincarnants » le moins favorisé par la Loi, durant le voyage prévu dans la sphère humaine. Cela provient des circonstances aggravantes qui caractérisent son problème individuel. L'esprit toujours hanté par l'angoisse et le repentir, il ressurgira dans le berceau familial auquel il a fait du tort par la pratique de l'usure, évoluant dans un horizon mental très restreint, car sa plus grande préoccupation sera instinctivement de rendre l'existence physique, l'argent et les terres qu'il a volés aux frères spoliés... C'est la raison pour laquelle il disposera seulement de facilités pour sa culture et son perfectionnement personnels, durant l'âge mûr du corps, quand il aura mis ses fils sur le chemin du triomphe qu'ils doivent atteindre.

– Cependant, dit mon collègue, Clarindo et Leonel ont également assassiné...

– Et pour sûr, ils payeront pour cela. Mais nous ne pouvons leur nier des circonstances atténuantes dans le lamentable délit... Antonio Olimpio a planifié le crime, froidement, pour s'installer dans les avantages matériels qui lui sont parvenus par la cruauté et la violence, et les deux malheureux frères agirent dans un cauchemar de haine, traumatisés par une douleur abominable... Clarindo et Leonel endurent indéniablement l'angoisse et le remords, devant souffrir un sauvetage douloureux, le moment opportun, mais même ainsi, ils sont créditeurs de leur frère qui a retardé leurs pas évolutifs...

– Et Alzira, dans cette histoire ?

– Alzira est déjà parvenue à assembler suffisamment d'amour pour comprendre, pardonner et aider, raison pour laquelle elle dispose, devant la Loi, du pouvoir d'aider aussi bien son époux que ses beaux-frères, jusqu'à présent malheureux, son fils, Luis, qui se trouve encore dans la chair, et tous les descendants de sa lignée familiale, car plus il y a d'amour pur chez l'Esprit, plus les recours de l'âme devant Dieu sont importants...

Et nous lançant un regard expressif, il insista :

– Ceux qui aiment réellement gouvernent la vie.

Je me sentais satisfait. Les concepts n'auraient pu être plus clairs.

Mais tout en s'excusant de son insistance, Hilario fit encore une nouvelle question : pourquoi Alzira avait-elle souffert une désincarnation douloureuse dans le lac ?

Mais Silas répondit :

– Ayant compris que notre amie a déjà conquis la félicité du pardon inconditionnel, fils de l'amour qui ne se préoccupe pas d'être aimé, il ne nous appartient pas d'effectuer une immersion plus profonde dans le passé, ce qui rendrait notre étude fastidieuse.

Et souriant :

– Si nous la comparons à nous, Alzira est une personne qui possède déjà un grand morceau de ciel dans son cœur... Les sujets qui la concernent doivent être analysés au Ciel…

Nous atteignîmes la « Mansão » et, recueillis en nous-mêmes, nous nous mîmes à digérer les leçons reçues ces dernières heures... Les scènes d'amour et de haine, de souffrance et de vengeance concernant le cas Antonio Olimpio étaient les mêmes que celles de nos drames personnels, soulignant la nécessité d'amour et de pardon dans nos vies, pour qu'à travers du sentiment pur, nous puissions avancer de l'ombre vers la lumière…

Nous attendions avec impatience la nuit suivante, plongés dans ces graves réflexions.

Et l'heure bénie de nos études venue, l'Assistant s'entendit avec la sœur Alzira, lors d'une longue conversation privée, pour qu'elle nous retrouve à une heure déterminée auprès du lac où sa désincarnation avait eu lieu. Ensuite, il recommanda à deux coopératrices du centre de nous accompagner dans notre voyage, en leur spécifiant que notre amie devait seulement venir jusqu'à nous quand elle serait appelée par notre groupe en train de travailler.

Après l'habituelle excursion, nous entrions dans le foyer de Luis, où Clarindo et Leonel nous attendaient avec un intérêt amical.

Silas nous reconduisit à l'hôpital que nous avions visité la veille. Il y administra des passes magnétiques à Laudemira et à son petit garçon nouveau-né puis, cette brève activité d'assistance terminée, il nous transporta dans une vaste demeure sur le seuil de laquelle un petit vieillard désincarné, à la physionomie sympathique, nous reçut aimablement.

Voici notre frère Paulino qui soutient les œuvres de son fils, qui se dédie à l'ingénierie, sur Terre, expliqua l'orienteur de nos travaux.

Et Paulino nous laissa accéder à l'intérieur familial, nous faisant entrer dans un cabinet où un homme d'âge mûr se trouvait penché sur un livre.

Le généreux amphitryon nous le présenta comme étant le fils incarné, dont il suivait avec soin la mission technique. Il s'enquit auprès du directeur de notre excursion en quoi il pourrait nous être utile, et Silas lui demanda de bien vouloir intercéder auprès de son fils pour que nous puissions avoir droit, ici, au plaisir d'un instant musical, sollicitant, si possible, un passage spécial de Beethoven.

Nous vîmes avec surprise notre ami s'approcher de l'ingénieur pour lui chuchoter quelque chose à l'oreille. Et, à des lieux de percevoir notre présence, comme si l'idée d'écouter de la musique était venue de son propre esprit, l'homme interrompit sa lecture, se dirigea vers l'électrophone et compulsa une petite discothèque d'où il retira la Pastorale du grand compositeur auquel nous nous référions.

Quelques secondes à peine et la pièce s'emplissait, pour nous, d'enchantement et d'allégresse, de sonorité et de beauté.

De tout son être, Silas écoutait avec nous l'admirable symphonie, entièrement structurée en bénédictions à la Nature sublimée.

Avec Clarencio qui se sentait attiré par les lieds champêtres, nous ressentions mentalement la présence d'un bosquet aux innombrables oiseaux qui gazouillaient en survolant un ruisseau cristallin qui s'écoulait sur des galets laiteux et, comme si le paysage imaginaire eût obéi à la narration mélodique, nous le vîmes se transformer soudainement, nous suggérant l'idée que le ciel, alors bleu, se couvrait de lourds et gris nuages, qui faisaient jaillir la foudre et retentir le tonnerre, pour ensuite revenir au paysage fleuri, entre cantiques et prières... Et, avec Leonel qui vouait une passion pour l'art divin, nous percevions l'empire de la musique dans sa majesté souveraine, nous entraînant vers les plus sublimes émotions.

Ces quelques instants avaient à nos yeux la valeur d'une prière bénie.

Les envolées de la magnifique symphonie semblaient nous emporter vers les cercles harmonieux à la beauté inconnue, et d'abondantes larmes s'écoulèrent de nos yeux, car les accords enchanteurs qui se faisaient entendre possédaient la faculté de nous laver miraculeusement les tréfonds de l'être.

Les dernières notes jouées, nous prîmes congé, émerveillés.

Nos pensées vibraient dans une symphonie plus pure, et nos cœurs paraissaient être plus fraternels.

À la demande de Leonel, qui semblait répondre instinctivement à la suggestion de Silas, nous nous rendîmes au lac de la vieille propriété de la famille Olimpio.

La pleine lune couronnait le champ d'éclats argentés. La nuit était bien avancée...

Prenant l'initiative, le frère de Clarindo se mit alors à nous relater ce que nous savions déjà, commençant à pleurer sans retenue quand il évoqua la mort de sa belle-sœur contre laquelle il avait lancé les dards de sa rage...

Extrêmement surpris, Hilario et moi notâmes la patiente attention avec laquelle Silas écoutait la confession, comme si le sujet avait été pour lui nouveau.

Alors que notre compagnon venait de parler pendant plus d'une heure, l'Assistant nous prit à part et nous demanda de faire preuve de la plus noble compréhension, déclarant à Hilario et à moi que notre ami avait besoin d'évacuer les douleurs de son cœur blessé et que, de notre côté, même si nous connaissions le drame intime, il ne nous appartenait pas d'abréger sa confession, mais de la recueillir fraternellement, partageant sa charge d'affliction afin que les plaies de la pensée soient soulagées.

Peu après, Silas inclut les deux frères dans une intéressante exposition, leur proposant le réajustement par l'intermédiaire de la lutte réparatrice. Ne désiraient-ils pas reprendre le chemin terrestre ? Pourquoi ne s'engageraient-ils pas dans un nouveau travail, cherchant à renaître dans la même famille dont ils provenaient ? Ne serait-il pas plus agréable et plus facile de conquérir la réconciliation et, ainsi, entrer à nouveau en possession des anciennes aspirations, marchant avec elles dans le plan physique, à la rencontre de précieuses marches vers la Vie Supérieure ?

Mais Leonel et Clarindo se lamentèrent, presque simultanément, en se référant au problème d'Alzira... En réalité, dans le désespoir de leur propre cause, ils avaient accepté les suggestions de la folie, ils avaient dépensé de longues années à étendre la cruauté dans les ténèbres. Toutefois, rien ne leur faisait aussi mal que la violence perpétrée contre l'épouse d'Antonio Olimpio qui s'était jetée dans ces eaux de sinistre mémoire, épouvantée devant leur persécution.

Mais... et si Alzira venait en personne leur prodiguer l'embrassade de la compréhension et de l'aide ?

Et, alors qu'ils arboraient un sourire d'espérance au milieu du tourbillon de leurs larmes, l'Assistant s'en alla quelques minutes avant de revenir avec, en sa compagnie, la généreuse sœur vêtue de vêtement scintillants. Elle leur tendit les mains, leur offrant le réconfort des bras maternels, resplendissante d'amour.

Paraissant avoir été mortellement blessés, Leonel et Clarindo tombèrent à genoux, écrasés par la peur et la jubilation…

Alzira caressa leurs têtes soumises et, d'un ton émouvant, dit :

– Enfants de mon âme, rendons grâce à Dieu pour cette heure bénie.

Et parce que Leonel essayait en vain de lui demander pardon, prononçant des monosyllabes entrecoupées de sanglots, la mère de Luis supplia :

– C'est moi qui dois m'agenouiller et vous implorer votre charitable indulgence !... Le crime de mon époux est également le mien... Vous avez été spoliés de vos plus beaux rêves quand la jeunesse terrestre commençait à vous sourire. Notre ambition dévorante a dérobé vos ressources et vos possibilités, votre existence y compris... Pardonnez-nous !... Nous paierons nos dettes. Le Seigneur nous aidera dans la récupération de notre maison... D'ici peu, Antonio Olimpio et moi serons de nouveau dans le plan physique et, avec le soutien de la Miséricorde Divine, nous vous restituerons la ferme qui ne nous appartient pas... Permettez, mes enfants, que je puisse honorer mon âme du privilège d'être, sur Terre, votre mère pleine d'amour... Je vous offre mon cœur afin de ramener l'espoir et de renouveler votre idéal... Le Seigneur me concédera la bénédiction de vous protéger, auprès de moi, vous éduquant avec le souffle de mes baisers et la rosée de mes larmes... Mais pour que cela se fasse, il est nécessaire que l'oubli de nos différents naisse, pur, de l'amour que nous nous devons les uns aux autres... Relevez-vous, enfants bien-aimés... Jésus sait combien je désire vous serrer contre ma poitrine et vous garder dans mes bras !...

Alzira ne parvint cependant pas à poursuivre. D'abondantes larmes perlaient sur son visage, mais quelque chose semblait obstruer sa gorge, étouffant sa voix.

Cependant, même ainsi, nous vîmes la glorieuse victoire de l'amour en ces brefs moments... Des étincelles flamboyantes émergeaient du thorax d'Alzira, en ondes successives de splendeur saphirine, nous laissant comprendre que sa grandeur intérieure s'était muée en une source d'une lumière intense. À l'image de deux êtres attirés par la tendresse maternelle, Clarindo et Leonel se levèrent, soutenus par notre sœur qui les enlaça dans d'émouvants sanglots.

Les cajolant, reconnaissante, notre compagne les accueillit entre ses bras, comme si elle retenait deux trésors du cœur.

Répondant à un signal silencieux de l'orienteur de notre excursion, nous l'aidâmes comme il le fallait et, après quelques instants, nous prîmes le chemin du retour au grand institut, transportant avec nous les deux nouveaux amis.

Après les avoir fait interner dans le département adéquat, Silas, satisfait, dit :

– Grâce à Dieu, notre tâche est accomplie. À présent, attendons qu'ils soient tous prêts pour la nouvelle bataille qu'ils livreront sur la Terre, pour le service salvateur où se mélangent affection et aversion, allégresse et douleur, lutte et difficulté, en recherche de rédemption.

D'impérieuses questions naissaient en mon for intérieur, mais je compris que la loi de causalité agirait, infatigablement, pour les personnages de notre histoire, et je méditai sur mes propres dettes... C'est alors qu'au lieu de questionner, j'embrassai avec respect les mains de l'Assistant, dans la position de l'apprenti reconnaissant devant l'instructeur généreux, et je me recueillis dans la prière, silencieusement, remerciant Jésus pour la précieuse leçon.

11
Le temple et le parloir

Le point culminant du cas Antonio Olimpio avait été atteint, et désireux de poursuivre nos études, Hilario et moi allâmes à la rencontre de l'Instructeur Druso qui, après nous avoir écoutés, nous conseilla avec sollicitude :

– Je vois que la « Mansão » vous a en soi déjà fourni des éléments basiques aboutissant à de graves conclusions sur la loi de causalité... Ici, dans la plupart des problèmes, nous trouvons presque toujours le fruit concret de l'action. Auprès de nous, il est possible d'observer, de près, la cueillette de la souffrance dans toutes ses phases, difficiles et douloureuses.

Et, souriant, il ajouta :

– La région infernale se trouve surchargée de cas mûrs. Ici, l'avarice alimente la corrosion d'atroces souffrances, le crime fait face à toutes les espèces d'angoisse dans le remords tardif, et la délinquance responsable est surprise par les ténèbres qui aggravent leurs amertumes, car les collectivités de semeurs coupables de la plantation de tant de ronciers ne possèdent pas le courage nécessaire à la cueillette du fruit empoisonné de l'ensemencement auquel ils se sont attachés. Désorientés et déments, ils se soulèvent contre les flagellations qu'ils ont créées et sombrent dans les profondeurs de la rébellion et du désespoir... Selon ce qu'il est facile d'observer autour de notre centre de réajustement et de secours, tout, dans pratiquement toutes les circonstances, n'est qu'ombre et conflit uniformes, à l'image d'un vaste champ incendié par des individus imprévoyants qui seraient contraints à supporter le feu et la fumée par lesquels ils ont lésé le sol de leurs propres vies...

Druso se tut, marcha en direction de la grande fenêtre qui ouvrait sur les brumes extérieures, regarda, compatissant, le triste paysage que nos yeux parvenaient à discerner, puis revint ensuite près de nous en affirmant :

– Il serait profitable que vous prolongiez le travail dans lequel vous vous êtes engagés, relevant les principes de compensation dans de plus amples secteurs. Nous considérons les réalisations en cours dans la sphère corporelle comme étant de la plus haute importance, en tant que facteurs déterminants dans l'acquisition du ciel ou de l'enfer pour les personnes qui les recherchent, raison pour laquelle nous prévoyons pour vous deux les meilleurs profits dans les activités que vous avez entreprises, dans la zone de relation entre notre centre et l'homme commun pas si lointain. Il nous faut reconnaître que tous, nous créons ou renouvelons le destin, chaque jour, et ici, l'examen de pareille leçon est plus lent car notre institut nous apparaît plus comme un point d'arrivée où la culpabilité s'anime avec lenteur. Mais parmi les Esprits incarnés, le mécanisme de la Loi à travers de laquelle l'âme vit dans ses propres constructions se révèle plus facilement à nos yeux. Dans notre vase de chair, la plante de l'existence se développe, fleurit et donne des fruits. La mort physiologique réalise la grande moisson. De cette manière, nous avons dans notre monde la sélection naturelle des fruits. Les rares individus qui se montrent avancés sont conduits au labour de la Lumière Divine, dans les plans célestes, pour une ascension plus importante tout au long du grand futur. Cela dit, l'écrasante masse de ceux qui arrivent estropiés ou imparfaits stationne dans les réserves de l'ombre des régions inférieures où nous nous trouvons, à l'attente de nouveaux ensemencements dans les sillons de la charrue de la vie physique. Chaque être traverse les seuils de la tombe avec les images qu'il a générées, se servant des ressources du sentiment, de l'idée et de l'action que la vie lui prête, irradiant les forces qu'il a accumulées dans l'espace et dans le temps terrestres. Nous croyons donc que l'observation du sujet parmi les âmes incarnées doive être opportune afin que votre expérience s'enrichisse.

Ces réflexions, dites sur un ton paternel, m'émurent intensément. Druso les avait prononcées avec affabilité et tristesse, malgré son sourire.

Enchanté comme toujours par sa personnalité si difficilement cernable dans son ensemble, je me tus dans le respect de ses paroles, mais un Hilario impatient mit à profit la pause qui s'était faite pour demander :

– Alors, que nous suggérez-vous afin de répondre aux études auxquelles vous vous référez ?

L'Instructeur répondit immédiatement :

– Nous possédons une source d'observation sans cesse renouvelée dans le temple et le parloir, à l'extérieur de notre centre. Ils sont ordinairement fréquentés par des frères du plan physique, provisoirement déliés de l'habitation corporelle par l'influence du sommeil. Il s'y trouve également des compagnons désincarnés qui errent autour de la « Mansão » cherchant du réconfort. Nombre d'entre eux sont liés à notre sanctuaire par les fils de la réincarnation, tandis que de nombreux autres arrivent jusqu'à nous, à la recherche de secours. Nous disposons en ces lieux de beaucoup de travailleurs qui recueillent leurs réclamations et enregistrent leurs problèmes, afin que nous orientions notre effort de paix et de coopération avec assurance. Il serait ainsi intéressant que vous intégriez nos équipes de travail durant quelques jours, collaborant avec nous tout en procédant à diverses observations.

– Nous serait-il possible de compter sur l'aide de Silas ? demanda mon collègue, en se référant au compagnon dont la présence signifiait pour nous allégresse et courage.

L'Instructeur nous observa de manière expressive et, à notre surprise, fit le commentaire suivant :

– Si ce n'était l'objectif des informations que vous recueillez, il serait bien entendu impossible de permettre que l'Assistant mentionné dirigeât la récolte d'enseignements. Nous savons cependant que le travail en cours se destine à des instructions pour la sphère des compagnons incarnés, et pareille tâche nous oblige à prendre en compte votre requête. Réellement, il ne vous faut aucune perte d'opportunité ou de temps. Et, bien qu'à l'heure actuelle, les responsabilités de Silas soient énormes, je ne vois pas comment vous priver du compagnon qui, sans l'ombre d'un doute, est ici le dépositaire de notre plus haute confiance.

Peu après, alors que nous plongions dans de silencieuses réflexions portant sur le concours de l'intelligence avec laquelle le grand bienfaiteur suivait notre objectif, il fut demandé à Silas de venir nous rejoindre, recevant des recommandations visant à nous fournir l'assistance nécessaire.

Engagés dans une conversation rapide et brève, l'Instructeur et l'Assistant échangèrent leurs impressions dont il nous fut impossible de saisir toute la signification. Leur conversation terminée, Silas marqua l'horaire de notre prochaine rencontre et, là-dessus, notre entretien avec le gouverneur de la « Mansão » toucha pratiquement à sa fin.

Le moment prévu, l'Assistant vint à notre rencontre, serviable. Nous allions visiter le temple de la « Mansão ».

Nous parcourûmes de longs enchaînements de couloirs jusqu'à ce que nous passions par une étroite poterne qui nous permit d'accéder à un vaste espace clos illuminé. L'intérieur s'apparentait à celui d'une grande chapelle, comme celles que nous connaissons sur Terre. Appuyée contre le mur du fond, au centre, se trouvait une table simple et blanche, sur laquelle se dressait une croix faite d'un matériau argenté radiant, tournée vers la pièce, qui était le seul symbole religieux existant ici. Mais de petites concavités à la blancheur neigeuse, sculptées en forme de niches, étaient visibles dans les murs latéraux.

La lumière qui régnait en ces lieux se mariait de manière enchanteresse avec la douce mélodie qui résonnait subtilement dans la nef...

Quelles mains invisibles produisaient cette musique suave et empreinte de tendresse qui nous invitait au respect et à la méditation ?

Alignées en files comportant à peu près le même nombre de personnes, plus de deux cents entités priaient devant les niches vides, formant un ensemble miséricordieux.

Je ne saurais dire qu'elle fut l'émotion qui envahit entièrement mon âme.

La foi simple de l'enfance s'empara à nouveau de mon esprit... Je me souvins de ma mère m'enseignant ma première prière et, comme si les vibrations du moment présent fussent pareilles à une pluie bénie, lavant tous les recoins de mon esprit, j'oubliai pour un instant mes anciennes expériences de la vie pour ne penser qu'au Seigneur Suprême, notre Dieu et notre Père...

De chaudes larmes perlaient sur mon visage.

Je voulus poser une question à l'Assistant bienveillant, mais dans ce premier contact avec le sanctuaire extérieur à la « Mansão », je parvins à ne rien faire d'autre que prier et pleurer abondamment. C'est la raison pour laquelle je contemplais la croix lumineuse, entre respect et émotion, bien que je pusse contrôler mon organe vocal afin que les mots ne s'échappassent pas de ma bouche de manière désordonnée... Je me remémorais le Messager Divin qui y avait recouru dans le sacrifice pour nous tracer le chemin de la résurrection victorieuse, et je récitais intérieurement :

« Notre Père qui êtes aux cieux,

« que votre nom soit sanctifié,

« que votre règne arrive,

« que votre volonté soit faite sur la Terre comme au Ciel.

« Donnez-nous le pain de chaque jour.

« Remettez-nous nos dettes comme nous les remettons à ceux qui nous doivent.

« Pardonnez-nous nos offenses comme nous pardonnons aussi à ceux qui nous ont offensés.

« Ne nous abandonnez point à la tentation, mais délivrez-nous du mal.

« Ainsi soit-il. »

Je vis que Silas accompagnait le moindre de mes mouvements intérieurs car après avoir terminé la prière dominicale, il me dit, affectueux :

– C'est vrai, André, rares sont ceux qui parviennent à pénétrer en ce lieu sans s'appuyer sur la prière.

Et regardant Hilario qui essuyait également des larmes qui lui étaient venues spontanément aux yeux, comme si par ce fait il cherchait à l'inclure dans la tendresse de ses observations, il poursuivit :

– Cette petite place de la pensée est sublimée par la componction et par la douleur de milliers d'êtres... Des légions innombrables d'âmes édifiées dans la souffrance et dans la foi sont passées par ici, versant les larmes du repentir ou de l'espoir, de la gratitude ou de l'angoisse... Notre temple qui se trouve entre les murs de la « Mansão », aux services duquel vous avez déjà participé, fonctionne comme le cœur vivant de notre centre, tandis que ce sanctuaire extérieur est le symbole de nos mains jointes dans la prière.

Indiquant les personnes qui se recueillaient en silence, devant les autels sans ornements des murs, je me risquai à demander au frère obligeant :

– Cette représentation de la croix et ces niches vides, que représentent-elles ici ?

Sans attendre, l'Assistant expliqua :

– La croix rappelle à tous les visiteurs que l'Esprit de Notre Seigneur Jésus Christ se trouve présent ici, bien que nous nous trouvions dans les abîmes infernales. Et les niches vides offrent l'opportunité à tous de s'adresser aux Cieux, selon la foi que chacun embrasse. Jusqu'à ce que l'âme obtienne la Sagesse Infinie, il est indispensable qu'elle chemine sur la longue route des symboles de l'alphabétisation et de la culture qui l'orientent le long du sentier de l'élévation intellectuelle, et, jusqu'à ce qu'elle atteigne l'Infini Amour, il est nécessaire qu'elle parcourt les longues routes de la charité et de la foi religieuse, dans les multiples départements de la compréhension qui lui assure l'accès à la Vie Supérieure. Les pouvoirs divins qui nous régissent font en sorte qu'ici, quelle que soit la foi, elle trouvera ici la vénération pleine d'amour dès qu'elle sincère et respectable.

Observant que la petite communauté des âmes en prière s'alignait selon différentes positions, certaines se tenant debout ou commodément assises, tandis que la plupart des autres s'agenouillaient, Hilario posa quelques questions auxquelles Silas répondit en condensant le sujet :

– Oui, ici, dès que le respect mutuel est nécessairement conservé, tous peuvent prier comme bon leur semble.

Et, alimentant la saine curiosité, il indiqua une femme en pleurs, patiemment agenouillée devant une niche toute proche, et dit :

Accompagnons par exemple cette sœur qui prie. Plaçons-nous derrière elle, de manière à ne pas l'incommoder par notre présence. Et, l'enveloppant dans les vibrations de notre sympathie, nous assimilerons son niveau mental, percevant avec clarté les images qu'elle a créées dans son processus personnel de prière.

Obéissant de manière machinale, il me semblait que l'étroit espace de la niche se modifiait au fur et à mesure que je concentrais mon attention sur la tête grisonnante et inclinée…

Saisi de surprise, je vis apparaître peu à peu devant mes yeux une belle scène. Il s'agissait de la reproduction animée de la sculpture de Texeira Lopes[9], représentant la Très Sainte Mère en train de pleurer son Divin Fils, mort…

Et les phrases inarticulées de la vénérable sœur en prière résonnaient à mes oreilles :

– « Mère Très Sainte, Divine Femme de la Pitié, aie pitié de mes enfants qui errent dans les ténèbres !...

« Par amour de ton fils sacrifié sur la croix, aide mon esprit souffrant afin que je puisse leur porter secours…

« Je sais qu'ils n'ont pas hésité à embrasser le crime par l'attachement sinistre aux passions matérielles.

« En réalité, ce sont de malheureux assassins que la justice terrestre n'a pas reconnus... C'est la raison pour laquelle ils souffrent avec plus d'intensité le drame de leurs propres consciences, empêtrées dans la culpabilité… »

9 Note de l'auteur spirituel : Antônio Texeira Lopes, remarquable sculpteur portugais.

À cet instant de sa demande, Silas toucha légèrement nos épaules, nous invitant à l'enseignement dû, et expliqua :

– C'est une pauvre mère désincarnée qui fait une demande pour ses fils égarés dans les ombres. Elle invoque la protection de notre Sainte Mère, sous la représentation de la Femme de la Pitié, selon la foi que son cœur peut abriter pour le moment, dans le contexte des souvenirs ramenés du monde...

– Cela veut dire que l'image de notre vision...

Cette observation resta en suspend car Silas compléta prestement :

– C'est une création qui lui est propre, reflet de ses pensées avec lesquelles elle tisse la demande, pensées qui s'ajustent à la matière sensible de la niche, formant l'image colorée et vibrante qui correspond à ses désirs.

Et répondant automatiquement aux questionnements que le sujet nous suggérait, il continua :

– Toutefois, cela ne signifie pas qu'elle répondra elle-même à la prière. Des demandes similaires à celle-ci s'élèvent vers les plans supérieurs et y sont recueillies par les émissaires de la Vierge de Nazareth, afin d'être examinées et exaucées, en conformité avec la sagesse véritable.

Promenant son regard sur les personnes présentes, il poursuivit en expliquant :

– Il se trouve ici des dévots de plusieurs grands héros du Christianisme, de cultes de foi différents.

En regardant tout autour, avec son ample expérience il indiqua une autre dame en prière, ajoutant :

– Nous avons ici une noble femme invoquant la protection de Thérèse de Lisieux[10], la douce sœur du Carmel, désincarnée en France.

10 Note de l'auteur spirituel : Sainte Thérèse de l'Enfant Jésus, dans l'Église Catholique, désincarnée dans le Carmel de Lisieux, France, le 30 septembre 1897.

– Et son message atteint-il le cœur de l'illustre religieuse ? demanda Hilario avec son optimisme de toujours.

– En quoi cela ne se pourrait-il pas ? répondit son interlocuteur. Après la mort du corps, les êtres effectivement sanctifiés rencontrent les plus grandes quantités de travail dans l'expansion de la lumière ou de la charité, de la connaissance ou de la vertu, dont ils se sont fait la source vive d'inspiration alors qu'ils se trouvaient dans l'apprentissage humain. Le ciel béatifique et figé n'existe que dans l'esprit oisif de ceux qui prétendent au progrès sans travail, et à la paix sans effort. Tout est création, beauté, perfectionnement, allégresse et lumière sans fin dans l'œuvre de Dieu qui s'exprime, divine et infinie, à travers ceux qui s'élèvent vers l'Amour Infini. Ainsi, donc, le cœur qui laisse sur Terre une plantation de foi et d'abnégation se met à nourrir, depuis le plan spirituel, le labour des idées et des exemples qu'il a légués aux frères de la lutte évolutive, labour qui s'étend chez ceux qui poursuivent son ministère sacré, grandissant ainsi en travail et en influence pour le bien, dans le secteur de l'action illuminative et sanctifiante que le Seigneur lui confie.

Mon compagnon, qui suivait l'explication avec autant d'attention que moi, dit :

– Et dans l'hypothèse d'une personne jugée sainte parmi les hommes et qui ne le serait pas réellement dans le Plan de la Vérité ? Les prières qui lui sont adressées atteignent-elles les objectifs attendus, même quand le saint supposé se trouve engagé dans de dures expériences au cœur des régions des ombres ?

– Oui, Hilario, éclaircit l'Assistant. Les prières peuvent ne pas rencontrer immédiatement l'Esprit auquel elles se destinent, mais elles atteignent le groupe de compagnons auquel elles correspondent et qui, amoureusement, le substituera dans l'œuvre d'assistance du bien, au nom du Seigneur, étant donné que dans la réalité, tout amour dans la Création Éternelle vient de Dieu. Imaginons par exemple que la religieuse en question ne soit pas en condition de prêter secours, de manière temporaire... Si cela venait à se produire, les grandes âmes épurées dans la discipline de l'institution où elle s'est tellement distinguée se chargeraient de faire pour elle le travail nécessaire et juste, jusqu'à ce qu'elle puisse prendre sur ses épaules l'apostolat qui lui revient.

– Toutefois, poursuivit mon collègue, faut-il croire que l'esprit des congrégations religieuses existe toujours dans les Sphères Plus Élevées ?

L'Assistant sourit et ajouta :

– Pas dans le sens étroit du sectarisme terrestre. Plus l'âme s'élève vers les cimes de la vie, plus elle abandonne les conventions humaines, découvrant que la Providence est lumière et amour pour toutes les créatures. Cela dit, jusqu'à ce que l'âme s'identifie avec les facteurs sublimes de la conscience cosmique, les cercles d'étude et de foi, de perfectionnement et de solidarité, en raison du bien qu'ils réalisent, méritent le plus grand rassemblement des Intelligences Supérieures qui répondent à l'exécution des Plans Divins.

Peu après, comme s'il voulait fixer les mérites de la leçon dans notre esprit, il tourna son regard vers une certaine femme qui se maintenait en prière, non loin de nous, et après une brève observation, il nous conduisit jusqu'à elle en nous recommandant d'être attentifs.

Nous cherchâmes à assimiler son niveau mental et, une fois la syntonie établie, nous surprîmes dans la niche l'image vivante et sympathique de notre dévoué Docteur Bezerra de Menezes[11] en même temps que nous entendions la supplique de notre compagne désolée :

11 Note de l'auteur spirituel : Dr Adolfo Bezerra de Menezes, apôtre du Spiritisme chrétien au Brésil, désincarné à Rio de Janeiro le 11 avril 1900

– Docteur Bezerra, pour l'amour de Jésus Christ, n'abandonnez pas mon pauvre Ricardo dans les ténèbres du désespoir !... Mon malheureux époux traverse de rudes épreuves !... Ô, généreux ami, aidez-nous ! Ne permettez pas qu'il descende dans l'abîme du suicide... Donnez-lui courage et patience, raffermissez son état d'esprit !... Les difficultés et les larmes qui l'affligent dans le monde tombent sur mon âme comme une pluie de fiel !... »

Silas interrompit notre réflexion en faisant ressortir :

– Conformément à ce que nous savons, le sanctuaire sert à la prière digne, sans culte particulier. Là-bas, quelqu'un recourt à la protection de la sœur de Lisieux, ici, un cœur infortuné demande de l'aide au remarquable compagnon des spirites au Brésil.

Avant de détourner mon attention, je fixai le visage du grand médecin selon les souvenirs de la sœur qui priait, confiante, notant la perfection de la photographie mentale qu'elle extériorisait.

Nous avions vu ici le portrait du Dr Bezerra, tel que nous le connaissions, serein, simple, bienveillant, paternel...

Anticipant nos interrogations coutumières, l'Assistant nous informa :

– Avec plus de cinquante années consécutives de services rendus à la Cause Spirite, Adolfo Bezerra de Menezes fit son possible pour la formation d'une importante équipe de collaborateurs qui servent sous la bannière de la charité, après s'être désincarné. Des centaines d'Esprits studieux et bienveillants obéissent aux directives dans le labour du bien où il opère au nom du Christ.

– De cette manière, dit Hilario, il est facile de comprendre comment il agit en tant de lieux en même temps...

– Exactement, reconnut Silas. Comme cela se produit en radiophonie, où une station émettrice s'adresse aux postes de réception, de la même manière une seule tête pense pour des milliers de bras et un grand missionnaire de la lumière, en action dans le bien, peut se refléter dans des dizaines voire des centaines de compagnons qui suivent son orientation dans le travail harmonisé aux desseins du Seigneur. Bezerra de Menezes, invoqué avec douceur, dans tant d'institutions et de foyers spirites, les aide tous personnellement ou par l'intermédiaire des entités qui le représentent avec une extrême fidélité.

– C'est pour cela qu'il aura son propre domaine d'activité, comme un chef humain possède le siège administratif à partir duquel il distribue les ordres et la pensée directrice de l'organisation... avança mon collègue.

– Tout à fait, dit l'Assistant en souriant. Le Seigneur qui a les moyens d'installer dignement le moindre dirigeant humain, même dans les plus petites expériences de la vie sociale de la Planète, n'abandonnerait pas les missionnaires de la lumière du Plan Spirituel aux intempéries.

Se disant, Silas nous obligeait discrètement à marcher en direction de la porte d'accès au patio intérieur du temple.

Atteignant la sortie, nous notâmes qu'à quelques mètres du portique, la clarté ambiante diminuait d'intensité presque instantanément, nous laissant penser qu'elle devait terriblement souffrir de l'impact des ombres environnantes…

Une foule importante se tenait assemblée dans l'énorme atrium…

Plusieurs groupes conversaient à voix haute... Il y en avait qui pleuraient, qui suppliaient, qui gémissaient…

Notre vision encore inadaptée enregistrait avec difficulté les contours de cette grande foule qui s'agglomérait ici. Cependant, nous pouvions entendre avec précision les paroles et les cris, les demandes ardentes et les appels affligeants...

Remarquant notre surprise, l'Assistant nous fit observer, ému :

– Nous avons ici le parloir de la « Mansão » où se présentent de grandes files d'âmes sincères et souffrantes, mais habituellement plongées dans un profond désespoir qui annule les vertus de la prière paisible…

Et avec un geste expressif, il ajouta :

– Dans cette grande enceinte dédiée à la parole libre, nous trouvons réellement notre ligne de démarcation vibratoire... Au-delà, ce n'est plus que la douleur rebelle et terrible qui génère des monstruosités et le déséquilibre qui représentent l'enfer de l'interprétation religieuse commune, alors qu'à l'intérieur des murs de notre centre, c'est la douleur patiente et compréhensive qui engendre la rénovation et le réajustement pour le chemin des cieux…

Face aux scènes attristantes qui s'étalaient sous nos yeux, nous ne disposions d'aucune expression pour qualifier la stupeur dont nous nous sentions submergés. C'est la raison pour laquelle nous restâmes instinctivement silencieux devant le calme de l'Assistant qui, à ce que nous pûmes nous rendre compte, recourait mentalement aux bienfaits de la prière.

12
Dette aggravée

Tandis que d'autres serviteurs du centre passaient avec empressement près de nous, animés par la volonté de servir, le compagnon tant estimé par Druso descendit les marches du temple en notre compagnie tout en expliquant :

– De nombreux compagnons de service mettent à profit ce moment pour pratiquer le culte spontané de l'amour fraternel. Ils écoutent ici, dans ce parloir, les désespérés et les tristes et, autant qu'il leur est possible, ils administrent médication et consolation, non seulement en exhortant à la compréhension, mais également en les accompagnant jusqu'aux cercles ténébreux ou à la sphère des incarnés afin d'accomplir l'œuvre d'assistance dans les liens affectifs qui perturbent le cœur.

À cet instant, nous entrâmes directement en contact avec les groupes murmurants. Notre vision à présent adaptée à l'ombre régnante, nous parvenions à différencier les visages lamentables et exotiques qui, affligés, nous entouraient. Il s'agissait de femmes aux faciès durs que la misère défigurait, et d'hommes aux physionomies torturées par la haine et par l'angoisse.

De notre côté, nous pouvions difficilement évaluer leur âge, selon l'échelle terrestre. Leur infortune les avait transformés en fantômes d'amertume, les associant presque intégralement dans le même type d'apparence extérieure. Un grand nombre d'entre eux révélait des mains pareilles à des griffes desséchées, et le regard haineux ou apeuré chez pratiquement la totalité des individus présents, révélait la douloureuse fulguration de l'esprit qui est descendu dans le puits de la folie.

D'émouvantes prières se mêlaient aux sinistres clameurs de la révolte.

Et, alors qu'attristés nous regardions la foule agitée de mouvements rudes, face aux portes ouvertes du sanctuaire tranquille, nous demandâmes à l'Assistant pourquoi elle n'était pas accueillie tout entière dans le temple hospitalier, presque désert en cet instant.

Mais, désignant l'entrée de l'édifice que nous venions de quitter, Silas fixa la porte radiante qui, depuis la forte pénombre, nous semblait être un tunnel ouvert vers la lumière, expliqua :

– Effectivement, vous vous évoquez la mesure qui serait souhaitable. Cependant, ils n'entrent dans l'enceinte sacrée qu'à compter du moment où ils peuvent supporter la clarté avec le respect dû. Presque tous les frères qui se trouvent rassemblés sur cette place portent les mutilations que la perversité leur impose, ou nourrissent des sentiments sanguinaires que les demandes émouvantes dissimulent mal. Et, dans de telles dispositions, ils ne résistent pas à l'impact de la clarté dominante composée de photons spécifiques qui se caractérisent par une teneur électromagnétique bien précise, indispensable au maintien de notre centre. Beaucoup de nos frères, ici déracinés, demandent avec leur bouche la possibilité de pratiquer les avantages de la prière dans l'intimité du sanctuaire. Cependant, intérieurement, ils voudraient piétiner le sublime nom de notre Père Céleste, dans un culte à l'ironie et au blasphème. Afin qu'ils ne perturbent pas l'atmosphère divine qu'il nous revient d'offrir à la prière pure et réconfortante, nos orienteurs nous recommandent de laisser la lumière calibrée contre les perturbations et les préjudices facilement évitables.

Surpris, Hilario dit :

– Cela signifie que seule la componction sincère de l'âme entrera en syntonie avec les forces électromagnétiques opérant en ces lieux…

– C'est exactement cela, confirma son interlocuteur. Notre institution reste les bras ouverts à l'épreuve et à la souffrance, mais pas à la rébellion ni au désespoir. Sinon, dans la région torturée où elle se trouve, cela reviendrait à la condamner à la destruction et au discrédit.

Nous fûmes interrompus à cet instant de notre conversation par des dizaines de bras desséchés qui imploraient de l'aide. Silas les regarda avec compassion, mais sans s'appesantir, jusqu'à ce que notre marche soit interrompue par une femme empressée qui s'exclama, anxieuse :

– Assistant Silas ! Assistant Silas !...

Notre ami la reconnut car s'arrêtant soudainement, il lui tendit sa main droite amicalement en murmurant :

– Luisa, qu'y a-t-il ?

La curiosité et l'affliction s'affrontaient chez les deux personnages. Avec des signes d'une angoisse irrépressible, la dame désincarnée cria sans préambules :

– À l'aide !... À l'aide !... Ma fille, ma pauvre fille Marina se décourage... J'ai lutté de toutes mes forces pour la dérober au suicide, mais à présent, je me sens affaiblie et incapable…

Les sanglots étranglèrent sa gorge, étouffant sa voix.

– Parle ! lui dit l'orienteur de notre excursion, comme si le caractère alarmant de cet instant eut obscurci sa sérénité mentale, indispensable à la compréhension de la nouvelle situation.

La malheureuse tomba à genoux, leva des yeux larmoyants et supplia :

– Assistant, pardonnez mon insistance à vouloir vous parler de mon infortune, mais je suis une mère... Ma pauvre fille veut se tuer cette nuit, se compromettant un peu plus avec les ténèbres de sa conscience !...

Silas lui conseilla de s'en retourner vers le foyer terrestre, comme elle le pouvait, et, nous donnant les mains, il permit un voyage rapide vers l'objectif auquel nous devions répondre.

En chemin, il nous informa :

– Il s'agit d'une compagne de la « Mansão » réincarnée depuis presque trente ans, sous les auspices de notre centre. Nous lui fournirons le soutien nécessaire tandis que vous pourrez examiner un problème de débit aggravé.

Notant que notre ami resterait silencieux, mon collègue dit :

– Il est impressionnant d'observer le nombre de femmes engagées dans un travail de prière et d'assistance dans ces régions...

Préoccupé comme il l'était, notre généreux compagnon essaya de sourire, sourire qui n'arriva pas jusqu'à ses lèvres, puis il ajouta :

– Grande vérité... Rares sont les mères et les épouses qui recherchent les régions heureuses sans les douces affections qu'elles réchauffent dans leur cœur... L'immense amour féminin est une des forces les plus respectables dans la Création divine.

Toutefois, il n'y eut plus le temps pour d'autres observations. Nous atteignîmes une petite habitation de trois pièces simples et étroites, dans le plan physique.

L'horloge marquait minuit passé de quelques minutes.

Accompagnant Silas dont la présence délogea plusieurs entités de l'ombre qui se regroupaient ici avec l'intention déclarée de perturber, nous entrâmes dans une chambre humble.

Nous découvrîmes, sans échanger la moindre parole, que le problème était effectivement désolant : une petite de deux ou trois ans pleurnichait, troublée, auprès de la jeune femme angoissée et épuisée... Il était possible de distinguer dans ses yeux écarquillés et inconscients le stigmate de ceux qui ont été marqués par une irrémédiable souffrance au moment de la naissance.

Malgré tout, il était facile, avec la préoccupation impossible à dissimuler de Silas, de reconnaître que la pauvre femme était le cas le plus urgent auquel nous devions prodiguer nos soins.

Agenouillée, la malheureuse couvrait la petite fille de baisers, révélant l'indéniable angoisse de ceux qui se séparent pour toujours.

Tout de suite après, dans un mouvement rapide, elle prit un verre dont le breuvage ne laissait aucun doute sur sa teneur toxique. Mais avant qu'elle n'y eût trempé ses lèvres enfiévrées, voici que l'Assistant lui dit d'une voix assurée :

– Comment peux-tu penser à l'ombre de la mort sans la lumière de la prière ?

La malheureuse n'entendit pas sa question par ses tympans physiques, mais la phrase de Silas envahit son esprit comme une violente rafale.

Ses yeux brillèrent d'un éclat nouveau et le verre trembla entre ses mains à présent indécises.

Notre orienteur étendit ses bras, l'enveloppant dans des fluides anesthésiants de tendresse et de bonté.

Marina, car c'était elle la sœur pour qui le cœur maternel affligé suppliait de l'aide, dominée par de nouvelles pensées, reposa le dangereux récipient à sa place initiale et, sous la vigoureuse influence du directeur de notre excursion, elle se leva automatiquement et s'allongea dans le lit, se mettant à prier…

– « Mon Dieu, Père à la Bonté Infinie, implora-t-elle à voix haute, aie pitié de moi et pardonne mon échec ! Je n'en peux plus... Sans ma présence, mon mari vivra plus tranquillement dans la léproserie et ma pauvre fillette trouvera des cœurs charitables qui lui donneront de l'amour... Je n'ai plus de ressources... Je suis malade... Nos factures me détruisent... Comment puis-je vaincre l'infirmité qui me dévore en étant obligée de coudre sans repos, entre mon mari et ma petite fille qui réclament mon assistance et ma douceur ?... »

Silas lui administrait des passes magnétiques de prostration et, l'induisant à un léger mouvement du bras, il fit en sorte que dans une impulsion irréfléchie elle frappât avec force dans le verre fatidique qui roula sur le sol de la chambre, déversant le liquide létal.

Versant d'abondantes larmes, la pauvre créature insista, désolée :

– Ô Seigneur, aie pitié de moi !...

Reconnaissant dans le geste involontaire la manifestation d'une force étrangère qui entravait sa possibilité de mort délibérée de cet instant, elle se mit à prier en silence avec d'évidents signes de crainte et de remords, attitude mentale qui accentuait sa passivité et dont l'Assistant se servit pour la conduire au sommeil provoqué.

Silas émit un puissant jet d'énergie fluidique sur le cortex encéphalique de la femme qui, sans parvenir à s'expliquer la raison de la torpeur qui envahissait son système nerveux, se laissa sombrer lourdement dans le sommeil, comme si elle avait absorbé un violent narcotique.

L'Assistant interrompit l'opération de secours et nous dit, bienveillant :

– Nous avons ici un problème asphyxiant de dette aggravée.

Et, indiquant la jeune mère à présent exténuée, il continua :

– Marina est venue de notre « Mansão » pour aider Georges et Zilda envers lesquels elle avait déjà une dette. Au siècle passé, elle s'est interposée entre eux deux alors qu'ils étaient de jeunes mariés, les entraînant dans de déplorables imprudences qui leur valurent une angoissante démence dans le Plan Spirituel. Après de longues souffrances et désajustement, le Seigneur a permis que de nombreux amis intercédassent auprès du Père Supérieur afin que leur destin pût se recomposer. Et tous trois renaquirent dans le même cadre social pour le travail régénérateur. Marina, l'aînée du foyer de notre sœur Luisa, reçut la charge de veiller sur sa jeune sœur qui put ainsi se développer à la chaleur de sa fraternelle tendresse, mais une fois devenues de jeunes femmes, il y a quelques années, voici que selon le programme de service tracé avant la réincarnation, la jeune Zilda rencontra Georges, et ils renouèrent instinctivement les liens affectifs du passé. Ils s'aiment avec ferveur et se sont fiancés. Mais, loin répondre aux promesses faites dans le Monde Supérieur, selon lesquelles il lui revenait d'aimer le même homme dans le silence du renoncement constructif, soutenant sa petite sœur, qui avait été autrefois une épouse répudiée, dans les luttes purificatrices que l'époque actuelle lui offrirait, Marina, prise d'une intense passion, s'est mise à échafauder des projets inconfessables. Complètement aveuglée et sourde aux avis de sa conscience, elle a commencé à envelopper le fiancé dans une trame de séduction et, attirant vers son secret objectif l'appui d'entités capricieuses et infirmes, par l'intermédiaire de désirs maladifs, elle se mit spontanément à hypnotiser le jeune homme avec l'aide des vampires désincarnés dont elle s'est attirée la compagnie sans s'en apercevoir... Et inconsciemment dominé, Georges passa de l'amour pour Zilda à la sympathie pour Marina, notant que la nouvelle affection croissait en son for intérieur de manière effrayante, sans qu'il ne pût lui-même en contrôler l'expansion… Quelques mois s'étant écoulés, ils se dédièrent tous deux à des rencontres secrètes durant lesquelles ils se compromettaient l'un avec l'autre dans la plus grande intimité… Zilda perçut le changement de comportement du jeune homme, mais elle chercha à justifier son indifférence en la mettant sur le compte de la fatigue du travail et des difficultés dans la vie familiale. Toutefois, alors qu'il ne manquait que deux semaines avant les noces, la malheureuse fut surprise par l'affligeante et inattendue confession… Georges lui exposa la plaie qui affligeait son monde inférieur… Il ne lui nie ni son admiration ni sa tendresse, mais il y a bien longtemps qu'il reconnaît que seule Marina doit être sa compagne dans son foyer. L'ancienne fiancée étouffe le terrible désappointement qui la subjugue et, apparemment, ne se révolte pas. Mais, introvertie et désespérée, elle parvient durant la même nuit où eut lieu la conversation à se procurer la dose d'insecticide pour fourmis avec lequel elle mit fin à son existence physique. Dévastée par la douleur, Zilda désincarnée fut recueillie par notre sœur Luisa qui se trouvait déjà dans notre monde, admise dans la « Mansão » en raison des mérites maternels. La malheureuse génitrice demanda la protection de nos Aînés. Dans la position de mère, elle avait pitié des deux jeunes car à ses yeux, la fille auteur de la traîtrise était plus à plaindre que la fille bafouée, bien que cette dernière eût acquis le grave débit des suicidés, atténué dans son cas par l'aliénation mentale à laquelle elle fut conduite suite à la soumission sans raison à cet inqualifiable abandon… Après avoir examiné la question, le Ministre Sanzio que nous connaissons personnellement, décida que Marina fût considérée débitrice dans une situation qu'elle avait elle-même aggravée. Et peu après cette décision, il fit le nécessaire pour que Zilda soit reconduite vers le foyer afin d'y recevoir les attentions méritées. Marina a failli dans l'épreuve de renoncement en faveur de sa sœur qui était sa généreuse créditrice. Mais en faisant obstruction à la Loi, elle s'est condamnée à se sacrifier pour elle qui à présent est imposée à ses côtés comme sa fille terriblement souffrante et immensément aimée. C'est ainsi que libres, Georges et Marina se marièrent, recueillant sur Terre la communion affective après laquelle ils avaient soupiré. Cependant, deux ans après leur union, ils reçurent Zilda dans un berceau décoré de dentelles en tant que fille bien-aimée. Mais... dès les premiers mois de l'enfant adoré, ils perçurent la douloureuse épreuve. Zilda, aujourd'hui appelée Nilda, est née sourde-muette et mentalement retardée, en conséquence du traumatisme périsprital reçu dans la mort par empoisonnement volontaire. Inconsciente et tourmentée dans les replis de son être par les souvenirs asphyxiants du passé récent, elle pleure pratiquement jour et nuit... Mais plus elle souffre, plus la tendresse qu'elle recueille de ses parents qui l'aiment avec les signes d'une compassion et une douceur extrêmes est importante... Leur vie s'écoulait paisiblement, seulement agitée par les épreuves naturelles du chemin quand, il y a quelques mois, Georges fut interné dans la léproserie où il se trouve en traitement. Dès lors, entre l'époux malade et la petite fille malheureuse, Marina, dans son débit aggravé, souffre de l'abattement dans lequel nous l'avons trouvée, également martelée par la tentation du suicide.

L'Assistant se tut.

Hilario et moi nous trouvions stupéfaits et émus. Le problème était douloureux du point de vue humain, mais il contenait un précieux enseignement de la Justice Divine.

Silas effleura la jeune femme prostrée et insista :

– Le Seigneur nous aidera pour qu'elle se rétablisse et reprenne courage.

À cet instant, la sœur Luisa pénétra dans la pièce, mi-déprimée, mi-anxieuse.

Elle s'informa de tous les faits et remercia, essuyant ses larmes.

Cela dit, désireux de mener les secours jusqu'à la fin, Silas administra de nouveaux fluides magnétiques à la mère débilitée, et nous assistâmes alors à une scène inoubliable.

Marina se dressa en Esprit au-dessus de son corps somatique et posa sur nous un regard vague et inexpressif...

Mais comme s'il réveillait ses perceptions de l'esprit, notre directeur lui passa les mains alors auréolées de fluides luminescents sur les pupilles et, tout à coup, à l'image d'un aveugle qui recouvre la vision, la pauvre vit sa mère qui lui tendait ses bras amis et câlins. Avec des larmes s'échappant de ses yeux, elle s'y réfugia en s'écriant d'allégresse :

– Maman ! Ma maman !... Alors est-ce toi ?

Luisa l'accueillit doucement contre elle avec affection, comme elle l'aurait fait avec un enfant malade, et réprimant difficilement son émotion, elle lui dit tristement :

– Oui, ma fille chérie, c'est bien moi, ta mère !... Remercions Dieu pour ces quelques instants de conversation.

Et, l'embrassant tendrement, malgré son affliction, elle poursuivit :

– Pourquoi te décourager quand la lutte ne fait que commencer ? Ignores-tu que la douleur est notre gardienne céleste ? Marina, qu'adviendrait-il de nous si la souffrance ne nous aidait pas à sentir le bien et à y réfléchir ? Réjouis-toi dans le combat qui nous purifie et nous sauve dans l'œuvre de Dieu... Ne convertis pas l'amour en ton enfer et ne crois pas que tu parviendras à soulager ton époux et ta fillette par l'illusion de la fuite irréfléchie. Souviens-toi que le Seigneur transforme le poison de nos erreurs en remède salutaire pour le rachat de nos culpabilités... L'infirmité de notre Georges et l'épreuve de notre Nilda constituent non seulement leur chemin béni d'élévation, mais également le tien, pour ton esprit qui s'associe à l'expérience dans la trame de la rédemption !... Apprends à souffrir avec humilité pour que ta douleur ne soit pas simplement l'orgueil blessé... Que fais-tu de la fierté de la femme et du dévouement de la mère ? As-tu oublié la pratique de la prière que tu as apprise à la maison ? Te tromperais-tu tant que tu en viendrais à embrasser la lâcheté comme si elle représentait la gloire morale ? Il est encore temps !... Lève-toi, réveille-toi, lutte et vis !... Vis pour récupérer ta dignité féminine que tu as souillée avec la tâche de la trahison... Rappelle-toi de ta petite sœur qui est partie, abattue par le poids du fardeau de l'affliction que tu lui as imposée, et paye par le dévouement et par le sacrifice, auprès de la petite fille malade, pour tout ce que tu dois à l'Éternelle Justice !... Humilie-toi et sauve ta conscience par le prix de l'expiation douloureuse, mais juste... Travaille et sers, espérant en Jésus, car le Divin Médecin te restituera la santé de ton époux, pour qu'ensemble nous puissions conduire la petite infirme jusqu'au port de la récupération nécessaire. Ne pense pas être seule dans les longues et désertes nuits où tu partages ton temps entre la veille et la désolation !... Partageons les mêmes rêves, partageons les mêmes luttes !... Quel est le paradis que les cœurs maternels en pleurs trouveront au-delà de la tombe si ce n'est celui de la présence de leurs enfants bénis, bien que ceux-ci leur aient de nombreuses fois occasionnés de longues journées d'angoisses ? Aie pitié de moi, ta mère, frappée par la souffrance que me cause l'amour avec lequel je t'aime !...

Luisa se tut car d'incessants sanglots étouffaient sa voix.

À présent agenouillée et en larmes, Marina caressait ses mains, clamant dans une supplique :

– Mère chérie, pardonne-moi ! Pardonne-moi !...

Par un effort, Luisa la releva et, nous faisant penser aux calvaires maternels qui assaillent normalement les grandes femmes, après la mort, elle la conduisit à pas vacillants jusqu'à l'enfant infirme et, cajolant le front trempé de sueur de la petite, elle implora, humblement :

– Fille bien-aimée, ne cherche pas la porte illusoire de la désertion... Vis pour ta petite fille, comme le Seigneur me permet de continuer à vivre pour toi !...

La jeune femme, alors rétablie, se prosterna devant le petit enfant triste, mais comme si l'émotion de ces instants étouffait son esprit éveillé, elle fut soudainement attirée par le corps de chair, comme la paille de fer par l'aimant, et nous la vîmes se réveiller en versant d'abondants pleurs, s'écriant, inconsciente :

– Ma fille !... Ma fille !...

Respectueux, l'Assistant se sépara de Luisa et affirma :

– Dieu soit loué ! Notre Marina ressurgit, transformée.

Nous nous éloignâmes sans paroles.

Au dehors, dans le ciel, de lointains nuages se couronnaient des clartés purpurines de l'aurore et, l'âme ivre de reconnaissance et d'espérance, je méditai sur l'Infinie Bonté de Dieu qui après chaque nuit fait rayonner la bénédiction d'un nouveau jour.

13
Débit stationnaire

Nous continuions à administrer une aide fraternelle dans le foyer de Marina, incluant une assistance pour son compagnon qui se trouvait encore à l'hôpital, trouvant d'excellentes opportunités d'étude et d'observation.

Des conclusions et des remarques nous emplissaient de joie à chaque instant.

Les tâches et les excursions se revêtaient de tout le succès souhaitable quand une certaine nuit, un compagnon affligé vint à la rencontre de Silas, dans le Parloir. Celui-ci l'avisa poliment :

– Assistant, notre sœur Poliana semble finalement fléchir sous le poids de l'immense épreuve.

– Révoltée ? demanda notre ami avec une inflexion de patience et de bonté.

– Non, expliqua l'homme. Notre sœur est malade et l'équilibre organique décline d'heure en heure... Malgré tout cela, elle lutte héroïquement pour rester auprès de son fils malheureux.

Silas réfléchit rapidement et dit avec résolution :

– Il est impérieux d'agir sans perdre un instant.

Et comme cela se produisit dans des circonstances antérieures, nous recourûmes à la volition afin de gagner du temps.

Quelques courtes minutes plus tard, nous nous trouvions dans un paysage rural, pauvre et triste. Dans une masure totalement exposée aux rafales du vent nocturne, une femme infortunée gisait sur une natte de paille posée à même le sol, enroulée dans des haillons, et à quelques mètres de là, un misérable nain paralytique montrait son visage hébété. L'idiotisme complet, sous la vigilance de l'infirme malheureuse qui se tenait entre l'affliction et le désenchantement, était perceptible dès le premier coup d'œil.

Les embrassant du regard, notre instructeur nous informa, serviable :

– Nous avons ici notre sœur Poliana et Sabino, son pauvre fils que le Pouvoir Céleste lui a confié. Spirituellement, ils sont tous deux sous la responsabilité de la « Mansão », engagés sur un chemin pierreux de réajustement.

Cependant, notre ami paraissait plus intéressé par l'assistance pratique que par le travail informatif.

S'inclinant, attentif, au-dessus de la pauvre femme, il ausculta son thorax, avant de dire, quelque peu inquiet :

– Cas urgent.

Et, invités au concours immédiat, nous nous associâmes à la minutieuse recherche, observant que le cœur de l'infirme présentait une arythmie inquiétante. Il nous faisait penser à un prisonnier agité, enserré par les artères étroites et étrangement calcifiées.

Tout en examinant la situation circulatoire tourmentée, l'Assistant nous informa :

– Les vaisseaux affaiblis du myocarde menacent de se rompre sous peu car la malade se trouve tendue en raison d'une angoisse extrême. L'arrêt subit de l'organe central peut survenir d'un instant à l'autre.

Ce disant, il posa son regard sur l'homme-enfant qui se trouvait allongé à deux pas de nous, et il ajouta :

– Poliana a besoin de plus de temps dans son corps et son fils ne peut se dispenser d'elle. Ils se trouvent non seulement unis dans la même épreuve, mais également aimantés au même climat fluidique, alimentés réciproquement par les forces qu'ils extériorisent dans le domaine de l'affinité pure. Ainsi, la désincarnation de la mère se répercuterait mortellement sur le fils dont l'existence dans la situation d'isolement où il se trouve, gravite de manière systématique autour de la tendresse maternelle.

Une douloureuse attente s'abattit sur nous.

Silas paraissait chercher dans cette cabane, dépourvue de tout, quelque chose qui puisse aider. Mais il n'y avait ici qu'une vieille cruche ne contenant qu'une petite quantité d'eau.

L'Assistant nous informa que la souffrante nécessitait une médication immédiate, ajoutant pourtant qu'à cette heure de la nuit, ce ne serait pas facile d'amener un compagnon incarné jusqu'à cet endroit désert et que nous ne disposions ici d'aucun recours.

Mais même ainsi, nous le vîmes appliquer des passes sur la glotte avec une attention appliquée.

Tout de suite après, il administra des fluides à la lymphe pure.

Nous comprîmes que Silas activait la soif de la malade, la forçant à se servir de l'eau simple alors transformée en liquide médicamenteux.

Au prix d'un grand effort, Poliana abandonna sa couche et prit l'humble récipient.

Après avoir bu de petites gorgées, ses inquiétudes finirent par se calmer, comme si elle avait absorbé une précieuse potion calmante.

Les préoccupations obsédantes de l'heure en cours firent place au calme de l'esprit.

C'est ainsi que le directeur de notre excursion, caressant le front de la malade qui reposait sur un amas de lambeaux de tissus formant un oreiller, lui transmit des forces revigorantes.

Quelques minutes s'écoulèrent et Poliana apparut en dehors de son vase physique, mais sans la lucidité spirituelle nécessaire pour percevoir notre présence. Cependant, soumise au commandement magnétique de Silas, elle se redressa automatiquement. Soutenue par ses bras et suivie d'Hilario et de moi, nous nous rendîmes dans un bosquet voisin.

Loin de percevoir l'assistance fraternelle dont elle faisait l'objet, l'infirme absente de son corps de chair fut confortablement installée par Silas sur le tapis d'herbe tendre, se sentant calme et légère, comme si elle s'était trouvée dans un rêve réconfortant...

L'opération terminée, l'Assistant nous invita à prier et, élevant le regard vers le firmament étincelant d'étoiles, il demanda avec componction :

– « Père à la Bonté Infinie, Toi qui donnes en fonction des nécessités du ver apparemment oublié dans les entrailles du sol, Toi qui revêts la flore anonyme qui se trouve bien souvent dans la fange du bourbier, parfumant sa structure, pose un regard chargé de compassion sur nous qui nous égarons loin de Ton amour !

« Prends pitié en particulier, Père de Justice, de notre Poliana qui gît, vaincue !

« Elle n'est plus, Seigneur, la femme assoiffée d'aventure et d'or qu'elle a été, disposée à répandre boue et ténèbres sur le chemin de ses semblables, mais une pauvre femme fatiguée qui demande des forces nouvelles pour le renoncement ! Elle n'est plus cette jeune femme vaniteuse qui s'ébattait dans les tourments de son prochain, mais une triste pauvresse, exténuée par le travail, qui sanglote de porte en porte, mendiant le pain avec lequel elle doit alimenter le fils torturé, fruit de sa douleur, et nourrir sa propre vie.

« Ô, Père, ne la laisse pas perdre à présent la bénédiction du corps sur le sentier rédempteur où elle se traîne !

« Accorde-lui les ressources pour que la sublime expérience dans laquelle elle se trouve engagée ne s'interrompe pas...

« Toi qui par le Christ nous as donné la divine révélation de la souffrance qui est le chemin de notre retour vers Tes bras, aide-la à restaurer les énergies disparues afin qu'elle ne périsse pas avant d'avoir rencontré la nouvelle lumière qui attend son cœur pour la montée dans la gloire éternelle ! »

La voix touchée d'une profonde foi de Silas nous entraîna vers des pleurs que nous ne pouvions contenir.

Des scintillements bleutés nimbaient sa tête et, en guise de réponse d'En Haut, ici, dans la floraison sauvage du bosquet désert, nous vîmes au loin cinq flammes en cinq points différents de l'Espace, qui s'approchaient rapidement de nous...

Comme elles nous frôlaient, elles se transformèrent en compagnons qui nous saluèrent avec joie.

En quelques brèves minutes, des énergies impondérables de la Nature, associées aux fluides des plantes médicinales, furent apportées à notre infirme qui les inhala en de longues inspirations, et en très peu de temps, nous vîmes Poliana étonnamment rétablie, prête à retourner vers son enveloppe physique pour la guérison nécessaire.

– Riches de la Terre, pensai-je en larmes, où se trouve le pouvoir de vos coffres gorgés d'or devant la simple fulguration d'une prière ? Où se trouve la grandeur de vos palaces remplis de faste et de pierreries en comparaison d'une simple minute de révérence émanant de l'âme en communion avec la Paternité de Dieu, dans la majesté du Ciel ?

Incapable de raisonner par elle-même sur la métamorphose dont elle avait fait l'expérience, en raison des inhibitions dont elle souffrait dans l'épreuve temporaire, la malade ne parvenait pas à nous voir mais elle souriait, heureuse, se sentant plus robuste et plus active.

À nouveau aidée, elle revint à sa cabane insalubre où nous l'aidâmes à reprendre son corps physique.

Tandis qu'elle entrouvrait ses yeux, réconfortée, Silas expliqua :

– Les améliorations acquises par l'organisation périspritale seront rapidement assimilées par les cellules du corps physiologique.

Et il insista :

– Les médecins terrestres savent que le sommeil est un des facteurs les plus efficaces de la guérison. C'est dû au fait qu'absent du corps, l'âme parvient parfois à bénéficier de prodigieuses ressources pour le rétablissement du véhicule corporel dans lequel elle effectue son passage par le monde.

Après l'explication, il caressa les cheveux grisonnants de la pauvre malade et lui promit à voix haute :

– Reposes-toi. Quand il fera à nouveau jour, nos amis amèneront jusqu'ici l'aide de la charité fraternelle en recourant à un bon samaritain des environs... Le Seigneur permettra que tu poursuives ton cheminement...

Ensuite, il nous invita à observer la situation organique de Sabino.

Extérieurement, il n'était effectivement qu'un masque d'anormalité et d'aberration. Très maigre, il ne dépassait pas les quatre-vingt-dix centimètres. Son corps difforme à la tête démesurée et qui exhalait des odeurs fétides, nous inspirait compassion et répugnance.

Sa physionomie dénotait des aspects simiesques affichant, malgré tout, à travers un sourire inconscient et dans ses yeux à moitié lucides, l'expression d'un clown triste.

L'Assistant nous recommanda d'ausculter son domaine intérieur et, au bout de quelques minutes de concentration, j'assimilai dans ce but son niveau mental, observant ses singuliers souvenirs…

Révélant vivre essentiellement loin de la réalité, la mémoire de Sabino plongeait entièrement dans des scènes étranges.

Matérialisées devant notre vision spirituelle, ses pensées prenaient consistance, nous forçant à le voir tel qu'il était réellement. Nous le vîmes vêtus à l'image d'un courtisan bien mis, en train d'influencer des personnes qui se distinguaient par le fait d'avoir commis des crimes passés inaperçus. Et de ces crimes ne résultait que la souffrance du peuple. Des veuves et des orphelins, d'humbles travailleurs et des esclaves à la grande misère défilaient dans les scènes de ses souvenirs compliqués. Les petits palaces et les tables somptueuses contrastaient par les détails fastueux des souvenirs qui peuplaient son esprit... Et à ses côtés, toujours la même femme dont la superbe du port révélait la présence de Poliana, la même Poliana qui gisait, inerte, sur la natte de paille... Surpris, nous les vîmes entourés de luxe et d'or, mais tâchés de sang, ce qui les laissait complètement de marbre…

Nous comprîmes sans difficulté qu'ils avaient des engagements secrets l'un envers l'autre dans le domaine de la cruauté.

Sabino, le noble orgueilleux, ne prenait pas connaissance de Sabino, le nain paralytique. Plongé dans une introspection absolue, il revivait le passé avec une exagération d'égotisme, se révélant être dans la situation de l'homme trompé par une supériorité menteuse en face de ses semblables.

Percevant notre perplexité, Silas fit observer :

– Il est certain que nous n'entendrons pas le son de sa voix puisqu'il est sourd et muet, mais nous pouvons consulter sa pensée puisqu'il réagira par elle, répondant à nos questions à travers la conversation sous forme d'idées. Mais pour cela, il est indispensable que nous le traitions en accord avec la personnalité qu'il croît être... Représentons-le-nous comme étant le Baron de S..., titre qui a été sien lors de sa dernière existence et par lequel il s'est égaré de manière catastrophique dans les ténèbres de la délinquance et de la vanité.

Observant les tâches rouge de sang visibles dans les scènes animées des souvenirs vivants dans lesquels il s'enfermait, je demandais avec la gravité naturelle que la situation exigeait :

– Baron, pourquoi tant de sang sur votre chemin ? Beaucoup de personnes auront-elles eu à pleurer autour de vos pas ?

Je vis parfaitement qu'il n'avait pas perçu la question par ses tympans mais qu'il l'avait comprise sous la forme d'une idée qu'il avait lui-même formulée, nous transmettant par l'intermédiaire des fils mentaux qui nous mettaient en communion l'un avec l'autre, la réflexion suivante : « Sang et larmes, oui !... J'ai eu besoin d'une grande quantité de ces ressources lors de mes entreprises... Quel triomphateur du monde n'aura pas de sang et de larmes à la base des pyramides de sa fortune ou de la domination politique sur laquelle ils s'appuient tous ? La vie est un système de lutte dans lequel l'humanité se divise en deux camps opposés – celui de ceux qui conquièrent et celui de ceux qui sont conquis... Je suis un noble... Je n'ai pas pour vocation de perdre... Qu'importe l'affliction des faibles si la mort signifie pour eux repos et grâce ? »

Je me déliai du centre mental où ses pensées s'exprimaient et, après quelques instants qu'Hilario avait consacrés au même examen qui avait retenu mon attention, l'Assistant expliqua :

– Comme il est facile de le conclure, face à l'étude de la science terrestre vulgaire, Sabino sera un simple d'esprit paralytique, sourd et muet de naissance... Cependant, pour nous, il est un prisonnier encore dangereux enfermé dans les os physiques dont il n'a pas conscience de l'organisation en raison de l'égoïsme qui lui trouble encore l'âme au cours d'un processus incontrôlable d'hypertrophie... La soif de la possession ignoble et l'orgueil virulent pervertirent sa vie intime, le figeant en un douloureux labyrinthe de sinistres tromperies qui entraînent pour lui une complète aliénation mentale dans le temps, puisque l'horloge avance dans le décompte des jours tandis qu'il se maintient à l'arrêt dans les réminiscences où il se croît être un dominateur sur Terre, vivant le cauchemar qu'il s'est lui-même créé...

Face aux problèmes que l'étude suscitait, Hilario demanda avec surprise :

– Mais où se trouvent les bienfaits de pareilles souffrances ?

Silas eut une légère expression de tristesse et dit :

– Nous avons sous les yeux un lamentable débit congelé. Notre pauvre compagnon qui est tristement tombé a commis de nombreux délits sur la Terre et dans le Plan Spirituel, et voici plus de mille ans qu'il succombe aux griffes de la criminalité par faute de sa vanité et de son imprévoyance... D'existence en existence, il n'a pas su utiliser les recours du domaine physique, agitant les paysages sociaux où le Seigneur lui a permis de vivre. Depuis de nombreux siècles, il a provoqué diverses calamités telles que des homicides, rébellions, extorsions, calomnies, faillites, suicides, avortements et obsessions puisqu'il n'avait rien d'autre devant les yeux que son égoïsme à satisfaire... Entre le berceau et la tombe, ce n'est que folie incessante et, de la tombe au berceau, c'est la méchanceté froide et inconséquente malgré les intercessions d'amis dévoués qui le protègent dans les nouvelles tentatives de régénération et de redressement. Pratiquement toujours inspiré par les points de vue de Poliana qui a été sa compagne au cours de multiples incarnations, il s'est figé dans la position d'un malheureux entrepreneur du crime. Lors de sa dernière existence, il agita tellement son déséquilibre qu'elle se termina par un suicide indirect à travers la plongée délibérée dans la corruption du vice qui n'eut d'autre remède pour lui que l'isolement absolu dans la chair, lors du brumeux pèlerinage dans lequel nous le voyons ainsi, pareil à un fauve mis en cage dans l'armure des cellules avilissantes, sous la surveillance de la femme qui l'aida dans ces chutes successives, aujourd'hui élevée au rang d'infirmière maternelle pour sa plus grande infortune. Poliana, la femme futile qui avait fui le bien, qui d'ordinaire se choisissait la position de femme du plaisir délictueux, se réveilla dans l'au-delà aux réalités de la vie avant lui... Elle s'est réveillée et a beaucoup souffert, acceptant la tâche de l'aider dans son rétablissement qui, à n'en pas douter, prendra encore bien longtemps...

Dans le champ périsprital du nain dont l'esprit se trouvait concentré sur sa propre personne, nous observâmes à travers son aura vert obscur que toutes les énergies de ses centres vibratoires refluaient vers leur point d'origine, nous donnant l'impression que Sabino se trouvait entièrement empêtré en lui-même, à l'image de la chenille qui se trouve isolée dans le cocon de sa propre naissance.

Les questions qu'il ne nous fut pas possible de contenir trouvèrent une réponse dans les paroles que Silas nous adressa prestement :

– Jusqu'à ce qu'il mûrisse en esprit pour la rénovation nécessaire, notre ami conservera sa pensée en activité dans un cercle fermé, c'est-à-dire qu'il pense constamment à lui, qu'il est incapable du moindre échange de vibration avec ses semblables, exception faite de Poliana dont il s'est fait le satellite muet et en attente, comme le parasite sur un arbre plein de sève. Sabino illustre un problème de débit stationnaire car il se trouve dans un processus d'hibernation spirituelle, enkysté de force dans son monde intérieur, au bénéfice de la communauté d'Esprits désincarnés et incarnés, puisque ses offenses d'ordre matériel et moral s'illustrent de manière si expressive que sa présence consciente sur Terre ou dans l'Espace provoquerait des perturbations et des tumultes aux conséquences imprévisibles. De cette manière, il bénéficie d'une pause dans la lutte, qui prend la forme d'un essai pour oublier, afin qu'il puisse, dans le futur, faire face au montant des obligations dans lesquelles il s'est enlisé, et leur trouver une issue digne dans les siècles à venir, à coups d'une volonté de fer dans le renoncement de sa personne.

– Mais, demande Hilario, inquiet, la Spiritualité Supérieure ne dispose-t-elle pas de moyens lui permettant de l'incarcérer à distance de la chair ?

– Si, confirma Silas. Cela n'est pas impossible. Cependant, si nous avons des cachots douloureux, un grand nombre d'entre eux qui est représenté par des vals de misère et d'horreur, pour l'expiation des crimes qui enténèbrent la pensée humaine, il est nécessaire de préciser que les délinquants qui s'y trouvent captifs s'attirent les uns les autres, se contaminant mutuellement par les plaies morales dont ils sont porteurs, créant l'enfer dans lequel ils se mettent à vivre de manière transitoire. D'un autre côté, nous comptons sur de nombreuses institutions qui fonctionnent à l'image de serres dans lesquelles des créatures désincarnées dorment pacifiquement dans un profond sommeil, plongées jusqu'à un certain point dans les cauchemars qu'elles méritent, après avoir effectué la traversée du sépulcre... Mais chez Sabino, nous trouvons un cas de rébellion et de délinquance systématiques exceptionnel, dans les ombres duquel, un jour, il a senti ses forces l'abandonner. Le remords blessa son cœur comme une balle mortelle qui terrasserait un tigre en liberté... La prière fulgura dans sa conscience et, avant que sa nouvelle attitude ne provoquât des réactions et des vindictes pleines d'ignorance parmi ceux qui suivaient ses pas sur la route perverse, il fut recueilli à la « Mansão » où naturellement on le magnétisa, le faisant sombrer dans une hypnose de longue durée, avant d'être plus tard reçu par la tendresse de Poliana alors retenue dans le champ de la régénération par le sacrifice. Comme nous le voyons, les liens de nos compagnons dans les plans inférieurs sont si grands que par la pitié de Jésus, il a été provisoirement dissimulé dans ce corps monstrueux qui, en plus de ne pas le laisser se manifester, le rend d'une certaine manière méconnaissable pour son propre bien. Il est indispensable que le temps avec la Bonté Divine l'aident dans ses problèmes douloureux et complexes.

Et nous fixant sereinement, il ajouta :

– Avez-vous compris ?

Oui, nous avions compris.

À nos yeux, l'expérience était dure mais logique, terrible mais juste.

Et comme quelqu'un qui ne pouvait plus rien donner à ce triste ami, au-delà de la prière, Silas effleura sa tête difforme et lui offrit, ému, la bénédiction d'une prière.

14
Sauvetage interrompu

Accompagnant l'Assistant, nous nous mîmes à coopérer dans la restitution de l'harmonie au sein d'une petite famille domiciliée dans la banlieue populeuse de la capitale.

Ildeu, le chef de la famille, un homme qui avait à peine atteint la maturité physique, d'un peu plus de trente-cinq ans, avait trouvé en Marcela l'épouse dévouée et mère de ses trois petits enfants : Roberto, Sonia et Marcia. Cependant, séduit par les charmes enchanteurs de la jeune Mara, jeune femme légère et inconséquente, il faisait tout pour que son épouse l'abandonne. Mais éduquée à l'école du Devoir, Marcela se dédiait à son foyer et faisait tout pour ne pas laisser transparaître sa propre douleur.

Suite aux gestes rudes et par la conduite déplorable à la maison, elle avait conscience du changement qui était survenu chez le père de ses enfants, et alors qu'elle recevait des lettres insultantes de la rivale qui lui disputait son compagnon, elle savait pleurer en silence, les jetant au feu pour qu'elles ne tombassent pas sous les yeux de son époux.

La voir en prière, chaque soir, au côté de ses enfants, nous faisait mal. L'aîné, Roberto, âgé de neuf ans, lui caressait la tête, devinant les sanglots restés en suspend dans la gorge maternelle, et les deux petites, dans l'innocence de l'enfance, répétaient machinalement les prières dites par la noble femme, les offrant à Jésus, en faveur de leur « papa ».

Ce soir là, éveillé jusque tard dans la nuit, son esprit était saisi d'angoisses alors qu'elle regardait Ildeu, son mari écervelé, qui atteignait le foyer, en empestant les liqueurs et en affichant des signes d'aventures inavouables.

Si elle élevait la voix en rappelant quelques nécessités des petits, il rétorquait, irrité :

– Vie insupportable ! Tu es toujours à me faire des reproches, à me bassiner, à me persécuter avec tes interdictions et tes demandes !... Si tu veux de l'argent, travaille. Si j'avais su que le mariage ressemblerait à ça, j'aurais préféré me casser les deux jambes que de signer un contrat de mariage qui toute mon existence durant m'a fait devenir un esclave !...

Et criant sans retenue, il nous montrait sur l'écran de ses souvenirs Mara, la jeune séductrice, qui surgissait dans son esprit comme étant la femme idéale. Il la comparait avec le visage blême de son épouse que les difficultés accablaient et, gouverné par l'image de l'autre, il se livrait à une excitation choquante, désirant ardemment fuir la maison.

En larmes, Marcela le suppliait de faire preuve de tolérance et de sérénité, insistant sur le fait qu'elle ne dédaignait pas le travail.

Elle passait le temps dont elle disposait à des travaux mal rémunérés dans une modeste laverie, mais les occupations domestiques ne lui permettaient pas de faire plus.

– Hypocrite ! hurlait le mari que la colère transformait. Et moi ? Qu'attends-tu de moi ? Crois-tu que je puisse en faire plus ? Je suis un homme endetté dans les magasins et les entrepôts... Je dois à tout le monde !... à cause de toi, simplement en raison de ton gaspillage... Je ne sais pas jusqu'à quand je pourrai te supporter. Ne serait-il pas préférable que tu t'en retournes vers la terre qui a eu le malheur de te voir naître ? Tes parents sont vivants...

La pauvre créature en pleurs, restait muette. Mais la voix de stentor de l'homme finissait presque toujours par réveiller en sursaut le petit Roberto qui accourait au secours de sa mère, et l'enlaçait.

Ildeu s'en prenait alors au petit qui était intervenu, lui administrant des gifles en clamant avec une insupportable révolte :

– Sors d'ici ! Sors d'ici !...

Et comme si l'enfant n'avait pas été son fils mais un adversaire déclaré, il ajoutait en serrant les poings :

– J'ai envie de le tuer !... le tuer !... C'est tous les soirs la même pantomime. Bandit ! Clown !...

Et s'accrochant au cou de sa mère, le petit garçon recevait des coups jusqu'à ce qu'il s'en retourne de nouveau dans son lit, agité de pleurs convulsifs.

Toutefois, si les petites filles pleurnichaient, le père fondait sous l'effet de la tendresse, même quand il était complètement ivre. Il disait, bienveillant :

– Mes filles !... mes pauvres filles !... quel sera votre futur ? C'est pour vous que je me trouve encore ici à supporter la croix de cette maison !...

Et il était fréquent qu'il retourne lui-même les border dans leur petit lit.

Silas et nous passâmes à l'action pour le bien de Marcela et des petits enfants.

Du foyer menacé de complète destruction, nous nous rendîmes dans d'autres secteurs de travail, sans que l'Assistant ne trouvât l'opportunité de nous transmettre de plus amples explications.

Cela dit, nous revenions presque quotidiennement, la nuit, dédier en ces lieux quelques minutes aux travaux qui nous tenaient à cœur.

Mais malgré nos efforts, le chef de famille se révélait à chaque jour un peu plus distant.

Ennuyé et extrêmement irrité, il n'accordait même pas à son épouse la gentillesse d'une simple salutation. Fasciné par l'autre femme, il se mit à haïr la sienne. Il prétendait se désengager de ses obligations et prendre un nouveau chemin…

Cependant, comment résoudre le problème de l'amour envers les petites ? Sincèrement, pensait-il en lui-même, il n'aimait pas Roberto, le fils dont le regard l'accusait sans paroles, ce fils qui lui lançait à la figure son air de reproche, mais il adorait Sonia et Marcia, leur dédiant une grande tendresse... Comment se séparer d'elles dans le divorce qui aurait probablement lieu ? Il ne faisait aucun doute que sa compagne verrait ses droits de mère assurés par la loi... Femme à la conduite noble, Marcela pourrait compter avec la Justice de son côté…

Il réfléchissait, réfléchissait…

Mais même ainsi, il ne renonçait pas à la douceur de Mara dont la domination avait pris possession de ses sentiments maladifs.

Où qu'il fût, il ressentait l'influence subtile qui émiettait son caractère et lui faisait courber sa tête d'homme, qui jusqu'alors s'était trouvée honorée et heureuse.

Parfois, il tentait de se soustraire à ce joug, mais en vain.

Marcela avait le visage de la discipline qu'il lui appartenait d'observer et de l'obligation qu'il lui revenait de remplir quand Mara, aux yeux de feu, l'invitait au libertinage et au plaisir.

C'est ainsi qu'une idée sinistre naquit dans son cerveau malade : assassiner l'épouse en dissimulant le crime de manière à ce que sa mort passe aux yeux du monde pour un authentique suicide.

Il modifierait dans ce but ses habitudes domestiques. Il chercherait à mettre un terme au régime d'incompréhension, il ferait taire l'irritation qui le dominait et il feindrait la tendresse pour gagner la confiance... Et, quelques jours plus tard, après que Marcela se soit endormie, sans préoccupation, il lui tirerait une balle dans le cœur, trompant ainsi la police elle-même.

Nous accompagnâmes l'évolution de ce plan dément, car il est toujours facile de pénétrer le domaine des formes-pensées lentement construites autour de leurs propres pas par les créatures passionnées et insistantes qui en sont la source.

Dans le calme apparent qu'Ildeu maintenait et malgré son sourire, il extériorisait sous notre regard l'inavouable projet, construisant mentalement la scène du crime, détail après détail.

Mais pour défendre Marcela dont l'existence était soutenue par la « Mansão » que nous représentions, l'Assistant renforça le service de vigilance dans la maison.

Deux de nos compagnons, zélés et dévoués, se mirent à veiller en ces lieux alternativement, jour et nuit, de manière à entraver l'effroyable délit.

Mais vint un moment, alors que nous nous trouvions au chevet de quelques malades, où le frère alors en faction vint jusqu'à nous nous informer, inquiet, de la précipitation des événements.

L'âme étourdie par l'influence de meurtriers désincarnés qui avaient perçu les pensées émises, Ildeu avait tenté de supprimer sa compagne cette même nuit.

Silas vacilla.

Nous nous rendîmes immédiatement à la maison simple où se trouvait réuni le groupe familial tourmenté.

Disposant de la grande autorité dont il se trouvait investi, notre orienteur, recrutant le concours d'entités amies accomplissant leur travail de routine dans le voisinage, bannit initialement les alcooliques et les délinquants désincarnés qui avaient trouvé refuge ici.

Malgré la mesure prise, le plan infernal se révélait complètement mûr dans la tête de notre pauvre ami.

Le petit matin approchait.

Le cœur agité, jetant des coups d'œil apeurés en direction des murs nus où il examinait le barillet d'un pistolet, comme s'il devinait notre présence, le chef de famille se révélait disposé à commettre l'acte abominable.

Recouvrant tout son cerveau, la scène de l'assassinat surgit, prévue dans ces moindres détails, s'animant au cours d'une surprenante succession d'images...

Oh ! si les personnes incarnées avaient conscience de la manière comme leurs idées s'extériorisent, elles sauraient certainement se prémunir contre l'empire du crime !

Le père irréfléchi pensait gagner la chambre des enfants pour les enfermer à clé, de manière à ce qu'ils ne soient témoins de rien du tout. C'est à ce moment que Silas s'avança tout à coup vers le lit des petites et, utilisant les ressources magnétiques dont il disposait, il appela la petite Marcia alors en corps spirituel afin qu'elle contemple rapidement les pensées paternelles.

En communion avec la terrible scène, l'enfant eut un choc épouvantable et elle s'en retourna immédiatement vers son véhicule physique, hurlant, affolée, comme une personne qui se serait échappée de la domination d'un asphyxiant cauchemar :

– Papa !... Petit papa !... Ne la tue pas ! Ne la tue pas !...

À ce moment, Ildeu se trouvait déjà vers la porte, l'arme dans sa main droite. De sa main libre, il essayait de manœuvrer la serrure.

Les cris de la petite résonnèrent dans toute la maison, provoquant un l'effet d'une alarme.

En un clin d'œil, Marcela se mit debout, surprenant son mari au chevet de leur fille et, à côté d'eux, le revolver qui augurait de bien mauvais présages.

La femme bienveillante et incapable de suspecter les intentions de l'homme, prit délicatement l'arme. Et croyant que son époux voulait se suicider, elle l'implora en larmes :

– Oh ! Ildeu, ne te tue pas ! Que Jésus me soit témoin, j'ai accompli avec droiture tous mes devoirs... Je ne veux pas du remords d'avoir coopéré à une telle folie qui te mettrait face aux réprobations des lois de Dieu !... Fais ce que tu veux, mais ne te précipites pas dans le suicide. Si tu le souhaites, fonde un nouveau foyer où tu vivras avec la femme que tu désires... Je consacrerai mon existence à nos enfants. Je travaillerai pour gagner le pain de notre maison avec la sueur de mon visage... mais je t'en supplie, ne te tue pas !...

L'attitude généreuse de cette femme nous émut jusqu'aux larmes.

Ildeu lui-même, malgré ses sentiments endurcis, se sentait touché de pitié, remerciant intérieurement la version que son épouse, digne et dévouée, offrait aux faits dont il n'avait pas prévu la direction.

Et trouvant une échappatoire qu'il cherchait depuis longtemps, loin d'entendre les cris de la conscience qui l'incitait à la prudence, il s'exclama, avec l'apparence d'une victime :

– Réellement, je n'en peux plus... Maintenant, il n'y a plus pour moi que deux chemins : le suicide ou le divorce...

Avec l'aide de l'Assistant, Marcela déchargea le revolver avant de reconduire les enfants au sommeil puis de se recoucher, affligée. De ses yeux attristés, des larmes s'échappaient dans l'ombre tandis qu'elle priait, suppliante, dans la quiétude torturée de son martyr silencieux : « Ô mon Dieu, aie pitié de moi, pauvre femme malheureuse !... Que faire, toute seule dans la lutte avec trois enfants dans le besoin ?... »

Mais avant que la douleur poignante ne se transforme en désespoir destructeur, Silas lui appliqua des passes rassurantes, l'hypnotisant, ce qui permit à la femme flagellée alors en dédoublement, de se tenir devant nous, inquiète.

Nous prenant pour des messagers du Ciel, dans la cristallisation des habitudes où plongent généralement les âmes incarnées, elle s'agenouilla et demanda de l'aide.

Cependant, Silas la releva, bienveillant, et expliqua :

– Marcela, nous ne sommes que tes frères... Reprends courage ! Tu n'es pas seule. Dieu, Notre Père, ne nous abandonne jamais... Accorde la liberté à ton époux, même si nous savons que le devoir est une bénédiction divine pour laquelle nous paierons cher la désertion... Qu'Ildeu rompt les liens respectables de ses engagements s'il imagine que c'est la seule manière d'acquérir l'expérience qu'il doit conquérir... Mais quoi qu'il se passe, aide-le avec tolérance et compréhension. Ne lui souhaite pas de mal. Auparavant, demande à Jésus qu'il le bénisse et le protège, où qu'il soit, car le remords et le repentir conjugués aux souvenirs nostalgiques et doux ainsi qu'à la douleur de ceux qui fuient les obligations que le Seigneur leur confie se transformeront en fardeaux difficiles à porter. Nous savons que tu t'es liée à lui par une alliance sacrée dans l'entreprise rédemptrice du passé tout proche... Même ainsi, s'il se décourage devant la lutte, en plein exercice de la faculté de décision, il serait injuste que tu fasses obstruction à son libre arbitre, lui imposant des attitudes qu'il lui revient de cultiver. Ildeu se retire maintenant des contrats qu'il a embrassés pour son propre bien, et il interrompt le rachat des dettes qui sont siennes... Mais il reviendra, plus tard, vers les débits qu'il a oubliés, peut-être encore plus endetté devant la Loi... Ne te lamente toutefois pas, et poursuis en avant. Quelles que soient les luttes auxquelles ton cœur devra faire face, résigne-toi et n'aie pas peur. Fais de tes enfants le bâton ferme dans la marche. Tout sacrifice édifiant dans le monde exprime l'enrichissement de nos âmes dans la Vie Éternelle... Renonce donc à l'homme aimé, respecte les caprices de son cœur et attends le futur avec espoir.

Et parce que Marcela pleurait, craignant l'avenir et ses contingences matérielles, Silas lui caressa la tête et affirma, obligeant :

– Le travail digne ne fera jamais défaut aux mains dignes. Comptons sur la protection du Seigneur et marchons avec assurance. Essuie tes larmes et dresse-toi en esprit à la source du Bien Suprême !...

Durant cet intervalle, des parents désincarnés de la jeune femme arrivèrent avec tendresse dans la pièce, lui tendant les mains... Notre orienteur leur confia Marcela, larmoyante, puis leur demanda leur aide pour que nous puissions la voir rétablie.

C'est alors que nos questions explosèrent, impossibles à contenir : pourquoi Marcela, douce et honnête, était-elle tant haïe par son mari ? Pourquoi cette préférence d'Ildeu pour les petites filles quand il dédaignait tellement son aîné ? Et la séparation à venir ? Était-il juste que notre mentor incite cette pauvre mère au divorce au lieu de l'inciter à la récupération de l'amour et du dévouement de son compagnon ?

L'Assistant sourit avec un désenchantement manifeste et répondit :

– Il y a dans les notes de l'Apôtre Mathieu[12] un certain passage dans lequel Jésus affirme que le divorce sur Terre nous est permis en raison de la dureté de nos cœurs. Ici, cette mesure doit être prise à l'image d'une médication violente dans les cas

12 Note de l'auteur spirituel : Mathieu,19 :7-8.

désespérés de disharmonie organique. Lors d'une forte fièvre ou avec une tumeur maligne, par exemple, l'intervention exige des méthodes drastiques afin que la crise de souffrance ne parvînt pas à atteindre la folie ou la mort inopportune. Dans les problèmes matrimoniaux aggravés par la défection d'un des conjoints, ou même par la désertion des deux face au devoir à accomplir, le divorce est acceptable dans le sens où il devient une mesure contre le crime, que ce soit un assassinat ou un suicide... Cependant, comme le choc opératoire pour la tumeur et la quinine pour certaines fièvres sont des recours d'urgence dépourvues de la capacité de remédier aux causes profondes de l'infirmité qui ont besoin d'un traitement long et laborieux, le divorce ne règle pas le problème de la rédemption car personne ne s'unit dans le mariage humain ou dans les entreprises d'élévation spirituelle, sur Terre, sans le lien du passé, et ce lien signifie presque toujours un débit de l'Esprit ou un engagement vivant et différé dans le temps. De cette manière, l'homme ou la femme peuvent provoquer le divorce et l'obtenir, comme étant le moindre des maux qui peuvent leur arriver... Mais ils ne se libèrent pas de la dette dans laquelle ils se trouvent impliqués, et il leur faudra revenir au paiement respectif dès que cela sera opportun.

Et parce que nos nombreuses interrogations planaient dans l'air, le généreux orienteur poursuivit :

– Dans le cas d'Ildeu et de Marcela, qui a déjà été méticuleusement étudié dans notre « Mansão », nous avons deux âmes en processus de réajustement depuis plusieurs siècles. Afin de ne pas nous perdre en de longues recherches, il convient de seulement se souvenir de certains points de leur dernière existence, où en tant que mari et femme, ici même au Brésil, ils se livrèrent à de difficiles expériences. Après s'être marié, Ildeu continua à se montrer insatiable, entre l'irresponsabilité et les aventures dans lesquelles il séduisit deux jeunes femmes, filles du même foyer. Tout d'abord, il trompa l'une d'entre elles, abandonnant l'épouse que la Loi lui avait confiée. Ildeu se mit à vivre auprès de la seconde compagne qui veillait au développement de sa sœur plus jeune que ses parents, au seuil de leur tombe, lui avaient remise, et il n'hésita pas à attendre qu'elle grandisse pour la soumettre également à ses caprices inavouables. Alors en pleine décadence morale, il les précipita dans la prostitution dont les courants d'ombre firent ressembler les pauvres créatures à deux hirondelles engluées dans la boue... Incapable de souffrir l'isolement, l'épouse abandonnée, qui était alors la même compagne qu'aujourd'hui, après cinq ans d'attente et de solitude, accepta la compagnie d'un homme digne et travailleur avec qui elle se mit à vivre maritalement... Les jours succédèrent aux jours, et quand Ildeu, encore relativement jeune mais intégralement vaincu par l'intempérance et la débauche, revint malade dans la ville où il avait été marié, à la recherche de la chaleur de l'épouse dont il avait lui-même détruit la douce fidélité, non pas dans le but de l'aider ou de l'aimer, mais celui de la réduire en esclavage comme infirmière pour son corps abattu, voici qu'il la rencontre heureuse auprès d'un autre... Animé d'une jalousie incompréhensible puisqu'il avait renié le foyer sans motif juste, il ne supporta pas de voir l'allégresse de la compagne dont il tua l'élu de son cœur. Peu de temps après, tout le groupe de personnes qu'Ildeu rendit malheureuses, lui-même y comprit, se réunit dans la Sphère Spirituelle, où la justice de la Loi soupèse les mérites et les démérites de chacun... Et, avec le soutien de Bienfaiteurs Dévoués, les personnages du drame douloureux retournèrent vers la réparation à travers la réincarnation, avec Ildeu au-devant des responsabilités pour avoir eu la plus grande culpabilité. Marcela est d'accord pour l'aider et reprend son ancien poste, l'aidant en tant que femme fidèle. Roberto est le compagnon assassiné qui revient et envers qui Ildeu est débiteur de sa vie. Sonia et Marcia sont les deux sœurs qu'il entraîna dans le vice et la délinquance et qui aujourd'hui espèrent, en tant que filles chéries, l'aide nécessaire pour la réhabilitation.

L'Assistant fit une petite pause et ajouta :

– Vous n'êtes pas sans savoir que la réincarnation dans la rédemption est également un parfait recommencement. Si nous ne travaillons pas pour notre intense et radicale rénovation dans le bien au moyen de l'étude édifiante qui éduque notre cerveau et de l'amour envers son prochain qui perfectionne nos sentiments, nous sommes tentés aujourd'hui par nos faiblesses, comme nous l'étions hier encore car nous n'avons rien fait pour les supprimer, nous mettant habituellement à récidiver dans les mêmes fautes. Conformément à ce que nous avons observé, Ildeu, insouciant et sourd aux mises en garde de la vie, est le même homme que par le passé, qui cherche la supposée félicité hors du temple domestique, méprisant son épouse, voulant de tout son cœur ses petites filles dans lesquelles il revoit les compagnes du passé et ne fait rien pour perdre l'aversion instinctive pour son petit garçon, au contact duquel il devine le rival d'autrefois qui devint la victime de sa furie destructrice.

– Mais, demanda Hilario, s'il ne trouve pas en Marcela l'amour intégral, pour quelle raison s'est-il cette fois encore marié avec elle au cours du pèlerinage terrestre actuel ? L'affection juvénile n'est-elle pas le signe de la confiance et de la tendresse ?

– Oui, éclaircit Silas, bienveillant. Il est nécessaire de considérer que nous nous trouvons encore loin d'acquérir le véritable amour, pur et sublime. Pour l'heure, notre amour est une aspiration de l'éternité enfoncée dans l'égoïsme et l'illusion, sous la forme de plaisir et dans l'égotisme systématique que nous faisons passer pour la céleste vertu. C'est la raison pour laquelle notre affection terrestre, alors qu'elle se trouve au printemps des premiers rêves de l'existence physique, peut être un ensemble d'états mentaux prenant simplement racine dans nos désirs. Et nos désirs s'altèrent tous les jours... C'est la raison pour laquelle nous rappelons l'impératif du recommencement. À un moment de la vie physique, l'homme et la femme rencontrent les personnes et les situations dont ils ont besoin pour dépasser les épreuves du chemin grâce à la supervision de la Loi qui gouverne nos destins, épreuves indispensables au poliment spirituel dont ils ne peuvent se passer pour la juste ascension vers les Sphères Plus Élevées. Voilà pourquoi nous sommes attirés par certaines âmes et par certaines questions et non parce que nous les estimons profondément, mais parce que le passé nous unit à elles afin que par elles et avec elles, nous venions à acquérir l'expérience nécessaire à l'assimilation du véritable amour et de la véritable sagesse. C'est pour cela que la plupart des mariages humains constituent pour l'instant des liens d'apprentissage et de sacrifice où bien souvent les créatures se veulent mutuellement et mutuellement souffrent d'effroyables conflits au cours de la vie en commun. Les ressources de la rédemption s'alignent dans ces heurts. La personne qui aura été la plus claire et la plus exacte dans l'accomplissement de la Loi qui veut que soit maintenu le bien de tous, rencontrera avant tout une plus ample liberté pour la vie éternelle. Plus il y a de sacrifice avec le service incessant pour la félicité des cœurs que le Seigneur nous confie, plus l'ascension vers la Gloire de l'Amour est grande.

– Alors, dis-je, notre ami Ildeu est en train d'interrompre le paiement de la dette à laquelle il a pris part...

– Exactement.

– Et Marcela ? demanda Hilario. Assurera-t-elle à sa place le soutien du foyer ?

– C'est ce que nous espérons, et nous ferons tout pour l'aider puisqu'une fois de plus son époux a failli dans les engagements assumés.

– Ne serait-il pas mathématiquement juste de compter avec l'héroïsme de Marcela face à la maison ? insista mon collègue.

– Qui pourra mesurer la résistance des autres ? dit Silas en souriant. Elle est sa propre gouvernante, et avec la désertion de son mari, elle est appelée à avoir des charges en double. Nous désirons sincèrement qu'elle soit forte et qu'elle se place au-dessus des vicissitudes de l'existence, mais si elle glisse vers de délictueux déséquilibres qui compromettraient la stabilité familiale dans laquelle les enfants doivent grandir pour le bien, plus le débit d'Ildeu deviendra compliqué et étendu, puisque les échecs qu'elle viendrait à commettre seraient atténués par l'injustifiable abandon dans lequel son mari l'a propulsée. La personne qui se rend responsable de nos chutes vit subit l'amplification de ses propres crimes.

Hilario médita... médita... et dit ensuite :

– Mais imaginons que Marcela et ses enfants parviennent à vaincre la crise, aplanissant les nécessités dont ils sont à présent victimes... Imaginons-les à la fin de l'incarnation actuelle avec une victoire morale totale en opposition à Ildeu, retardé, impénitent, débiteur... Si son épouse et les enfants, alors définitivement hissés vers la lumière, n'ont plus besoin du moindre contact avec l'ombre, lors d'une ascension franche le long des lignes supérieures de la vie, à qui Ildeu paiera-t-il le montant des dettes dans lesquelles il aggrave sa situation ?

Une expression significative passa sur le visage de Silas, et expliqua :

– Bien que nous soyons tous les uns devant les autres, dans le processus réparateur des fautes réciproques, nous sommes en réalité et avant tout débiteurs face à la Loi, en notre conscience. En faisant le mal aux autres, nous pratiquons le mal contre nous-mêmes. Dans la situation où Marcela et de ses petits enfants se dresseraient un jour au plus haut des cieux, et dans l'hypothèse où notre ami se trouverait plongé sur Terre, Ildeu les verra dans sa conscience, souffrants et tristes, comme il les a rendus. Il se trouvera alors tourmenté par les souvenirs qu'il s'est tracé, et il paiera à d'autres âmes du sentier évolutif le débit qui l'opprime en tant qu'Esprit, car en blessant les autres, c'est en essence l'œuvre de Dieu que nous blessons, Dieu envers les lois souveraines duquel nous nous rendons coupables malheureux, réclamant libération et réajustement.

– Cela veut dire...

Mais les paroles d'Hilario furent coupées par l'observation de l'Assistant qui, après avoir surpris ses idées, dit fermement :

– Cela veut dire que si plus tard Ildeu désire se joindre à Marcela, Roberto, Sonia et Marcia, alors libérés dans les sphères Supérieures, il devra posséder une conscience aussi digne et sublime que la leur, de manière à ne pas avoir honte de lui-même, quand on considère les chances de triomphe pour l'épouse et les petits enfants dans les dures épreuves que l'avenir leur réserve.

– Mon Dieu !... clama Hilario avec tristesse. Combien de temps faudra-t-il alors pour une telle entreprise !... Et combien de difficultés pour les retrouvailles si les êtres qui s'aiment ne se disposent pas à espérer !...

– Oui, confirma Silas. Celui qui prend du retard par son bon vouloir ne peut se plaindre de celui qui avance. « À chacun selon ses œuvres », enseigna le Divin Orienteur, et personne dans l'Univers ne parviendra à fuir la Loi.

Profondément touchés par la leçon, Hilario et moi restâmes silencieux, confondus, afin de prier et de penser.

15
Remarques opportunes

Les problèmes du foyer d'Ildeu nous donnèrent l'occasion de recevoir de précieuses études sur le terrain pur de l'âme.

De ce fait, nous mîmes à profit le temps du retour à la « Mansão » en compagnie de l'Assistant pour connaître son opinion, claire et sensée, à propos des questions momentanées qui faisaient bouillir notre esprit.

Hilario fut le premier à rompre la longue pause en demandant :

– Mon cher Silas, n'avons-nous pas dans le cas de Roberto et de Marcela une situation authentique de ce que l'on appelle complexe d'Œdipe, que la psychanalyse freudienne prétend rencontrer dans la psychologie enfantine ?

Notre ami sourit.

– Le grand médecin autrichien aurait pu atteindre les hauteurs respectables de l'esprit s'il avait ouvert une porte aux études de la loi de réincarnation. Mais malheureusement, répondant au pragmatisme scientifique, il n'eut pas le courage de dépasser le stade de l'observation du domaine physiologique, abordé avec rigueur, s'immobilisant de ce fait dans les zones obscures de l'inconscience où le « moi » enferme les expériences qu'il réalise, automatisant les impulsions. En tant que mère et fils, Marcela et Roberto ne pourraient pas trahir les sympathies amenées du passé vers le présent, de la même manière qu'Ildeu, Sonia et Marcia ne parviendraient pas à fuir la préférence qui les lie depuis le passé. Dans sa structure essentielle, il s'agit d'un problème d'affinité. Affinité avec des dettes qui exigent le rachat.

Je me souvins alors des abus que nous pouvons attribuer à la théorie de la libido, l'énergie à travers laquelle, selon l'école freudienne, l'instinct sexuel se révèle dans l'esprit, et je fis quelques commentaires allusifs au sujet, me limitant de manière particulière à l'amnésie infantile, celle à qui le fameux scientifique prête la plus grande importance pour expliquer les opérations de l'inconscient.

Attentif, Silas compléta sans hésitation :

– Il suffirait de prendre un Esprit, dans la réincarnation terrestre, qui se servirait d'un corps, pour comprendre que les amnésies découlent naturellement de l'inadaptation temporaire entre l'âme et l'instrument dont elle se sert. Dans l'influence de « l'ego », lors du processus de matérialisation, elle extériorisera des réminiscences et des opinions, des sympathies et des antipathies, à travers les manifestations instinctives. Tout cela lui montrera le passé dont elle se souviendra mal dans le proche futur, puisqu'elle actionnera la machinerie cérébrale qui se trouve en développement, seulement pour un temps déterminé et pour des objectifs particuliers, reproduisant à l'identique ce qui advient à un âge avancé, quand les paroles semblent se détacher des scènes de la mémoire, traduisant les altérations de l'organe de la pensée transformé par les dégradations.

– Et qu'en est-il de la thèse selon laquelle la libido serait un appétit sexuel, caractéristique de tous les êtres vivants ? insistai-je, curieux.

– Freud, considéra Silas, doit être loué pour la hardiesse avec laquelle il a entrepris le voyage vers les labyrinthes de l'âme humaine les plus reculés, pour découvrir les plaies du sentiment et les diagnostiquer avec le plus de discernement possible. Cependant, il ne peut pas être rigoureusement approuvé lorsqu'il prétend expliquer, d'une certaine façon, le champ émotif des créatures par la mesure absolue des sensations érotiques.

L'Assistant procéda à une brève pause avant de poursuivre :

– Création, vie et sexe sont des thèmes qui ont particulièrement à voir les uns avec les autres, en se perdant dans leurs origines au sein de la Sagesse Divine. C'est la raison pour laquelle nous sommes loin d'en faire des modèles à travers des définitions techniques, irréfutables. Ainsi, nous ne pouvons cantonner les folies humaines à la fonction sexuelle car nous serions aussi insensés que quelqu'un qui prétend étudier le Soleil seulement par un rayon de lumière qui filtre à travers une fente d'un toit. En examinant le sexe comme une force agissante de la vie, face à la création incessante, il sera absolument présent en tout, depuis la communion des principes subatomiques jusqu'à l'attraction des astres, car à ce moment, il exprimera la force de l'amour généré par l'amour infini de Dieu. L'ajustement entre l'oxygène et l'hydrogène découlera de ce principe, dans le domaine chimique, formant l'eau dont s'alimente la Nature. Le mouvement harmonieux du Soleil qui équilibre la famille des mondes dont il nourrit l'existence, dans l'immensité sidérale, résultera, en plus, de cette même énergie dans le plan cosmique. Et la propre influence du Christ qui se laissa crucifier dans un acte de dévouement envers nous, ses protégés de la Terre, afin de féconder notre esprit par la lumière, en visant la résurrection divine, ne serait-ce pas dans l'essence le même principe, imprimé dans le plus haut système de sublimation ? Le sexe ne pourrait donc pas disparaître du règne spirituel que nous connaissons car il est de substance mentale : les formes sous lesquelles il est exprimé prennent leur source mentalement. De cette manière, il représente non pas une énergie fixe de la Nature qui travaille l'âme, mais une énergie variable de l'âme avec laquelle elle travaille la Nature qui l'entoure, se perfectionnant elle-même. Considérons-la ainsi, comme étant une force du Créateur à l'intérieur de la créature, destinée à se répandre dans des œuvres d'amour et de lumière qui enrichissent la vie, également soumise à la loi de responsabilité qui régit nos destins.

Hilario qui écoutait attentivement les explications exposées, dit :

– Pareille argumentation nous laisse comprendre que la force sexuelle ne se destine pas simplement à créer des enfants…

Cette réflexion me laissa une impression désagréable. Elle me semblait inopportune face à l'élévation et à la transcendance avec lesquelles Silas projeta le thème étudié, mais ce dernier sourit de bonne humeur et répondit :

– Hilario, mon ami, il est grossier de fixer ce grand sujet dans l'organisation génitale de l'homme et de la femme, sur Terre. Il est cependant nécessaire de ne pas oublier que nous mentionnons le sexe comme étant une force active de l'amour dans les bases de la vie, totalisant la gloire de la Création. C'est encore Sigmund Freud qui définit l'objectif de l'impulsion sexuelle comme étant la recherche du plaisir... Oui, cette affirmation est respectable quand on se réfère aux expériences primaires de l'Esprit, dans le monde physique. Cela dit, il est indispensable d'étendre la définition pour l'éloigner du domaine érotique où elle a été circonscrite. Par l'énergie créatrice de l'amour qui assure la stabilité de tout l'Univers, l'âme, en se perfectionnant, cherche toujours des plaisirs plus nobles. Nous avons ainsi le plaisir d'aider, de découvrir, celui de purifier, de s'acquitter, d'illuminer, d'étudier, d'apprendre, d'élever, de construire et toute une infinité de plaisirs liés aux plus sanctifiants niveaux de l'Esprit. De cette manière, nous rencontrons des âmes qui s'aiment profondément, produisant d'inestimables biens pour l'amélioration du monde sans jamais se toucher les unes les autres du point de vue physiologique, bien qu'elles échangent constamment les rayons quintessenciés de l'amour pour l'édification des œuvres auxquelles elles s'attachent. Il ne fait aucun doute que le foyer digne, sanctuaire où la vie se manifeste dans la formation de corps bénis par l'expérience de l'âme, est une institution vénérable sur laquelle se concentrent les attentions de la Providence Divine. Cependant, nous disposons également avec lui des associations d'êtres qui se rassemblent les uns avec les autres dans les sentiments les plus purs sentiments, au profit des ouvrages de la charité et de l'éducation. Les facultés de l'amour génèrent de sublimes corps pour l'incarnation des âmes sur Terre, mais elles créent également les trésors de l'art, les richesses de l'industrie, les merveilles de la Science, les fulgurations du progrès... Et personne n'amasse les patrimoines de l'évolution tout seul. Dans toutes les entreprises du perfectionnement moral, nous découvrons des Esprits avec des affinités, qui se cherchent, réunissant les possibilités qui leur sont propres dans la réalisation de tâches qui élèvent l'Humanité, de la Terre vers le Ciel…

Après une courte pause, il insista :

– Afin de cimenter les fondations de son apostolat de rédemption, le Christ lui-même, Notre Seigneur, appela à lui les compagnons de la Bonne Nouvelle qui, bien que ne comprenant pas initialement sa grandeur, devinrent ses plus proches apôtres, scellant avec l'Inoubliable Maître un contrat de cœur à cœur, par l'intermédiaire duquel ils lancèrent les fondements du Royaume de Dieu sur Terre, dans une œuvre d'abnégation et de sacrifice qui jusqu'à aujourd'hui constitue la plus impétueuse entreprise de l'amour dans le monde.

À cet instant des explications qui fluaient de ses paroles affectueuses, l'Assistant se permit un plus long intervalle.

Mais se rendant compte que nous aurions aimé l'écouter d'avantage parler à propos du sexe tel qu'il est perçu parmi les hommes, de manière à enchaîner les conclusions correspondant à nos études de causalité, se remit à dire :

– Des réflexions comme celles que nous avons émises, sur un thème aussi vaste, en nous plaçant du point de vue le plus élevé que notre esprit est susceptible d'embrasser, ne nous dispensent pas du devoir de faire ressortir la nécessité de la sublimation de l'expérience émotionnelle chez les créatures. Nous savons qu'analysé dans son essence, le sexe est la somme des qualités féminines ou masculines qui caractérisent la pensée, raison pour laquelle il est indispensable de l'observer du point de vue spirituel, le circonscrivant dans la sphère des concessions divines qu'il nous revient d'employer avec respect et efficacité dans la production du bien. Je comprends que vous désireriez effectuer une digression éducative plus importante dans ce domaine, mais nous ne croyons pas nécessaire de détailler les particularités référant à ce sujet car vous savez très bien que plus l'Esprit a du discernement, plus ses obligations deviennent impérieuses devant la vie. Le sexe dans le corps humain est pareil à un autel d'amour pur que nous ne pouvons abandonner parmi les immondices sous peine de pratiquer les plus effroyables cruautés mentales dont les effets nous suivent, invariablement, après la tombe…

Mon collègue qui brûlait du désir d'intensifier les questions demanda, respectueux :

– Ami Silas, nous assistons, de par le monde, à tout un tas de conflits sentimentaux qui culminent parfois dans une délinquance effrayante... Des hommes qui renient les engagements sacrés du foyer, des femmes qui désertent les devoirs qui ennoblissent envers la famille... Des parents qui abandonnent leurs enfants... Des mères qui rejettent leurs petits à peine nés, quand elles ne les assassinent pas lâchement... Tout cela à cause de la soif des plaisirs sexuels qui, fréquemment, placent leurs pas sur les ténébreux sentiers du crime... Tous ces échecs accompagnent-ils l'Esprit au-delà de l'armure de chair que la mort dévore ?

– Pourquoi n'en irait-il pas ainsi ? répondit l'Assistant avec une pointe de tristesse. Chaque conscience est une création de Dieu et chaque existence est un maillon sacré dans la chaîne de la vie où Dieu palpite et se manifeste. Nous répondrons de tous les coups destructeurs que nous avons portés dans le cœur des autres, et il ne nous sera pas permis de nous reposer tant que nous n'aurons pas valeureusement effectué le service de réajustement.

Impressionné, mon compagnon persista :

– Imaginons qu'un homme ait conduit une jeune femme à la communion sexuelle avec lui, à la poursuite de simples plaisirs des sens, lui promettant un mariage digne avant de l'abandonner vilement à son désenchantement après avoir satisfait ses désirs... La pauvre créature, trompée, sans moyen de se réfugier dans une profession respectable, se livre à la prostitution. L'homme est-il responsable pour les folies que la malheureuse compagne se met à pratiquer si on se dit qu'elle n'aura pas marché toute seule dans une pareille aventure ?

– Il faut reconnaître que nous répondrons tous pour les actes que nous commettons, expliqua notre interlocuteur. Mais dans le cas présent, si l'homme n'est pas responsable pour les délits dans lesquels la pauvre femme se met à faillir, c'est indéniablement lui l'auteur de l'infortune où elle se trouve. Et, en se désincarnant avec le remords de la trahison pratiquée, plus sa compréhension sera éclairée, plus lourd lui sera le poids d'avoir commis la faute. Il travaillera naturellement pour la sortir de l'abîme où elle se sera jetée pour l'avoir suivi, confiante, et il la reconduira à la réincarnation dans les liens de laquelle il restera, l'acceptant pour épouse ou fille, de manière à lui livrer le pur amour qui lui avait été promis en souffrant pour régénérer son esprit en déséquilibre et en sauvant sa conscience enténébrée par la culpabilité.

– De la même manière, suggéra Hilario, nous notons dans la société terrestre des hommes ruinés par des femmes déloyales qui les précipitent dans la criminalité et dans le vice…

– Le processus de réparation est absolument le même. À partir du moment où elle s'éveillera à la lumière du bien, la femme qui a lancé son compagnon dans les ombres du mal ne trouvera pas de repos tant qu'elle ne l'aura pas redressé dans la dignité morale, face aux Lois de Dieu. Combien de mère voyons-nous mourir dans le monde, entre affliction et sacrifice, magnifiées par la difficulté et par le renoncement, pour prendre soin d'enfants monstrueux qui torturent leur âme et leur chair ? Dans un grand nombre de ces situations terribles et émouvantes se cache, divin, le labeur de la régénération que seul le temps et la douleur parviennent à réaliser.

– Tout cela, mon ami, dit Hilario avec une amertume manifeste, signifie que dans les échecs du domaine génésique, nous devons avant tout considérer la cruauté mentale que nous pratiquons au nom de l'amour…

– C'est tout à fait ça, approuva l'Assistant. Dans la persécution perpétrée au nom du plaisir des sens, nous avons pour habitude de dresser les pires pièges pour les cœurs imprévoyants qui nous écoutent... Mais en fuyant la parole donnée ou en manquant aux engagements et vœux que nous avons faits, nous ne nous prémunissons pas contre la loi de correspondance qui nous rend intégralement le mal que nous avons pratiqué et au sein duquel les bénédictions de la connaissance supérieure aggravent nos angoisses, puisque dans la splendeur de la lumière spirituelle, nous ne nous pardonnons pas les souillures et les plaies que nous portons en notre âme. Tout cela, sans parler des crimes passionnels perpétrés dans la société humaine, tous les jours, par les abus des facultés sexuelles destinées à créer une famille, destinées à l'éducation, à la bienfaisance, à l'art et à la beauté parmi les hommes. Ces abus sont non seulement responsables pour une grande partie des tourments dans les régions infernales, mais également pour de nombreuses maladies et monstruosités qui assombrissent la vie terrestre, car les délinquants du sexe qui commettent l'homicide, l'infanticide, la folie, le suicide, la faillite et l'oppression des autres, reviennent dans la chair sous l'impact des vibrations déséquilibrantes qu'ils mirent en action contre eux-mêmes et sont, bien souvent, les victimes de mutilation congénitale, d'aliénation mentale, de paralysie, de sénilité précoce, d'obsession enracinée, de cancer infantile, d'infirmités nerveuses de toutes sortes, de processus pathogéniques incompréhensibles et de tout un cortège de maux qui découlent du trauma périsprital, provoquant des déséquilibres dans les tissus subtils de l'âme. Cela exige des travaux de réparation longs et compliqués qui se manifestent sous le nom d'inquiétude, d'angoisse, de maladie, d'épreuve, d'infortune, d'idiotisme, de souffrance et de misère. D'ailleurs, bien avant la pompe terminologique des écoles psychanalytiques modernes, qui se permettent des conjectures audacieuses à propos des flagellations mentales, Jésus nous enseigna voici presque vingt siècles que « quiconque commet le péché est esclave » et nous pouvons ajouter que, pour soigner le péché dans le cœur que nous avons réduit en esclavage, il est indispensable de souffrir la purgation qui l'extirpera.

La conversation semblait toucher à sa fin, mais Hilario, désireux de tirer les doutes qui lui brûlaient l'esprit, prit à nouveau la parole et demanda sans préambules :

– Et les problèmes inquiétants de l'inversion ?

Silas s'empressa de clarifier le sujet :

– Il ne sera pas nécessaire de prolonger les explications. Considérant que le sexe, dans son essence, est la somme des qualités passives ou positives du domaine mental de l'être, il est naturel que l'Esprit particulièrement féminin demeure des siècles et des siècles dans les lignes évolutives de la femme, et que l'Esprit plus spécialement marqué par l'aspect masculin demeure pour une longue période dans les expériences de l'homme. Mais en de nombreuses occasions, quand l'homme tyrannise la femme, la spoliant de ses droits et pratiquant des abus au nom de sa prétendue supériorité, il se désorganise lui-même au point que, inconscient et déséquilibré, il est conduit par les agents de la Loi Divine à une renaissance douloureuse dans un corps féminin, pour que dans l'extrême inconfort intérieur, il apprenne à vénérer dans la femme sa sœur et compagne, fille et mère, devant Dieu. Il en va de même pour la femme criminelle qui, après avoir entraîné l'homme dans la débauche et la délinquance, se crée une terrible aliénation mentale qui l'attendra après la tombe, demandant presque invariablement un internement dans un corps masculin afin qu'à travers les toiles de l'infortune de son émotivité, elle sache élever dans son être le respect qu'elle doit à l'homme, devant le Seigneur. Mais dans cette définition, nous n'incluons pas les cœurs généreux et les beaux caractères qui, à maintes reprises, se réincarnent dans un corps qui ne correspond pas à leurs sentiments les plus profonds. Cette position, ils la sollicitent eux-mêmes dans le but d'agir avec plus d'assurance et de valeur, non seulement pour leur perfectionnement moral, mais également pour l'exécution de tâches spécialisées à travers des stages de solitude, en faveur du domaine social terrestre qui profite de leur renoncement constructif pour accélérer le pas dans la compréhension de la vie et dans le progrès spirituel.

Nous savions que Silas s'était brillamment sorti de la tâche de nous éclairer, condensant en de simples paroles, une synthèse lumineuse du vaste sujet qui, à n'en pas douter, aurait exigé de notre part plusieurs compendiums pour être dûment analysé.

Mais à l'image d'une personne désireuse d'étudier toutes les questions attenantes à ce domaine, mon collègue se remit à demander :

– Comme nous nous trouvons déjà dans le thème de la sexologie, comment interpréter dans la loi de causalité l'attitude des couples qui évitent d'avoir des enfants, les couples dignes et respectables à tout point de vue, qui recourent systématiquement à l'utilisation de contraceptifs ?

Silas sourit d'une étrange manière et dit :

– S'ils ne tombent pas dans la délinquance de l'avortement, ce sont pour la plupart des travailleurs imprévoyants qui préfèrent économiser leur sueur dans la faim du réconfort immédiat. Mais malheureusement pour eux, ils ne font que retarder les réalisations sublimes auxquelles ils devront fatalement revenir, car il y a des tâches et des luttes au sein de la famille qui représentent le prix inévitable de notre régénération. Ils jouissent de l'existence en cherchant inutilement à se tromper eux-mêmes. Cela dit, le temps les attendra, inexorable, leur faisant comprendre que la rédemption nous demande le plus grand effort. À refuser de recueillir de nouveaux enfants qui sont presque toujours programmés pour eux avant la réincarnation, ils s'embrouillent dans les futilités et les idées préconçues des expériences de second ordre, pour se réveiller, après le passage par la tombe, en ressentant le froid en leur cœur…

– Et l'avortement provoqué, Assistant ? demanda Hilario, extrêmement intéressé. Devant la gravité dont se revêtent vos paroles à ce sujet, il nous est donné de présumer qu'il s'agit d'une faute grave...

– Une faute grave ?! Il serait plus indiqué de dire un crime douloureux. Arracher un enfant du sein maternel est un infanticide reconnu. La femme qui le provoque ou qui en vient à justifier un tel délit est contrainte par les lois irrévocables à souffrir de tristes altérations dans le centre génésique de son âme, se prédisposant généralement à des infirmités telles que la métrite, le vaginisme, la métralgie, l'infarctus utérin, la tumeur cancéreuse, fléaux par lesquels, bien souvent, elle se désincarnera, rejoignant l'Au-delà pour répondre du crime pratiqué devant la Justice Divine. C'est alors qu'elle se verra vivante, mais rendue malade et malheureuse parce que par l'incessante répétition mentale de l'abominable acte, à travers le remords, elle retiendra la dégénérescence des forces génitales pour une longue période.

– Et comment se rétablira-t-elle des lamentables accidents de ce genre ?

L'Assistant réfléchit quelques courts instants et ajouta :

– Imaginez une matrice mutilée ou déformée servant à la céramique. Il est certain que le faïencier ne s'en servira pas pour le moulage de vases de qualité, mais il profitera de son utilité pour des expériences de second ou troisième ordre... La femme qui a volontairement corrompu son centre génésique recevra, dans le futur, des âmes qui souillèrent le corps qui fut leur, et elle sera mère de criminels et de suicidés dans le champ de la réincarnation, régénérant les énergies subtiles du périsprit à travers le sacrifice ennoblissant par lequel elle se dédiera aux enfants de son sang torturés et malheureux, apprenant à prier, à servir avec noblesse et à nourrir mentalement la maternité pure et saine, qu'elle finira par reconquérir au prix de la souffrance et du travail justes...

Inexplicablement, Hilario se tut, et à la lumière de la logique sur laquelle se basaient les réflexions de Silas, je n'eus pas le courage de continuer à poser des questions, alors absorbé par la crainte d'excessivement approfondir le sujet sur un terrain qui finirait par se heurter à mes propres erreurs, préférant ainsi garder le silence afin de réapprendre et penser.

16
Débit allégé

Dans le cadre de nos études de la loi de causalité, nous n'omettrons pas le cas d'Adelino Correia, le frère de la fraternité pure.

La veille du bel événement que nous nous permettrons de conter, nous lui rendîmes visite en compagnie de Silas qui nous le présenta dans les activités d'un centre spirite chrétien.

Nous l'entendîmes alors qu'il se livrait à de précieux commentaires sur l'Évangile, sous l'influence d'instructeurs illuminés dont il assimilait les courants mentaux avec la docilité confiante d'un homme profondément habitué à la prière.

Il avait parlé avec maestria, nous arrachant des larmes par l'émotion avec laquelle il avait fait vibrer nos fibres les plus intimes. Vêtu simplement, il révélait la condition du travailleur engagé dans de difficiles expériences. Mais le stage d'épreuve auquel il semblait être attaché était plus ample. Une grande partie de la peau visible d'Adelino révélait les traces d'eczéma. Une certaine partie de la tête, les oreilles et de nombreux endroits de son visage portaient des plaques rouges où se formaient de minuscules vésicules de sang quand les autres régions de l'épiderme apparaissaient pleines de gerçures, mettant en évidence une affection cutanée chronique. De plus, son apparence fluette et mélancolique indiquait des tourments cachés à lui dominer l'esprit. Mais il y avait dans ses yeux extrêmement lucides la marque de l'humilité.

Attentifs, plusieurs amis spirituels l'assistaient.

Une vieille femme à l'apparence douce s'approcha de nous et, démontrant jouir d'une certaine intimité avec l'orienteur de nos excursions, elle lui dit, affectueuse :

– Assistant ami, je viens demander votre aide au profit de la santé de notre Adelino. Je le vois plus incommodé dernièrement par la douleur des blessures non cicatrisées…

– Oui, oui... répondit cordialement Silas. Son cas mérite de notre part à tous une tendresse particulière.

– Parce qu'il pense aux nécessités des autres sans réfléchir aux siennes... ajouta la dame, émue.

L'assesseur de Druso poursuivit avec douceur :

– Deux de nos médecins s'occupent de lui avec attention, lorsqu'il se trouve absent de son vase physique par l'influence du sommeil.

Et lui effleurant la tête :

– Soyez tranquille. D'ici peu, Correia sera pleinement rétabli.

Les multiples services du centre se déroulaient avec efficacité, et Adelino, qui y participait, attirait notre attention par l'assurance spirituelle avec laquelle il se conduisait.

Entouré par les vibrations radiantes de ses pensées concentrées sur le saint objectif du bien, il nous apparaissait comme un compagnon vêtu de lumière.

Quelques instants après l'éloignement de la vieille femme, ce fut un sympathique jeune homme qui vint à notre rencontre, lui aussi détaché de la matière physique. Il nous salua, puis demanda à notre orienteur avec déférence :

– Je m'excuse de venir solliciter vos faveurs…

– Parle sans crainte.

Et le jeune nouvellement arrivé se mit à expliquer, les yeux larmoyants :

– Mon cher Assistant, je sais que notre Adelino se trouve en train de traverser une crise financière... En raison de tout ce qu'il fait pour les autres, il néglige ses propres besoins. Par le soutien qu'il offre constamment à ma pauvre mère incarnée, j'insiste sur le soutien de votre amitié pour qu'il soit aidé. Pas plus tard que la semaine passée, devant les suppliques de ma mère qui est veuve et qui se trouve confrontée à une grande pénurie pour répondre au traitement de deux de mes frères malades, je suis allé à sa rencontre, en larmes, lui transmettant des appels mentaux afin qu'il nous protège et, imaginant obéir à ses impulsions, il se rendit sans la moindre hésitation à notre maison, remettant à ma mère la somme dont elle avait besoin... Ô Assistant, je vous le demande par amour à Jésus !... Ne laissez pas dans les difficultés une personne qui nous aide tant !...

Silas reçut la demande avec une bienveillance souriante et dit :

– Faisons confiance. Adelino se trouve dans le réseau de sympathie fraternelle qu'il a tissé pour son propre refuge. De nombreux amis se chargent de pourvoir aux ressources qui lui sont indispensables pour le fidèle accomplissement de la tâche à laquelle il s'est dédié. Les circonstances dans la lutte matérielle s'harmoniseront en sa faveur, répondant aux mérites qu'il a conquis.

Effectivement, le travail spontané dans l'affectueuse défense de l'ami que nous pouvions voir ici, serviable et confiant, était un thème d'amitié et de gratitude à étudier.

– On dirait que tous les travailleurs qui passent par ce centre sont redevables au frère qui se trouve devant nous... fit observer Hilario, intrigué.

– Oui, confirma patiemment Silas, les crédits d'Adelino sont réellement énormes malgré les débits auxquels il se trouve encore rattaché... Toutefois, il cultive le bonheur de substantialiser la foi et la connaissance supérieure que les Messagers de Jésus lui confient lors d'œuvres de pur amour fraternel, qui lui permettent d'engranger une grande somme de reconnaissance.

Peu après, le mentor ami nous recommanda de mettre à profit le temps disponible pour agir fraternellement, jusqu'à ce que nous puissions prendre contact avec le serviteur dont l'existence actuelle se déroulait sous les auspices de la « Mansão » qui patronnait nos études.

Face à la sympathie qu'Adelino réveillait également en nous, nous nous approchâmes de lui afin de lui offrir, d'une certaine manière, le potentiel de nos forces, dans la pratique des passes magnétiques qu'il s'était à présent mis à administrer au profit de quelques infirmes.

Il était curieux de penser qu'à la première rencontre fortuite, nous nous sentions prêts à partager ses travaux en étant seulement attirés par sa bonté irradiante. L'abnégation représentera toujours et en tout lieu une étoile sublime. Il suffit de se montrer pour que tous se mettent à graviter autour de sa lumière.

Le service de la soirée terminé, Silas et nous l'accompagnâmes jusqu'à son logis.

Visiblement âgée de plus de soixante ans, sa mère l'attendait sur le pas de la porte.

Silas s'empressa de nous la présenter en expliquant :

– Voici notre sœur Léontina, la mère pleine de tendresse de Correia, mère et amie qui veille sur son existence.

Se référant à la maturité avancée de l'ami qui retenait notre attention, mon collègue demanda :

– Adelino n'est-il pas marié ?

– Si, notre frère l'est, mais il ne peut compter sur la présence de son épouse.

Cette réponse nous laissait comprendre que le compagnon traversait des épreuves devant lesquelles nous devions faire preuve de discrétion respectueuse.

Et tandis que mère et fils se livraient à une douce conversation, Silas nous fit entrer dans une chambre voisine.

À côté de la porte d'entrée, trois lits s'alignaient, occupés par de jeunes enfants.

Une petite fille blonde d'environ neuf ou dix ans se trouvait entre deux petits garçons à la peau mate. Elle nous faisait penser à Blanche Neige endormie entre deux nains.

Tous dormaient paisiblement.

Effleurant la petite poupée vivante, l'Assistant nous informa :

– Il s'agit de Marisa, la petite fille de Correia, dont la femme s'est éloignée d'elle il y a en définitive six ans.

Désignant ensuite les deux enfants de couleur, il dit :

– Et voici les petits Mario et Raul, des petits abandonnés qu'Adelino accepta auprès de lui comme enfants de son sang.

Devinant les afflictions invisibles qui, à n'en pas douter, fourmillaient dans l'existence du chef de famille, Hilario et moi nous maintînmes dans un silence voulu, à l'attente, avec respect.

Silas comprit notre attitude et il se mit à nous parler plus longuement, expliquant :

– Pour exalter le sanctifiant effort d'un ami, afin que nous puissions étudier un processus de dette réduite, nous nous permettrons de parler un peu du passé récent de ce compagnon à qui nous rendons visite, et qui se trouve à présent engagé dans le labeur de son sauvetage.

Comme s'il eut voulu concentrer les ressources de sa mémoire, il se tut quelques instants et, finalement, continua :

– Vers le milieu du siècle passé, Adelino était le fils bâtard d'un jeune homme très riche qui le reçut des mains de la mère esclave qui se désincarna au cours de l'accouchement. Martin Gaspar, le jeune homme possesseur de nombreuses propriétés rurales qui fut son père célibataire, était un homme au cœur de pierre, habitué très tôt à l'orgueil tyrannique en raison de l'incurie qui régnait dans le foyer où il naquit. Il abusait des jeunes femmes captives selon son gré et, en de nombreuses occasions, il les vendait avec leurs enfants nouveau-nés pour ne pas avoir à entendre leurs pleurs et leurs demandes. On le craignait dans la maison mère dont il était devenu le seigneur absolu après que son vieux père, qui chercha en vain et bien tardivement à contrôler ses instincts, fût mort, et il savait recourir aux supplices du tronc et du fouet, sans la moindre compassion. Il était détesté par la majorité des serviteurs et flatté par ceux qui obtenaient ses faveurs en échange de flagornerie servile. Cependant, il démontra une tendresse et un dévouement sans limite pour son fils qu'il nomma Martin. Bien qu'il fût incapable de se l'expliquer, il l'aimait avec un attendrissement affectueux, au point de lui fournir une éducation soignée au sein de la ferme elle-même. Il s'établit ainsi, entre le père et le fils, les liens affectifs les plus sains qui soient. Ils étaient des compagnons inséparables aussi bien dans les jeux et les études que dans le travail et la chasse. C'est ainsi que bien qu'étant cruel envers les autres enfants de son sang, dans les esclaveries rongées par la souffrance, Gaspar n'hésita pas à le reconnaître comme fils légitime devant les autorités de l'époque, le faisant bénéficier de son nom et de son héritage. Le père et le fils avaient respectivement quarante trois ans et vingt et un ans quand Gaspar, bien qu'il fût un célibataire endurci, décida de se marier, à la grande métropole, en épousant Maria Émilia, jeune femme insouciante âgée de vingt printemps qui exerça sur son beau-fils une étrange fascination dès qu'elle se rendit à la maison rurale. Extrêmement aimé de son père, Martin fils, attiré par les enchantements féminins de sa belle-mère, se mit à vivre de torturants conflits sentimentaux. Lui qui se jugeait être le meilleur ami de Gaspar se mit à le détester. Il ne tolérait plus que la femme qu'il désirait soit à son père alors qu'il se savait ardemment aimé de cette dernière, car Maria Émilia, prétextant un besoin quelconque, savait l'isoler lors de divers voyages durant lesquels elle exacerbait son affection juvénile. Ils surent tous deux se soustraire à la méfiance et, totalement livré à la passion qui le sollicitait, le jeune Martin, inconscient, planifia l'abominable parricide dans lequel il s'empêtra, malheureux. Sachant que son père se trouvait alité dans le cadre d'un traitement pour son foie malade, il s'adjoint la coopération de deux administrateurs de la ferme en qui il avait toute confiance, Antonio et Lucidio, également bourreaux des jeunes filles captives. Et une certaine nuit, il lui administra une potion stupéfiante avec l'accord de sa belle-mère... Dès que le malade se mit à dormir, aidé des deux complices qui haïssaient leur patron, il répandit des substances résineuses sur le lit paternel pour ensuite simuler un incendie dans lequel le pauvre Gaspar perdit son corps dans d'horribles souffrances. Après avoir enterré son père et être entré en possession de ses biens, il essaya d'être heureux auprès de Maria Émilia. Mais emporté dans sa colère, le géniteur désincarné l'entoura de fluides enflammés contre lesquels le malheureux ne possédait aucune défense... S'attachant à l'affection de sa compagne, Martin chercha à anesthésier sa conscience et à oublier... oublier... Il confia la ferme aux soins des deux complices du ténébreux délit et, s'accrochant à la compagnie de la femme, il prit la direction de l'Europe, à la recherche de repos et de distraction. Mais il fit tout cela vainement... Après cinq ans de résistance, il s'effondra, complètement vaincu, sous le joug de l'Esprit paternel qui l'entourait continuellement bien qu'étant invisible. Sa peau se couvrit de plaies, comme si des flammes invisibles le consumaient. Contraint de garder le lit, un lit de douleur, et constamment saisi de remords, il se répétait mentalement la mort de son père dans les hurlements d'un martyr sauvage... De cette manière, il n'était en mesure que de pleurer, criant dans le vide le repentir dont il se sentait envahi. Ce comportement le fit passer pour fou aux yeux de sa compagne qui s'empressa de le faire reconnaître comme tel, de sorte à s'innocenter devant amis et serviteurs. Le supplice dont il était prisonnier arriva au point que Martin endura moquerie et abandon au sein de son propre cercle familial, et il finit par expirer en proie à une terrible souffrance. Martin Gaspar, le père assassiné, l'attendit à l'entrée de la tombe pour l'entraîner vers les ombres infernales où il se mit à exercer une effroyable vengeance... Le pauvre fils désincarné souffrit de terribles humiliations et d'indescriptibles tourments durant onze années consécutives, dans des geôles de ténèbres, jusqu'à ce qu'il entre dans notre institut, aidé par des messagers de Jésus qui mirent en œuvre son sauvetage. Sa situation était alors lamentable, comme il l'a été rapporté. Étant entré en syntonie par les brèches mentales du remords et du regret tardif avec son père qui se trouvait assoiffé de vengeance, il fut hypnotisé par des génies pervers qui le firent se sentir recouvert de flammes torturantes. Son imagination fixée dans de telles scènes d'angoisse, il nourrissait lui-même avec la pensée coupable, ces flammes dans lesquelles il se torturait sans se consumer, jusqu'à ce qu'il fût convenablement soulagé et secouru par nos instructeurs, au moyen de ressources magnétiques qui guérirent sont douloureux déséquilibre. Après que sa situation se fût arrangée, il se dévoua aux services les plus difficiles de notre organisation, conquérant au fil du temps d'appréciables lauriers qui lui valurent le retour vers la sphère humaine, avec le droit de débuter le paiement de l'importante dette qui par faute de son imprudence, pèse sur ses épaules. Rendant un culte à la prière avec la rénovation de son monde intérieur, il renaquit l'esprit enclin à la foi religieuse, vif et actif. Il trouva dans le Spiritisme avec Jésus, sous l'influence des amis désincarnés qui l'assistent, un précieux domaine de renforcement moral et de travail digne, dans lequel il a su étendre son champ d'action, avec un emploi de son temps louable, dédié à l'étude édifiante et à la charité pure, s'attirant les plus grandes sympathies de la part des frères incarnés et désincarnés qui lui doivent générosité et affection. Confronté à d'immenses difficultés matérielles, il grandit dès son plus jeune âge en étant orphelin de père puisqu'il n'avait pas valorisé par le passé la tendresse paternelle, luttant contre une pauvreté extrême et la maladie constante... Mais gardé par des bienfaiteurs de notre « Mansão », il fut conduit jusqu'à un temple spirite alors qu'il était encore très jeune. Il y fut soumis à un traitement de son épiderme embrasé, et c'est à ce moment qu'il prit connaissance de notre Doctrine Rénovatrice... La lecture des principes spirites éclairés par la lumière de l'Évangile du Seigneur constitua pour lui le souvenir naturel des enseignements assimilés dans notre centre, avant sa réincarnation. Dès lors, il accepta noblement la responsabilité de vivre, et il chercha avant tout à s'appliquer les directives régénératrices de la foi qu'il venait d'embrasser. Il se disciplina et rendit un hommage sincère à ses obligations. Et malgré les entraves organiques, il se décida très jeune à exercer le travail de représentant commercial, travail dont il retire les ressources bénies qu'il sait répartir entre les nombreux nécessiteux, ne gardant pour lui que l'indispensable. Il n'est pas un riche de la Terre, dans l'acception de ce concept, mais un travailleur de la fraternité qui sait donner son cœur dans ce qu'il distribue. Parcourant le chemin de la simplicité et du renoncement édifiant, il a modifié les impressions de nombreux compagnons d'une autre époque qui, dans les bas niveaux de l'ombre, s'étaient transformés en ses persécuteurs et ennemis. En observant ses exemples nouveaux, ses obsesseurs se sentirent moralement désarmés pour les conflits qu'ils voulaient poursuivre. C'est ainsi qu'il paie ses fautes, souffrant leur offense en lui-même. Cependant, en raison du mérite qu'il a engrangé en se dédiant au bien d'autrui, il sauve le passé avec tout le soulagement possible, gagnant du temps et acquérant de nouvelles bénédictions. En aidant les autres, il diminue jour après jour le montant de ses débits du fait que la Miséricorde de notre Père Céleste permet que nos créditeurs atténuent la rigueur du remboursement à chaque fois que nous offrons à notre prochain qui se trouve dans le besoin ce que nous lui devons…

Silas fit une courte pause, mais tout comme moi, Hilario, fasciné par son exposition claire et sensée, demanda, assoiffé d'enseignement :

– Continuez, Assistant. Cette leçon vivante nous illumine d'espérance... Comment peut-on expliquer qu'Adelino gagne du temps ?

Notre ami sourit et ajouta :

– Correia, qui ne méritait pas le bonheur d'un foyer tranquille pour avoir ruiné le foyer paternel, se maria et souffrit l'abandonne sa compagne qui ne comprit pas son cœ ur.

S'avançant vers la tendre Marisa qui dormait, il insista :

– Ainsi, par la vie utile à laquelle il se consacre et par la charité incessante qu'il s'est mis à pratiquer, il a attiré auprès de lui, en tant que fille de son sang, l'ancienne belle-mère qu'il détourna des bras paternels, réincarnée aujourd'hui à ses côtés pour se rééduquer à la chaleur de ses nobles exemples, conservant la douleur de se savoir fille d'une pauvre femme qui renia l'union conjugale, comme elle le méprisa elle-même dans un passé récent. Mais... ce n'est pas le seul avantage d'Adelino...

Silas posa légèrement sa main droite sur les petits qui ronflaient et poursuivit :

– En se dédiant corps et âme à sa rénovation avec le Christ, notre ami a recueilli en tant que fils adoptifs les deux complices du terrible parricide, les anciens surveillants Antonio et Lucidio, qui abusaient des humbles jeunes femmes réduites en esclavage, dont ils volaient les enfants pour les tuer ou les vendre. Ces deux là n'eurent pour berceau qu'une maison de joie, arrivant dans le cercle affectif de leur compagnon d'une autre époque dans le sang africain qu'ils souillèrent tellement, de manière à ce qu'ils reçoivent le soutien moral pour la juste réforme.

Tandis que nous nous instruisions avec le précieux enseignement, Silas fit observer :

– Comme il est facile de voir qu'à travers la responsabilité spirite chrétienne correctement perçue et vécue, notre frère a conquis la félicité de rencontrer à nouveau les liens du passé criminel pour le réajustement nécessaire, alors que s'il eût déserté la lutte suite à l'irréflexion de sa compagne ou s'il eût fermé la porte de son cœur aux deux petits malheureux, il aurait retardé le noble travail qu'il fait à présent pour des siècles à venir...

Nous nous préparions à formuler de nouvelles questions, mais Correia souhaita bonne nuit à sa mère et vint occuper un modeste lit non loin des enfants.

Révélant des habitudes respectables, il s'assit en prière.

Ce fut au moment où nous recommandant de coopérer, Silas s'approcha de lui et lui appliqua des passes magnétiques, nous expliquant juste après :

– Toujours grâce à l'utilité qu'il sait imprimer à ses journées, Adelino a mérité la limitation de l'infirmité congénitale dont il est porteur. Ayant longtemps souffert le trauma périsprital du remords pour avoir incendié le corps de son père, il a nourri en lui-même d'étranges flammes mentales qui, comme je vous l'ai déjà dit, le punirent intensément dans l'au-delà... Voilà pourquoi il renaquît avec l'épiderme tourmenté par les vibrations de calcination qui, très tôt, se manifestèrent dans son nouveau corps physique sous la forme d'un eczéma de triste apparence... Face à la dette qu'il s'est faite, une maladie comme celle-ci devrait recouvrir tout son corps, durant de longues et angoissantes années de souffrance. Mais en raison du mérite qu'il acquiert, l'infirmité ne prend pas les proportions qui l'empêcheraient d'apprendre et de travailler, puisqu'il a le bonheur de continuer à servir de son propre chef dans la plantation du bien.

Peut-être parce qu'à cet instant le propriétaire des lieux se préparait à trouver refuge au milieu des traversins, l'Assistant nous invita à nous retirer.

Sur le chemin du retour à la « Mansão », notre aimable mentor continua à faire de brillants commentaires portant sur « l'amour qui recouvre la multitude des péchés », comme nous l'a enseigné l'apôtre, quand Hilario, interprétant mes questionnements, dit à l'improviste :

– Assistant, avec une explication aussi claire, il est normal que nous aspirions à savoir certains détails supplémentaires. Nous serait-il possible de connaître la situation de Martin Gaspar, le père qui souffrit le martyr du feu dans sa chair ?

Comme Silas demeurait silencieux, mon collègue poursuivit :

– Est-il informé du travail rénovateur d'Adelino ? Lui voue-t-il encore mépris et haine ?

– Martin Gaspar, répondit finalement notre interlocuteur, infatigable qu'il était dans la violence, a également été touché par les exemples de notre ami. Observant sa transformation, il abandonna les compagnies indésirables dont il s'était rapproché et a demandé, il y a quelques années, asile dans notre institut, où il accepta une discipline sévère...

– Et où se trouve-t-il à présent ? insista Hilario, anxieux. Serait-il par hasard possible de le voir afin de noter les changements survenus ?

Mais nous franchissions à cet instant l'entrée du sanctuaire de nos obligations, et Silas, sans aucune possibilité de demeurer plus longtemps auprès de nous, tapota les épaules de notre compagnon en disant :

– Calme-toi, Hilario. Il est possible que nous revenions sur ce sujet d'ici quelques heures.

Nous nous séparâmes, conservant les observations comme faisant partie d'une étude interrompue qui attendait une suite.

Mais le jour suivant, notre cœur reçut une agréable surprise.

Alors que la pendule annonçait la nuit profonde sur la grande région planétaire où se trouvait notre domicile, serviable, l'Assistant vint nous chercher.

Nous allions gagner la sphère corporelle mais cette fois, en compagnie de Druso, l'orienteur de l'institution.

Nous nous en réjouîmes, curieux.

C'était la première fois que nous aurions à voyager avec le grand mentor qui avait conquis notre plus grand respect. Et s'il était vrai que le privilège nous rendait heureux, nous nous demandions en même temps le motif pour lequel il s'absentait du centre qui ne pouvait se dispenser de sa présence.

Il n'y eut cependant pas d'opportunité pour se livrer à de longues digressions.

En compagnie de Druso, qui se faisait suivre de Silas, de deux sœurs aux grandes responsabilités dans les services de la « Mansão » et de nous deux, nous utilisâmes le moyen le plus rapide pour l'excursion dont nous ignorions l'objectif, car la plus grande autorité dans les travaux normaux de l'institut ne devait certainement pas disposer de temps pour un voyage qui n'aurait pas été le plus court possible.

J'éprouvais un grand désir de provoquer la parole de l'Assistant dans une conversation éducative autour du problème que nous avions abordé la nuit précédente. Bien que la dignité de Druso ne nous ait pas privés de nous exprimer librement, l'incoercible respect qu'il nous inspirait paraissait inhiber notre capacité à aborder un sujet qui ne serait pas venu de lui.

C'est ainsi qu'au cours du bref trajet nous écoutâmes son point de vue opportun et sage sur de nombreuses questions de justice et de travail, admirant à chaque instant un peu plus sa culture et sa bienveillance.

Mais surpris, je me rendis compte que notre groupe s'arrêta à la porte du foyer d'Adelino, que nous avions laissé la veille.

Deux auxiliaires que nous connaissions bien attendaient sur le seuil.

Après des salutations réciproques, l'un d'eux s'avança vers Druso et annonça, respectueux :

– Directeur, le petit nouveau-né sera avec nous d'ici une demi-heure.

Le grand mentor le remercia et nous invita à l'accompagner.

Dans le décor domestique qui nous était familier, l'horloge indiquait deux heures vingt du matin.

Sans un mot, nous suivîmes l'orienteur qui se trouvait en tête, pénétrant dans une chambre où Adelino commençait à dormir, selon ce qu'il nous était donné de supposer.

Druso caressa son front durant quelques instants et nous vîmes Correia se dresser hors de son corps de chair, comme s'il avait été mis en mouvement par de puissants leviers magnétiques, tombant dans les bras du grand orienteur, à l'image d'un enfant attendri et heureux.

Mon ami, lui dit Druso, à la fois grave et doux, l'heure des retrouvailles est venue…

Correia commença à pleurer, terrorisé, sans parvenir à se séparer des bras accueillants.

– Prions ensemble, ajouta le bienveillant ami.

Et, élevant ses yeux vers les Hauteurs, sous notre profonde attention, Druso supplia :

– « Dieu de Bonté, Père d'Amour Infini qui a créé le temps comme le gardien infatigable de nos âmes destinées à Ton sein, fortifie-nous pour la rénovation nécessaire !...

« Toi, qui connais nos crimes et nos désertions, concède-nous la bénédiction des douleurs et des heures afin que nous puissions nous racheter, purifie-nous par la compréhension de Tes lois pour que nous ne repoussions pas les opportunités de sauvetage !

« Tu nous as prêté les trésors du travail et de la souffrance, comme faveurs de Ta miséricorde pour que nous nous consacrions à la réhabilitation douloureuse mais juste…

« Nous, les prisonniers de la faute, sommes également les ouvriers de notre libération sous la protection de Ta tendresse.

« Ô Père, inspire-nous le courage pour que nos faiblesses soient oubliées, allume le saint enthousiasme du bien dans notre esprit de manière à ce que le mal n'éteigne pas nos bonnes intentions, et conduis-nous le long du sentier du renoncement afin que notre mémoire ne se sépare pas de Toi !...

« Donne-nous de prier avec Jésus, le Maître Divin que Tu as envoyé à nos cœurs, pour que nous nous rendions corps et âme à Tes desseins !... »

Après une courte pause, il répéta, en larmes, la prière dominicale :

– « Notre Père qui est aux cieux, que ton Nom soit sanctifié, que ton règne vienne, que ta volonté soit faite sur la terre comme au ciel. Donne-nous aujourd'hui notre pain de ce jour. Pardonne-nous nos offenses, comme nous pardonnons aussi à ceux qui nous ont offensés. Et ne nous soumets pas à la tentation, mais délivre-nous du Mal. Ainsi soit-il. »

Quand sa voix se tut, une profonde émotion se mit à exercer sur chacun d'entre nous son inexprimable domination.

Reconduit à son véhicule de chair, Adelino se réveilla en proie à un important accès de larmes...

Sa jubilation intérieure était perceptible, même s'il ne pouvait conserver la conscience intégrale de la communion avec nous.

Après quelques minutes d'attente, minutes qui s'écoulèrent, véloces, nous entendîmes à l'extérieur les pleurs convulsifs d'un doux enfant...

Enlacé par Druso, le propriétaire des lieux sortit de son lit et, empressé, ouvrit la porte qui donnait sur la rue, où un pauvre nouveau-né gémissait douloureusement les pavés, veillé par deux amis de la « Mansão ».

Saisi de surprise, Correia s'agenouilla tandis que le grand orienteur lui disait avec assurance :

– Adelino, voici le père offensé qui, rejeté par le cœur maternel qu'il ne mérite pas encore, vient à la rencontre du fils régénéré !

Correia n'entendit pas ces paroles par les oreilles de chair, mais il les perçut dans le temple mental, comme un appel de l'amour céleste qui amenait à son cœur un enfant de plus, abandonné et malheureux... Saisi d'allégresse, qui pour lui était inexplicable, il prit le petit dans ses bras dans un geste spontané d'amour et, après l'avoir installé contre sa poitrine, il retourna à l'intérieur, criant de joie :

– Mon fils !... Mon fils !...

Silas, entre Hilario et moi, nous dit avec émotion :

– Martin Gaspar revient à l'expérience physique, trouvant refuge entre les bras du fils qui le méprisa.

Nous n'eûmes cependant pas l'occasion d'avoir une discussion plus approfondie car Druso, essuyant ses larmes, nous avertit à voix haute, comme s'il se parlait :

– Que le Ciel fasse qu'au moment où nous retrouverons en plein brouillard de la chair nous puissions également ouvrir notre cœur à l'amour suprême de Jésus, pour que nous ne venions pas à échouer dans les épreuves nécessaires !...

Et il y avait tant de recueillement et tant d'angoisse dans le regard que nous connaissions si empreint de la plus douce tendresse et du plus profond respect, que de retour à la « Mansão », aucun de nous n'osa rompre son silence, douloureux et expressif.

17
Une dette qui touche à sa fin

La nouvelle leçon que Silas nous réservait se passait à présent dans un hôpital, dans un triste pavillon réservé aux indigents.

Alors que nous pénétrions à l'intérieur, plusieurs compagnons nous accueillirent aimablement. Et après d'amicales salutations, l'un d'eux, l'Aide-infirmier Lago, s'avança en direction du mentor de nos études, l'informant :

– Assistant, notre Léo semble dépenser les dernières ressources de la résistance…

Silas le remercia de cette information et expliqua que nous venions justement pour collaborer au repos dont il était créditeur.

Et traversant une longue file de pauvres lits dans lesquels des infirmes gisaient, souffrant, auprès desquels se trouvaient quelques désincarnés engagés dans un travail d'assistance, nous nous arrêtâmes à côté d'un malade amaigri et angoissé.

À la pâle clarté d'une petite lampe, destinée à la surveillance nocturne, nous vîmes Léo, qu'une tuberculose pulmonaire entraînait vers la mort.

Malgré la dyspnée, son regard était calme et lucide, révélant une parfaite résignation face aux souffrances qui le conduisaient vers le terme de l'expérience terrestre.

Silas nous recommanda d'observer son corps, mais il n'y avait pas grand-chose de particulier à noter puisque les poumons pratiquement détruits, en raison des diverses formations cavitaires, avaient provoqué un tel abattement organique, que le réceptacle physique qui se trouvait sous nos yeux n'était plus que haillons de chair, à présent ouverts à la multiplication de bacilles voraces alliés à une armée microbienne de toutes sortes qui, dominateurs, s'amoncelaient dans le cœur des tissus, tels d'implacables ennemis qui s'empareraient des restes, se rendant maîtres de tous les postes clefs de la défense.

Ainsi, Léo se trouvait dans le véhicule dense comme un homme irrémédiablement condamné à être expulsé de sa propre maison.

Tous les symptômes de la mort devenaient évidents, indéniables.

Le cœur fatigué ressemblait à un moteur épuisé, incapable de régler les problèmes de circulation sanguine, et toutes les parties de l'appareillage respiratoire s'affaiblissaient, désorientées, sous l'effet de l'inexorable asphyxie.

Moribond, Léo était un voyageur autorisé à entreprendre le grand pèlerinage qui n'attendait que le signal du départ.

Mais même ainsi, il était serein et se comportait avec bravoure.

Son acuité mentale était si aiguisée qu'il percevait pratiquement notre présence.

Silas qui de sa généreuse main droite lui caressait le front, nous dit avec attention :

– Étant donné que vous êtes venus dans le but d'observer un processus de dette qui touche à sa fin, vous pouvez poser quelques questions au compagnon dont la mémoire s'avère, autant que possible, consciente et éveillée.

– Mais nous entendra-t-il ? demanda Hilario mi-surpris mi-attristé.

– Il ne vous entendra pas avec ses tympans de chair, mais il percevra toute demande en Esprit, expliqua l'Assistant, affectueux.

Dominé par une intense sympathie, je m'inclinai au-dessus du pauvre frère qui se trouvait dans une rude épreuve, attiré par la foi qui brillait dans ses pupilles et, le serrant dans mes bras, je demandai à voix haute :

– Léo, mon ami, est-ce que vous vous savez sur le seuil de la véritable vie ? Savez-vous que vous laisserez votre corps d'ici quelques heures ?

Croyant qu'il s'agissait d'un raisonnement propre, il reçut ma question, mot pour mot, comme si elle avait été transmise à son cerveau par des fils invisibles. Et, comme s'il conversait avec lui-même, il dit en pensant :

– Oh ! oui, la mort !... Je sais que je parviendrai à la juste fin probablement cette nuit…

Développant notre dialogue, j'ajoutai :

– N'avez-vous pas peur ?

– Je n'ai rien à craindre... réfléchit-il, très calme.

Et, déplaçant ses yeux avec effort, il chercha à fixer sur le mur blanc de l'infirmerie une petite sculpture du Christ crucifié, se disant :

– Il n'y a rien que je puisse craindre en compagnie du Christ, mon Sauveur... Lui aussi a été vilipendé et oublié... Il a vomi le sang sur la croix du martyr, Lui qui était pur, transpercé par les plaies de l'ingratitude... Pourquoi ne me résignerais-je pas à la croix de mon lit en supportant sans me plaindre les renvois de sang qui, de temps à autre, m'annoncent la mort, moi qui suis un pécheur qui a besoin de bienveillance divine ?!... tes-vous catholique romain ?

– Oui...

Je méditai sur la sublimité du sentiment chrétien, vivant et sincère, quelle que soit l'école religieuse où il s'exprime, et je poursuivis en effleurant sa poitrine oppressée :

– En cet instant si important pour ton chemin, je constate l'absence de tes proches humains…

– Ah ! Mes proches... mes amis... répondit-il *en parlant mentalement*. Mes parents auront été mes seuls amis dans le monde... Mais ils ont rejoint leur tombe alors que je n'étais qu'un jeune infirme... séparé de ma mère, je me suis vu livré aux déséquilibres organiques... Peu après, mon frère Henrique n'hésita pas à me faire reconnaître comme étant incapable... Grâce à l'héritage, de grands biens lui revenaient, mais se servant de mon infortune, il obtint de la justice, avec mon propre assentiment, la documentation qui le faisait devenir mon tuteur... Mais l'obtention de cette mesure suffit à le transformer en bourreau cruel... Il s'empara de toutes mes ressources... Il me fit interner dans un hospice où je nourris de l'amertume durant de longues années d'isolement... J'ai beaucoup souffert... Je me suis alimenté du pain imbibé de fiel qui est destiné sur Terre à ceux qui en passent les portes avec la damnation du berceau, car l'équilibre mental me persécutait depuis l'âge le plus tendre... Le jour où mon état s'améliora, je fus contraint de quitter l'hôpital psychiatrique... J'allai alors frapper à sa porte, mais il m'expulsa sans la moindre compassion... Je me trouvai effrayé, vaincu... Ô mon Dieu, comment se moquer de la sorte d'un frère malade et malheureux ? J'ai vainement supplié l'aide de la Justice. Légalement, Henrique était le seul maître des biens de notre maison... Honteux, j'ai cherché une autre direction... J'ai essayé le travail digne, mais je n'ai pu obtenir qu'un poste de vigile, la nuit, effectuant des rondes dans un vaste édifice commercial, grâce au soutien d'un homme charitable qui a été touché par ma faim... Mais le froid nocturne me trouvait sans abri, et je fus bien vite victime d'une fièvre insidieuse qui se mit à me dévorer très lentement... Je ne sais pas durant combien de temps je me suis ainsi retrouvé écrasé par un indéfinissable désespoir... Un jour, je me suis effondré au milieu de la flaque de sang qui s'écoulait de ma bouche, et de pieux individus me trouvèrent ce lit dans lequel je me réfugie...

– Et quelle est votre opinion à propos d'Henrique ? Pensez-vous à lui avec chagrin ?

Comme si sa mémoire plongeait dans des vagues d'attendrissement et de nostalgie, Léo laissa s'écouler les larmes qui envahissaient ses yeux, dans une douloureuse quiétude mentale.

Ensuite, il monologua intérieurement :

– Pauvre Henrique !... Ne devrais-je pas le plaindre ? Ne devra-t-il pas mourir également ? À quoi lui aura servi l'appropriation indue si un jour il est débarrassé de son corps ? Pourquoi chercherais-je ses excuses alors qu'il est plus malheureux que moi ?

Et posant à nouveau son regard sur la figure du Christ, il continua :

– Jésus, qui a été raillé et roué de coups, a oublié les offenses et les désertions... Hissé sur la croix, il n'a pas élevé la voix contre les amis qui l'avaient abandonné à l'humiliation et à la souffrance... Il n'a pas eu une parole de condamnation à l'encontre des atroces bourreaux... Au lieu de les incriminer, il a demandé au Père Céleste une protection pleine d'amour pour chacun d'entre eux... Et Jésus a été l'Ambassadeur de Dieu parmi les hommes... De quel droit jugerais-je ainsi mon propre frère, si moi, âme qui a besoin de lumière, je ne peux pénétrer les Divins Desseins de la Providence ?

En larmes, Léo s'était calmé, cherchant à plonger son esprit dans le temple d'amour de la prière.

L'humilité dans laquelle il se recueillait touchait mon cœur.

Je me relevai, les yeux embués.

Il n'était pas nécessaire de prolonger l'interrogatoire pour sonder sa grandeur d'âme.

Hilario qui se révélait être ému jusqu'aux larmes renonça à toute consultation, se limitant à demander à l'Assistant si l'agonisant s'était réincarné sous les auspices de la « Mansão », ce à quoi Silas répondit, serviable :

– Oui, Léo vit en étant sous la tutelle de notre centre. D'ailleurs, nous avons plusieurs centaines de créatures qui bien qu'elles se trouvent matérialisées dans la chair, demeurent liées à notre institution par les racines des débits auxquels elles s'attachent. Elles se trouvent généralement toutes dans des situations de régénération difficiles, car elles sont des délinquants en réajustement. Elles renaissent sur le monde sous la garde de notre établissement d'aide, mais tout en étant encore, d'une certaine manière, rattachées aux partenaires du passé, prenant contact avec leur influence et consolidant les valeurs morales dont elles ont besoin, à travers les conflits intérieurs que nous pouvons considérer comme étant la forge de la tentation.

– Comme il est bon d'apprécier l'amour paternel de Dieu qui répond à tout, le moment opportun !... clama Hilario.

Il ne fait pas de doute que la Loi de Dieu est à l'origine du progrès et de la dignité pour chacun d'entre nous. Vous savez qu'en règle générale, les désincarnés qui trouvent refuge à la « Mansão » constituent un grand ensemble de criminels et d'êtres corrompus par le vice...

Et, modifiant l'inflexion de sa voix, il ajouta :

– ... tout comme moi. Nous y recevons attention et tendresse, assistance et bonté tout en nous rééduquant, parfois durant de nombreuses années... Mais il est impérieux d'observer qu'en recueillant la générosité des bienfaiteurs et des instructeurs qui nous garantissent ce pied-à-terre d'amour, nous ne faisons qu'accumuler des débits en raison de la protection que nous ne méritons pas. Nous avons également besoin de nous acquitter de ces engagements en nous mettant au service de notre prochain. Cela dit, afin que nous soyons aptes pour les tâches du bien pur, il est indispensable que nous nous défassions de notre condition inférieure, aggravée dans la responsabilité, parce que la connaissance élevée acquise dans notre organisation a valeur de théorie qui nous rend plus nobles, et qu'il nous appartient de concrétiser dans la pratique correspondante, pour qu'en définitive elle puisse s'incorporer à notre patrimoine moral. Voilà pourquoi après l'apprentissage, bref ou long, dans notre institut, nous sommes à nouveau internés dans la sphère de la chair et alors, il devient évident que bien que nous soyons protégés par nos mentors, nous devrons souffrir le rapprochement des anciens comparses de nos délits, afin de démontrer le profit et l'assimilation de la protection que nous avons reçue.

Mais à nos côtés, Léo vivait ses dernières minutes dans son véhicule dense, et nous notâmes que l'Assistant ne désirait pas s'éloigner de son cas, pour que nous en conservions la leçon.

C'est peut-être pour cette même raison que Silas administra des énergies nouvelles à sa poitrine épuisée, au moyen de passes magnétiques adoucissantes, avant de nous dire :

– Vous avez entendu les propos mentaux du compagnon qui s'en va...

Hilario, qui brûlait de curiosité tout comme j'étais assoiffé de nouvelles explications, demanda respectueusement :

– De quelle manière est-il juste de considérer l'actuelle désincarnation de Léo comme étant un débit qui touche à sa fin ?

Notre interlocuteur fit un geste significatif et répondit :

– Je ne me référerai bien entendu pas à l'intégralité de la dette de notre ami, devant la Loi. Je ne dispose personnellement pas des ressources informatives pour lister ses débits et ses crédits dans le temps. Aussi, je ne me référerai qu'à la culpabilité qui le tourmentait quand il est arrivé dans notre centre, selon les informations que nous pourrons compulser sur place.

À présent nerveusement rasséréné par le secours magnétique, l'agonisant semblait presque nous entendre.

Soutenant son front baigné de sueur, Silas poursuivit avec délicatesse, après une courte pause :

– Léo a évoqué mentalement, pour nous, les amers souvenirs des jours récents qu'il a vécus, s'attardant particulièrement sur l'infirmité qui le martyrise dès le berceau, sur les tourments de l'hospice et sur la dureté d'un frère qui le condamna à une pénurie extrême... Mais regardons la raison des douleurs par lesquelles il s'est puni et pourquoi il a mérité la félicité de rembourser de manière définitive le débit qui fait à présent l'objet de notre étude... Au commencement du siècle passé, il était le fils préféré de riches nobles citadins qui, se désincarnant très tôt, lui confièrent son frère malade, le jeune Fernando, dont l'existence a été marquée par un idiotisme incurable. Cependant, dès qu'il se trouva sans la présence de ses parents, Ernesto – puisque c'était le nom de notre Léo dans son existence antérieure – s'empressa de se débarrasser de la présence de son frère, désirant garder jalousement le pouvoir total sur l'avantageuse fortune dont les deux frères étaient les héritiers. De plus, jeune homme habitué aux soirées de son époque, il appréciait les réceptions distinguées dans lesquelles la somptueuse maison familiale ouvrait ses portes blasonnées aux relations élégantes et, fier du paysage domestique, il se sentait honteux de devoir se trouver sur le même pied d'égalité que son frère à qui il interdisait la venue lors de ses agapes sociales. Mais parce que Fernando, alors sans toute sa raison, n'obéissait pas à ses ordres du fait qu'il ne les comprenait pas, Ernesto fit édifier une prison grillagée au fond de la résidence où le jeune homme infirme fut exclu de la communauté familiale. Incarcéré et seul, ne jouissant de la présence que de quelques esclaves, Fernando se mit à vivre enfermé dans une cage comme s'il était un malheureux animal. Pendant ce temps, Ernesto, marié, accédait à tous les caprices de sa femme, sous forme de longs voyages de divertissement durant lesquels elle gaspillait ses biens au jeu et en extravagances. Après quelque temps, ses réserves financières épuisées, il ne pouvait se rétablir que par la mort de son frère sans responsabilité. Mais le jeune homme mentalement dérangé faisait preuve d'une grande résistance physique malgré la bronchite chronique qui le dérangeait énormément. Observant son déséquilibre respiratoire, Ernesto planifia de faire que la maladie s'aggravât, dans l'espoir de pouvoir l'enterrer sous peu, recommandant aux serviteurs de le libérer toutes les nuits, dans un grand patio où Fernando se reposerait à la belle étoile. Mais le jeune homme révélait une résistance incroyable et, bien qu'il souffrît de crises répétées de sa maladie, ainsi exposé aux intempéries, il supporta valeureusement deux années durant l'épreuve à laquelle il était soumis. Pendant ce temps, Ernesto se trouvait assiégé par une angoisse économique qui se faisait à chaque instant plus grave. Il n'y avait que la part de l'héritage de Fernando, qui se trouvait sous la responsabilité de vieux amis, conformément à ce que voulait la volonté paternelle, qui aurait pu régler la situation. C'est la raison pour laquelle, avili par la soif de l'or, il libéra une certaine nuit deux esclaves délinquants qui se trouvaient emprisonnés à son domicile, sous la condition qu'ils s'exilassent pour des terres lointaines et, après les avoir vus partir sous le brouillard des heures qui précèdent le lever du soleil, il se rendit après du lit de son frère dans la poitrine inerte duquel il enfonça la lame d'un poignard... Le matin suivant, devant les pleurs des serviteurs qui lui montraient la dépouille, il leur fit reconnaître que les captifs fuyards étaient les auteurs du crime et, s'innocentant avec astuce, il entra en possession des biens qui appartenaient au mort, avec la pleine approbation des magistrats terrestres. C'est ainsi que malgré une existence facile dans la chair, il traversa outre-tombe une grande période d'expiation. Démontrant une absolue magnanimité, Fernando, l'infortuné frère, oublia ses offenses. Cependant, fouetté par le remords, Ernesto entra en communion avec d'impassibles agents de l'ombre qui lui firent endurer d'innommables tortures car il se refusait à les suivre dans les pratiques infernales. Conservant dans les tréfonds de son âme le souvenir de la victime, à travers la persécution mentale du repentir sur les centres périspritaux, il devint fou de douleur, errant durant des lustres, dans de ténébreux paysages, jusqu'à ce qu'après avoir été recueilli dans notre institution, il fût convenablement traité pour le réajustement nécessaire. Mais malgré son rétablissement, les souvenirs du crime absorbaient son esprit au point que pour revenir à la marche évolutive normale, il implora pour s'en retourner dans la chair afin de vivre la même honte, la même pénurie ainsi que les mêmes épreuves qu'il avait infligées à son frère sans défense, tranquillisant de cette manière sa conscience agitée. Soutenu dans ses projets de sauvetage par d'éminents instructeurs, il revint vers le domaine physique en amenant dans son âme les déséquilibres qu'il acquit au-delà de la tombe. Ces déséquilibres le firent renaître comme un aliéné mental, comme Fernando lui-même dans un passé récent. Il mangea le pain de l'amertume dans la position de Léo, en revivant tous les malheurs qu'il imposa à son frère handicapé et infortuné. Ainsi, il ressurgit dans la sphère corporelle, misérable et malade. Très tôt, il fut confronté à la disparition de ses parents et se trouva en butte à la dureté et à la méchanceté d'un frère insensé qui l'isola dans l'ambiance d'un asile et, pour qu'il ne lui manquât aucun détail de la situation expiatoire, il souffrit du froid et des intempéries auxquels il exposa la victime sans défense, dans le rôle d'un gardien de nuit... Cependant, en raison de l'humilité et de la patience avec lesquels il a su accepter les coups réparateurs, il a conquis la félicité de clore de manière définitive le débit auquel nous nous référons.

Comme l'orienteur s'était tu, occupé qu'il était à prendre soin de l'agonisant alors baigné de la sueur caractéristique de la mort, Hilario demande :

– Assistant, comment avoir la certitude que notre compagnon met un terme à la dette à laquelle vous vous référez ?

– Alors vous ne voyez pas ? demanda Silas, surpris.

Et, indiquant la grande hémoptysie qui commençait, il ajouta :

– À l'image de Fernando qui se désincarna avec le thorax perforé par une lame assassine, Léo se sépare également du corps avec les poumons en lambeaux. Mais en raison de la manière d'agir correcte qu'il adopta devant la Loi, il traverse le même supplice mais dans un lit, sans scandale destructeur, bien qu'il soit en train de verser son propre sang par la bouche, comme cela fut le cas de son petit frère humilié et vaincu. Le jugement de la Justice s'accomplit à la seule différence, qu'au lieu du glaive de fer, nous avons ici des bataillons de bacilles assassins…

Bien qu'il se trouvât occupé à assister le moribond, il conclut sur un ton grave, peut-être parce qu'il se rendit compte de notre surprise devant la leçon :

– Quand notre douleur ne génère pas de nouvelles douleurs et que notre affliction ne crée pas d'affliction chez ceux qui nous entourent, notre dette est en cours de liquidation. Bien souvent, le lit d'angoisse parmi les hommes est l'autel béni sur lequel nous parvenons à remplir nos engagements douloureux, réglant nos dettes sans que notre salut ne fasse de tort à qui que ce soit. Quand le malade sait respecter les Célestes Desseins, entre résignation et humilité, il porte en lui le signe de la dette qui touche à sa fin…

Mais Silas ne put continuer. En train de prier, Léo se débattait dans les râles de la mort. L'Assistant l'enlaça avec un doux attendrissement et il invoqua la Protection Divine, comme si le pauvre malade avait été un fils cher à son cœur.

Enveloppé dans les irradiations suaves de la prière, Léo s'endormit devant nos larmes.

Parce que nous demandions la raison pour laquelle nous ne le retirions pas immédiatement du réceptacle cadavérique pour le transporter avec nous à la « Mansão », concis, l'Assistant nous informa :

– Nous ne disposons pas de l'autorisation pour le délier de son corps. Pareille responsabilité ne nous incombe pas.

Et informant les surveillants que des missionnaires de la libération viendraient d'ici quelques heures afin de porter secours au compagnon qui se reposait, il nous proposa, méditatif et ému, de rentrer à la « Mansão ».

18
Rachats collectifs

Nous nous entretenions de divers problèmes avec Silas quand un appel significatif de Druso nous réunit auprès de lui dans son cabinet de travail particulier.

Le chef de la « Mansão » fut bref et clair : un appel urgent de la Terre demandait de l'aide pour les victimes d'un désastre aérien.

Sans s'attarder sur les détails, il affirma que la sollicitation se répéterait d'ici quelques instants, et il nous invitait à attendre afin que nous puissions examiner le sujet avec toute l'efficacité nécessaire.

En effet, à peine avait-il fait sa remarque que des signaux pareils au télégraphe de Morse étaient captés par un curieux appareil. Druso brancha une prise et nous vîmes un petit téléviseur se mettre marche sous une puissante lentille qui projeta des images animées sur un autre écran qui se trouvait non loin, délicatement encastré dans le mur.

Comme si nous regardions une courte information au cinéma, surpris, nous contemplions un paysage terrestre.

Des victimes gisaient au milieu des débris d'un grand aéronef sur la crête d'une montagne escarpée et sauvage. On pouvait deviner que le pilote, certainement induit en erreur par un océan traître d'une épaisse brume n'avait pas pu éviter le choc avec les pics granitiques qui dépassaient de la montagne, silencieux et implacables, telles les tours effroyables d'une forteresse agressive.

Au milieu de cette scène, un vieil homme désincarné au visage noble et digne formulait une requête émouvante, demandant à la « Mansão » l'envoi d'une équipe habilitée pour la récupération de six des quatorze entités désincarnées dans le douloureux sinistre.

Tandis que Druso et Silas prenaient les mesures pour le travail d'assistance, Hilario et moi regardions, effrayés, ce spectacle qui nous était inédit.

Huit de ceux qui s'étaient désincarnés dans l'accident gisaient dans une position de choc, retenus à leurs corps, mutilés ou non. Quatre d'entre eux gémissaient auprès de leurs propres restes, et deux autres criaient des cris du désespoir, en proie à des crises d'inconscience bien qu'ils aient encore été attachés aux formes rigides.

Mais des amis spirituels, dévoués et valeureux, veillaient sur les lieux, calmes et attentifs.

Ressemblant à une cascade de lumière qui se serait déversée du Ciel, l'aide du Tout-puissant arrivait rapidement sous la forme d'un torrent béni d'amour.

La scène était si réelle sous notre observation, que nous pouvions entendre les gémissements de ceux qui se réveillaient défaillants, les prières des secouristes et les conversations des infirmiers qui décidaient des mesures à prendre rapidement…

L'âme angoissée, nous vîmes l'information télévisée disparaître tandis que Silas exécutait les ordres du commandant de l'institution avec une efficacité admirable.

En quelques instants, plusieurs ouvriers du centre se mirent en marche dans la direction du lieu minutieusement décrit.

Revenant au cabinet où nous l'attendions, Silas s'entretint encore avec l'orienteur à propos du travail en cours, pendant quelques minutes.

C'est alors qu'Hilario et moi demandâmes s'il nous serait possible de prendre part aux travaux d'assistance qui se déroulaient, demande que Druso refusa paternellement en nous expliquant que le travail était de nature extrêmement spéciale, requérant des collaborateurs rigoureusement entraînés.

Conscients que le mentor pouvait nous accorder plus de temps, nous profitâmes de l'occasion pour aborder la question des épreuves collectives.

Hilario ouvrit le terrain au débat en demandant avec respect pour quel motif il était demandé de l'aide pour le retrait de six désincarnés quand les victimes étaient quatorze.

Druso répondit sur un ton serein et ferme :

– L'aide dans l'avion sinistré est distribuée sans distinction, mais nous ne pouvons perdre de vue que si le désastre est le même pour ceux qui se sont écrasés, la mort est différente pour chacun d'entre eux. Pour le moment, seuls ceux dont la vie intérieure leur permet une libération immédiate seront retirés de la chair. Quant aux autres, dont la situation présente ne leur permet pas un éloignement rapide de l'armure physique, ils resteront liés plus longtemps à la dépouille qui est leur.

– Combien de jour ? s'écria mon collègue, incapable de contenir l'émotion qui le submergeait.

– Cela dépend du degré d'animalisation des fluides qui retiennent l'Esprit à l'activité corporelle, nous répondit le mentor. Certains seront retenus quelques heures, d'autres peut-être, pendant de longues journées... Qui sait ? Un corps inerte ne signifie pas toujours libération de l'âme. Le genre de vie que nous alimentons durant le stage physique dicte les conditions de notre mort. Plus nous vautrons notre être dans les courants des basses illusions, plus nous mettrons de temps pour épuiser les énergies vitales qui nous emprisonnent dans la matière lourde et primitive dont est constituée notre instrumentation physiologique. Nous demeurerons alors dans les créations mentales inférieures auxquelles nous nous sommes ajustés, y trouvant le combustible pour de grandes méprises dans les ombres du domaine corporel, proprement considéré. Et plus nous nous soumettons aux disciplines de l'esprit, qui nous conseillent équilibre et sublimation, plus nous conquérons de grands avantages pour nous retirer de la chair lors de n'importe quelle urgence que nous ne pouvons fuir en raison des débits que nous avons contractés devant la Loi. Voilà pourquoi la « mort physique » est différente de l' « émancipation spirituelle ».

– Mais cela ne signifie pas que les autres compagnons accidentés se trouveront sans assistance bien qu'ils se trouvent contraints à une détention temporaire dans leurs propres restes, dis-je.

– En aucune manière, ajouta le généreux ami. Personne ne vit sans soutien. L'amour infini de Dieu englobe l'Univers. Les frères qui se trouvent enlisés dans ce que l'existence physique a de plus bas comprendront progressivement le secours qu'ils sont en mesure de recevoir.

– Toutefois, étant donné qu'ils ne peuvent être secourus immédiatement, fit remarquer Hilario, ne seront-ils pas attirés par des créatures désincarnées à l'intelligence pervertie ?

Une expression faciale bien particulière apparut sur le visage de Druso qui répondit :

– Oui, dans l'hypothèse où ils seraient sourds au bien, il est possible qu'ils se rendent aux suggestions du mal afin que par les tourments de celui-ci, ils se tournent vers le bien. Mais il est nécessaire de considérer, à ce sujet, que la tentation est toujours une ombre qui vient tourmenter nos vies, de l'intérieur vers l'extérieur. La jonction de notre âme avec les pouvoirs infernaux s'observe par rapport à l'enfer que nous avons intérieurement.

L'explication ne pouvait être plus claire.

Peut-être parce qu'il se trouvait déconcerté par l'éclaircissement direct, mon compagnon, qui pas plus que moi, ne désirait perdre l'opportunité d'approfondir la conversation, souligna humblement :

– Noble instructeur, il est évident que nous n'avons pas le droit de remettre en cause le moindre ordre qui émane de l'autorité. Mais même ainsi, j'aimerais connaître plus en détail les raisons pour lesquelles il nous est défendu de prendre part au travail d'aide dans les services de secours pour le sauvetage des victimes. Ne nous serait-il pas possible de coopérer avec les travailleurs de ce centre, dans les expéditions d'aide aux victimes de divers accidents, de manière à enquêter sur les causes qui en sont à l'origine ? Il ne fait aucun doute que la « Mansão », avec les responsabilités dont elle se trouve investie, doit se charger de ce genre de travaux tous les jours...

– Presque tous les jours, corrigea Druso, sans sourcilier.

Et fixant Hilario d'une étrange manière, il ajouta :

– Mais il est impératif de remarquer que vous collectez un matériel didactique destiné au réveil de nos frères incarnés qui se trouvent presque tous dans une phase de lutte importante, dans le règlement des comptes avec la Justice Divine. En analysant des sauvetages de cet ordre, vous seriez fatalement obligés d'autopsier des situations et des problèmes susceptibles de créer des images destructrices dans l'esprit d'un grande nombre de ceux que vous vous proposez d'aider.

Ébauchant un léger sourire dans lequel il laissa transparaître l'humilité qui embellissait son esprit d'élite, il ajouta :

– Il me semble que nous ne serions pas capables de commenter un désastre de grande importance sans leur insuffler le virus de la peur qui se trouve si souvent porteur de découragement et de mort.

Les paroles de l'orienteur, sereines et évangéliques, réajustèrent nos impulsions les moins édifiantes.

Indéniablement, la Terre se trouve remplie de créatures qui, tout comme nous, se trouvent enchaînées à de scabreux engagements, nécessiteux d'une action continue pour le rééquilibre nécessaire. Il serait injuste de les tourmenter par des pensées de crainte et de souffrance, quand, à travers le bien senti et vécu, nous pouvons à chaque instant éloigner de notre horizon les nuages des souffrances potentielles.

Percevant notre attitude de compréhension et d'obéissance qui ne laissait planer aucun doute, le chef de l'institution poursuivit sur un ton affable, après avoir fait une courte pause :

– Imaginons que vous soyez allés analyser les origines de l'épreuve à laquelle les accidentés d'aujourd'hui doivent faire face... Vous découvririez, à n'en pas douter, des délinquants qui, en d'autres époques, ont jeté des frères sans défense du haut de tours extrêmement élevées, pour que leurs corps soient mis en pièces au contact du sol. Vous découvririez des compagnons qui ont commis, en une époque différente, de hideux crimes à la surface de la mer, jetant dans le vide des existences précieuses, ou des suicidés qui sont précipités du haut de dangereux édifices ou de pics montagneux, dans un acte suprême de rébellion face à la Loi. Pour le moment, il n'y a qu'à travers un épisode aussi angoissant qu'ils trouveront les ressources pour transformer leur propre situation. Combien de milliers de frères incarnés avons-nous et qui, dans les comptes qu'ils ont envers les Tribunaux Divins, possèdent des débits de ce type ? Cependant, nous ne sommes pas sans savoir que nous, consciences endettées, nous pouvons améliorer nos crédits tous les jours. Combien de pèlerins terrestres, qui ont de terribles surprises sur leur plan de route, parce qu'ils se sont attachés à des actes louables, sont correctement protégés pour que la mort forcée ne ravisse pas leur corps !... Combien d'intercessions de la prière ardente conquièrent des délais opportuns pour les personnes dont les pas glissent déjà vers le bord de la tombe ?!... Combien de précieux bienfaits dans la Vie Supérieure, les devoirs sacrificiels accumulent-ils, pour l'âme qui les accepte de bonne grâce, Vie Supérieure où des mesures sont prises pour que la rigueur de leur épreuve nécessaire soit adoucie ?! Nous savons que si deux ondes sonores se rencontrent de manière à ce que les pics de l'une s'emboîtent dans les creux de l'autre, elles ne vibreront pas, provoquant ainsi le silence. Il en va ainsi lorsque générant de nouvelles situations avec le bien pratiqué aujourd'hui, nous pouvons interférer dans les causes du mal pratiqué hier, les neutralisant et reconquérant par cela notre équilibre. De cette manière, je crois plus juste que nous incitions le travail du bien à travers tous les moyens à notre portée. La charité et l'étude noble, la foi et le courage, l'optimisme et le travail, l'art et la méditation constituent des thèmes rénovateurs, dont il serait malvenu d'oublier le mérite dans la réhabilitation de nos idées et, par conséquent, de nos destins.

Druso se livra à une pose plus longue et, animé par le désir d'apprendre, je lui demandai s'il n'aurait pas lui-même accompagné un processus de rachat collectif dans lequel des Esprits intéressés n'auraient pas eu d'autre recours que la mort violente pour mettre un terme à leur corps dense. Rapidement, il répondit :

– Mon expérience comporte quelques cas intéressants qu'il serait approprié de relater. Cela dit, nous nous reporterons qu'à l'un d'entre eux car nos obligations ne peuvent être remises à plus tard.

Après un bref instant pendant lequel il recourut naturellement à sa mémoire, il commenta, bienveillant :

– Il y a trente ans de cela, je bénéficiais de la présence à mes côtés de deux bienfaiteurs. Je dois beaucoup à leur abnégation dans ce lieu de lumière. Ascanio et Lucas, Assistants respectés dans la sphère Supérieure, avaient intégré notre équipe de valeureux et amicaux mentors... Quand je fis personnellement leur connaissance, ils avaient déjà passé de nombreuses années à soutenir les frères égarés et souffrants. Cultivés et ennoblis, ils étaient des compagnons infatigables dans nos plus belles réalisations. Mais il advint qu'après plusieurs dizaines d'années de lutte dans les batailles de la fraternité sanctifiante, ils aspirèrent à entrer dans des sphères plus élevées pour que leurs idéaux de sainteté et de beauté puissent s'accroître. Mais ils ne possédaient pas la condition indispensable pour entreprendre le vol désiré. Totalement absorbés par l'enthousiasme d'enseigner le chemin du bien à leurs semblables, ils ne pensaient pas à faire une plongée dans le passé. C'est la raison pour laquelle, bien souvent, nous ne faisons plus preuve de la moindre disposition pour regarder les brumes de la vallée quand nous nous trouvons fascinés par les splendeurs des hauteurs... Ainsi, ils se mirent à désirer ardemment l'ascension, se sentant quelque peu désenchantés par l'absence de soutien des autorités qui ne leur reconnaissent pas le mérite indispensable. L'impasse s'agrandit quand l'un d'eux sollicita l'avis de la Direction Générale à laquelle nous nous trouvons soumis. La demande suivit le cours normal jusqu'à ce qu'ils soient tous deux convoqués à un examen lors une certaine phase de la procédure. La position impropre qu'ils avaient adoptée fut fraternellement analysée par des techniciens du Plan supérieur qui firent régresser leur mémoire vers des périodes plus reculées dans le temps. Diverses fiches d'observation furent extraites du champ mémoriel, pareilles aux radioscopies qu'utilisent les services médicaux sur Terre. Et à travers ces fiches, d'importantes conclusions firent surface... En réalité, Ascanio et Lucas possédaient d'importants crédits, acquis en pratiquement cinq siècles consécutifs d'apprentissage digne, qui représentaient les cinq dernières existences dans les cercles corporels et les stations de service spirituel dans les voisinages de l'arène physique. Cependant, quand l'analyse progressive atteignit leurs activités au XVe siècle, quelque chose surgit qui leur imposa une douloureuse méditation... Ramenées du fond de leur mémoire, entraînant de grandes douleurs dans leur esprit, des scènes d'un funeste délit qu'ils commirent firent leur apparition sur les fiches que nous avons mentionnées après l'opération magnétique évoquée précédemment. C'était en 1429, peu après la libération d'Orléans. Ils faisaient alors partie de l'armée de Jeanne d'Arc... Affamés d'influence parmi leurs frères d'arme, ils n'hésitèrent pas à assassiner deux compagnons en les jetant du haut d'une forteresse en territoire de Gâtinais dans les douves immondes. Par la suite, ils s'enivrèrent des honneurs qui leur valurent, plus tard, de torturants remords outre-tombe. Arrivés à ce stade de l'inquiétante investigation et en raison de la respectabilité dont ils étaient porteurs, les pouvoirs compétents leur demandèrent s'ils souhaitaient poursuivre cette singulière analyse. Ils répondirent par la négative, préférant mettre un terme à cette dette avant de procéder à de nouvelles immersions dans les réserves du subconscient. Ainsi, au lieu de continuer à insister dans la volonté de s'élever vers des niveaux plus élevés, ils supplièrent qu'on leur accordât le retour au champ des hommes dans lequel ils finissent de payer le débit auquel nous nous référons.

– Comment ? demanda Hilario, intrigué.

– Comme ils pouvaient déjà choisir le genre d'épreuve en raison des ressources morales emmagasinées dans leur monde intérieur, expliqua l'orienteur, ils optèrent pour des tâches dans le domaine de l'aéronautique pour l'évolution de laquelle ils offrirent leur vie. Il y a deux mois, ils revinrent dans nos rangs après avoir souffert la même chute mortelle qu'ils infligèrent à leurs compagnons de lutte au XVe siècle.

– Et leur avez-vous rendu visite lors des préparatifs de la réincarnation qui se trouve à présent terminée ? demandai-je avec respect.

– Oui, je leur ai rendu visite à plusieurs reprises avant le départ. Ils faisaient partie d'une grande communauté d'Esprits amis dans un département spécifique de réincarnation. Tous avaient plus ou moins les mêmes dettes qu'eux et se préparaient au retour dans la chair, embrassant ainsi le travail rédempteur dans un sauvetage collectif.

– Et pouvaient-ils tous sélectionner le genre de lutte dans laquelle ils solderaient leurs dettes ? demandai-je encore, avec un intérêt tout naturel.

– Non, pas tous, dit Druso avec assurance. Ceux qui possèdent de grands crédits moraux, comme il en allait des bienfaiteurs dont je vous ai parlé, disposent de ce droit. C'est ainsi que j'en ai vu un grand nombre habilité à souffrir une mort violente au profit du progrès de l'aéronautique et de l'ingénierie, de la navigation maritime et des transports terrestres, de la science médicale et de l'industrie en général, en observant cependant, qu'en raison des débits contractés et en accord avec les idées de la conscience, la plupart ne pouvaient avoir pareille prérogative. Il leur revenait d'accepter sans discuter les épreuves au goût amer, que ce soit au cours de l'enfance, dans la jeunesse ou dans la vieillesse, lors d'accidents divers, depuis la mutilation primaire jusqu'à la mort, de manière à s'acquitter de graves fautes.

– Et les parents ? demanda mon collègue, alarmé. Dans quelle situation se trouvent les parents de ceux qui viennent d'être immolés au progrès ou à la justice, dans leur processus de régénération ? Leur douleur ne sera-t-elle pas dûment considérée par les pouvoirs qui contrôlent la vie ?

– Pourquoi en irait-il autrement ? répondit l'orienteur. Les entités qui ont besoin de telles lutes expiatoires sont acheminées vers les cœurs qui furent leurs complices dans de lamentables délits, dans le passé distant ou récent. Il se peut également que les parents faillirent dans leur rôle auprès de leurs enfants, en d'autres époques, et cela leur sert à apprendre le respect et le dévouement, l'honorabilité et la tendresse que nous devons sur Terre à l'institut familial, en vivant le cruel sentiment créé par la disparition et l'angoisse innommable. La douleur collective est le remède qui corrige nos échecs mutuels.

Une longue pause se fit.

La leçon semblait nous entraîner dans de rapides plongées au sein de notre monde intérieur.

Mais insatisfait comme toujours, Hilario demanda, inquiet :

– Instructeur ami, imaginons qu'Ascanio et Lucas, après la victoire dont vous nous avez informés, désirent toujours la montée dans les plans plus élevés... Auront-ils besoin pour cela d'une nouvelle consultation de leur passé ?

– Dans le cas où ils ne démontreraient pas la condition indispensable, ils seront nouvellement soumis à une juste auscultation pour l'examen et la sélection de nouveaux rachats qui seraient nécessaires.

– Cela veut dire que personne ne s'élève au Ciel sans s'être acquitté des choses de la Terre ?

Notre interlocuteur sourit et acheva :

– Il serait plus juste d'affirmer que personne ne s'élève complètement vers le Ciel sans l'acquittement complet avec la Terre, car l'ascension graduelle peut s'observer même si elle est invariablement soumise au mérite obtenu dans les conquêtes déjà faites. Les principes de relativité sont tout à fait valables pour ce sujet. Plus il y a de ciel à l'intérieur de l'âme, à travers la sublimation de la vie, plus l'incursion de l'âme dans les cieux extérieurs est importante. Et cela se poursuit jusqu'à la suprême communion de celle-ci avec Dieu, Notre Père. Pour ce faire, comme nous le reconnaissons, il est indispensable de répondre à la justice, et la Justice Divine est inévitablement liée à notre personne, car aucun milieu où règne la félicité ne représentera la véritable félicité en nous, sans l'implicite approbation de notre conscience.

L'enseignement était profond.

Nous cessâmes de poser des questions et, comme un travail urgent requérait la présence de Druso ailleurs, nous nous retirâmes pour nous rendre au Temple de la « Mansão » avec pour objectif la prière et la réflexion.

19
Sanctions et aides

Après s'être entendu avec les personnes intéressées, L'Instructeur Druso accepta de passer quelques minutes en une conversion éducative avec nous.

Il parla brillamment du problème des épreuves terrestres. Il nous alerta quant à la nécessité de la rénovation mentale basée sur les modèles du bien, faisant ressortir l'aspect indispensable de l'étude pour l'assimilation de la connaissance supérieure, et du service envers son prochain pour la cueillette de sympathie, sans lesquels tous les chemins de l'évolution se révèlent compliqués et difficiles à parcourir.

Tandis qu'il enseignait, une singulière statue fut placée à côté de lui. Cette remarquable statue reproduisait le corps humain, transparent à nos yeux, auquel il ne manquait que le souffle spirituel pour prendre vie.

Tous les organes et l'appareillage du véhicule physique se faisaient visibles sous nos yeux, sous la protection du système nerveux et du système sanguin.

Le cœur, à l'image d'un grand oiseau dans un nid d'artères qui se trouvait enroulé dans l'arbre des poumons ; le foie, avec l'apparence d'un condensateur vibrant ; l'estomac et les intestins comme des digesteurs techniques et les reins, comme des appareils de filtrage complexes, nous invitaient à une profonde admiration. Cependant, notre plus grand intérêt se concentrait sur le système endocrinien dans lequel les glandes se détachaient en représentations lumineuses. L'épiphyse, l'hypophyse, la thyroïde, les parathyroïdes, le thymus, les supra rénales, le pancréas et les testicules se détachaient, parfaitement représentés, sur le fond vif des centres spirituels. Les deux ensembles se mêlaient l'un à l'autre à travers d'extrêmement subtiles ramifications nerveuses, singulièrement ajustées, à travers les plexus, chaque centre émettant ses propres irradiations. Tout cela produisait un ensemble tout en harmonie qui nous contraignait à une contemplation extatique.

Percevant notre surprise, le directeur du centre dit, bienveillant :

– D'ordinaire, nous attirons l'attention de nos pensionnaires sur les véhicules de nos manifestations pour leur montrer, quand cela est possible, la correspondance entre nos états spirituels et les corps dont nous nous servons. Il est indispensable que nous comprenions que tout le mal que nous pratiquons consciemment créé, d'une certaine manière, une lésion dans notre conscience, et toute lésion de cette nature donnent naissance à une perturbation ou à une mutilation dans l'organisme qui extériorise notre manière d'être. Nous sommes esprit et manifestation, pensée et forme, dans tous les plans de l'Univers. C'est la raison pour laquelle la Médecine, dans le monde, doit considérer le malade comme un tout psychosomatique si elle désire réellement s'investir dans l'art de guérir.

Et touchant la belle sculpture qui se trouvait sous nos yeux, il continua :

– De l'esprit éclairé par la raison, siège des principes supérieurs qui gouvernent l'individualité, partent les forces qui assurent l'équilibre organique par l'intermédiaire de rayons encore hors de portée pour la recherche humaine, rayons qui vitalisent les centres périspritaux dans les méandres desquels se trouvent les glandes endocrines qui, à leur tour, fournissent les ressources qui nous garantissent la stabilité du champ cellulaire. Évidemment, ces éléments prennent forme dans les différentes hormones qui agissent sur tous les organes du corps physique, à travers le sang, chez les créatures incarnées. L'homme commun, qui connaît déjà la thyroxine et l'adrénaline, énergies fabriquées par la thyroïde et les supra rénales qui ont une influence décisive dans le travail circulatoire, dans les nerfs et les muscles, sait que toutes les autres glandes de sécrétion interne produisent des ressources qui décident de la santé et des maladies, de l'équilibre et du déséquilibre chez les individus incarnés. Or, il est facile de voir, en substance, que tous les états accidentels du corps que nous utilisons, dans l'espace et le temps, dépendent du commandement mental qui nous est propre. C'est pour cela que la justice, étant une institution fondamentale d'ordre dans la Création, commence invariablement en nous-mêmes, à chaque fois que nous essayons d'en tromper les principes. L'évolution vers Dieu peut être comparée à un voyage divin. Le bien représente le signe qui nous autorise à passer vers les cimes de la Vie Supérieure, quand le mal signifie une sentence d'interdiction qui nous oblige à des arrêts de réajustement plus ou moins difficiles.

Profitant de la brève pause qui se fit, Hilario fit observer :

– Le travail éducatif, qui se déroule dans les zones inférieures, et qui a pour objectif la réincarnation, est admirable...

– À n'en pas douter, répondit l'instructeur. Il est nécessaire d'informer tous les frères en vue du retour au cercle des hommes que le corps de chair, avec les tâches qui lui sont conséquentes, a la valeur d'un prix accordé par la Bonté Divine et qu'il doit être valorisé. Ici, dans les sphères purgatoriales, nous avons de véritables multitudes de créatures désincarnées qui arrivent du monde en prise à de déplorables crises hallucinatoires après avoir agi de manière inconséquente avec les biens de la vie humaine. Par faute de leur propre ignorance, un grand nombre n'a pas pu se rapprocher de la moindre conception religieuse. Cependant, des milliers de personnes, éloignées du respect de la foi maternelle qui les a éclairés, dans les engagements pris devant Dieu, se livrent inconsciemment à la cruauté mentale, propageant ruine et amertume en eux-mêmes, car le mal infligé aux autres a toujours été un mal qui s'accumulait au-dessus de leur propre tête. C'est ainsi qu'une fois débarrassées des liens de la matière dense, elles arrivent ici, frappées par le remords et le repentir, en souffrant de lamentables frustrations quand elles ne stationnent pas pour une période plus ou moins longue, dans des cavernes expiatoires où, prisonnières d'anciens adversaires ou de vieux comparses de vice, elles souffrent de tristes altérations dans leurs centres de force, altérations qui se manifestent dans leur esprit par de funestes déséquilibres. Après avoir été accueillies dans notre pied-à-terre où règne l'amour, elles se rétablissent peu à peu... La réincarnation rectificatrice, c'est-à-dire, l'enfermement dans la chair en conditions difficiles, surgit comme une alternative inévitable. Il sera nécessaire de renaître en supportant de terribles obstacles nés de la dysharmonie périspritale qu'ils ont eux-mêmes créée. Mais même ainsi, quand cela est possible, il est indispensable d'alléger les dettes avant de se retrouver dans le berceau parmi les hommes... Voilà pourquoi des institutions telles que la nôtre, fonctionnent en divers endroits des régions inférieures qui, dans la vieille théologie, équivalent aux régions infernales... Mais de fait, ce qui existe, c'est l'immense Seuil, situé entre la Terre et le Ciel, douloureuse région d'ombres construite et entretenue par l'esprit humain qui se révèle, en règle générale, rebelle et oisif, égaré et malade. Les compagnons désincarnés qui se réveillent, tout doucement, à la responsabilité de vivre, affrontant face à face l'impératif de la renaissance difficile dans le monde, se mettent à travailler laborieusement ici, vainquant de terribles obstacles et survivant à toute sorte de tempêtes, pour la conquête des mérites qu'ils négligèrent durant le temps passé dans le corps, de manière à ce qu'ils implantent, dans l'Esprit lui-même, les valeurs morales dont ils ne peuvent se passer pour supporter de nouvelles luttes bénies dans le plan matériel.

Le regard scintillant de compréhension et de douceur, l'orienteur fit une longue pause avant de nous demander, comme l'aurait un professeur émérite et bienveillant désireux de voir progresser ses apprentis :

– Avez-vous compris ?

– Oui, oui... répondîmes-nous en même temps, intéressés à voir la leçon s'étendre encore plus.

– C'est ainsi, continua-t-il, que nous sollicitons tous le régime de sanctions pour la répétition des besognes corporelles. Et si nous ne disposons pas du droit de le faire, quelqu'un l'obtiendra pour nous en suppliant en notre faveur les autorités supérieures.

– Régime de sanctions ? demanda Hilario, surpris.

– Tout à fait. Nous ne nous référons pas aux mesures de nature morale par lesquelles nous devons faire face au rapprochement avec les Esprits envers qui nous sommes redevables de patience et de tendresse, de tolérance et de sacrifice, dans la résolution de certaines dettes qui obscurcissent notre chemin, que ce soit dans la famille de sang ou dans l'intimité de la lutte. Nous parlons des mesures rectificatrices, après de nombreuses chutes dans les mêmes faux pas et les mêmes désertions, que nous demandons en implorant en notre faveur et en nous-mêmes, comme les handicaps congénitaux avec lesquels nous ressurgissons dans le berceau physique. Ceux qui, à plusieurs reprises, perdirent d'importantes occasions de travail sur Terre, en raison de l'ingestion systématique d'éléments corrosifs, comme l'alcool et d'autres poisons des forces organiques, tout comme les cultivateurs invétérés de la gloutonnerie, traversent presque toujours les eaux de la mort comme des suicidés s'étant donné la mort de manière indirecte et, quand ils s'éveillent à l'œuvre de réajustement qui leur est indispensable, ils implorent le droit de retourner dans un corps, prédisposés, dès l'enfance, à la sténose du pylore, à l'ulcération gastrique, au déséquilibre pancréatique, à la colite et à de multiples infirmités de l'intestin qui leur impose des tortures systématiques, bien que supportables, tout au long de l'existence entière. De remarquables intelligences, qui se trouvent confrontées à des chutes morales répétées à travers la légèreté par laquelle elles se servirent de la danse et du sport, répandant désespoir et infortune dans les cœurs sensibles et affectueux, demandent des formes organiques menacées par la paralysie et les rhumatismes, victimes de maladies et de néoplasmes divers, qui entravent leurs mouvements trop libres. Des compagnons qui, en de nombreuses circonstances, se laissèrent empoisonner par leurs yeux et leurs oreilles, se compromettent dans un vaste réseau de criminalité, à travers la calomnie et la médisance. Ils implorent alors un véhicule physiologique rendu défectueux par des déficiences auditives et visuelles qui les empêchent de sombrer dans de désastreuses récidives. Des intellectuels et des artistes qui gaspillent les ressources sacrées de l'esprit dans la perversion des sentiments humains par l'intermédiaire de la création d'images inférieures, demandent des appareils cérébraux avec de graves et douloureuses inhibitions pour que durant les réflexions d'un ostracisme temporaire, ils puissent développer les qualités oubliées du cœur. Hommes et femmes qui abusèrent des dons de l'apparence physique, manœuvrant la beauté et la perfection des corps pour répandre la folie et la souffrance chez ceux qui croient en leurs fausses promesses, demandent des corps vulnérables aux dermatoses affligeantes comme l'eczéma et les tumeurs cutanées, ou porteurs d'altérations de la thyroïde qui les contraignent à des luttes éducatives répétées. Les grands orateurs qui se moquèrent de la divine mission du verbe, perturbant de très nombreuses personnes ou livrant à la folie des âmes prises au dépourvu, supplient pour qu'il leur soit accordé des maladies des cordes vocales afin que traversant des aphonies périodiques, ils renoncent à soulever les esprits par l'intermédiaire de la parole brillante. Et les milliers de personnes qui transforment le sanctuaire du sexe en une forge de perturbations pour la vie d'autrui, ruinant des foyers et tourmentant les consciences, implorent la possibilité d'avoir des attributs physiologiques tourmentés par d'importantes lésions dans le domaine génésique, qui leur feront vivre, dès la puberté, d'inquiétants déséquilibres ovariens et testiculaires. L'aveuglement, le mutisme, l'idiotisme, la surdité, la paralysie, le cancer, la lèpre, l'épilepsie, le diabète, l'impétigo, la folie et tout l'ensemble des maladies difficilement curables signifient des sanctions instituées par la Miséricorde Divine, au sein de la Justice Universelle, qui répondent aux demandes faites afin que nous ne perdions pas les bénédictions éternelles de l'esprit au profit de lamentables illusions humaines.

– Mais existe-t-il des instituts spéciaux qui fournissent, par exemple, les irrégularités organiques demandées pour la réincarnation ? demanda mon collègue, intrigué.

Notre généreux interlocuteur sourit de manière significative et insista :

– Oui, Hilario, la Bonté du Seigneur est infinie et elle nous permet la grâce d'implorer les gênes auxquelles nous nous sommes référés, parce que la reconnaissance de nos faiblesses et de nos transgressions fait un bien énorme à notre esprit endetté. En toute situation, l'humilité allume une lumière nouvelle en nos âmes, générant, autour de nous, des ressources bénies de sympathie fraternelle. Cependant, même si nous ne demandions pas l'application des peines dont nous avons besoin, notre situation ne changerait pas pour autant puisque la pratique du mal opère des lésions immédiates dans notre conscience qui, entrant alors en situation dysharmonique, perturbe elle-même les centres de force concernés. De cette manière, nos instituts de travail pour la réincarnation collaborent pour que nous finissions tous par recevoir le vêtement de chair mérité dans le théâtre terrestre.

– Alors quelle est la valeur de la requête demandant une mesure ou une autre à propos de notre rééducation ?

– Oh ! ne formule pas pareil problème ! dit Druso d'une voix grave. La prière, dans le sens que nous avons mentionné, est toujours une attestation de bonne volonté et de compréhension dans le témoignage de notre condition d'Esprits débiteurs... Il va sans dire qu'elle ne modifiera pas le cours des lois face auxquelles nous nous rendons coupables, passibles de peines multiples, mais elle rénove notre manière d'être. Sa valeur n'est pas seulement celle d'une plantation de solidarité en notre bénéfice. C'est également celle d'un vaccin contre la récidive du mal. Par ailleurs, la prière nous permet de nous rapprocher des grands bienfaiteurs qui président à notre cheminement, nous aidant dans l'organisation d'un nouveau programme pour la marche sûre.

Mon compagnon prit respectueusement en compte l'observation et dit :

– Cher Instructeur, nous concluons de votre explication qu'au moment de nous réincarner, nous emportons avec nous les restes de nos fautes qui partagent alors notre renaissance, dans la machinerie physiologique, avec les racines congénitales des maux que nous avons nous-mêmes plantés…

– Exactement, insista le mentor ami. Nos dispositions à telle ou telle maladie dans le corps terrestre représentent des zones d'attraction magnétique qui traduisent nos dettes, face aux Lois Éternelles, extériorisant en nous les déficiences de l'esprit.

Druso médita quelques instants, comme s'il fût en train de réfléchir intérieurement à la gravité du sujet, puis il dit :

– Nos affirmations n'excluent pas le moins du monde la nécessité de l'asepsie et de l'hygiène, de la méditation et de l'attention nécessaire dans le traitement des infirmes quels qu'ils soient. Nous désirons simplement souligner le fait que l'âme ressurgit dans l'équipement physique en transportant avec elle ses propres failles qui se reflètent alors dans le vêtement de chair, sous la forme de zones favorable à l'éclosion de certaines maladies, ce qui a pour effet d'offrir un champ propice au développement de virus, de bacilles et de bactéries innombrables, capable de la conduire aux plus graves souffrances, en accord avec les débits qu'elle a contractés. Mais elle porte également en elle les facultés de créer dans son propre milieu organique toutes les espèces d'anticorps, s'immunisant contre les exigences de la chair. Ces facultés, elle peut considérablement les accroître par la prière, par les disciplines rectificatrices auxquelles elle s'attache, par la résistance mentale ou par le service dédié à son prochain avec lequel elle attire de précieuses ressources en sa faveur. Nous ne pouvons oublier que le bien est le véritable antidote du mal.

– Partant de ce principe, ajouta Hilario, il sera juste de rappeler que les animaux souffrent également de maladies qu'il est possible de diagnostiquer, comme la fièvre aphteuse, la rage et la pneumonie...

– Tout comme les plantes vivent des infirmités qui leur sont particulières, réclamant terreau et fongicides, compléta le mentor en souriant.

Et il ajouta :

– La douleur est un facteur des plus importants dans l'économie de la vie en expansion. Le fer sur l'enclume, la graine dans le sillon, l'animal sacrifié, aussi bien que l'enfant qui pleure, sans responsabilité ou à demi conscient, pour développer ses propres organes, souffrent la douleur-évolution qui agit de l'extérieur vers l'intérieur, épurant l'être. Sans elle, le progrès n'existerait pas. Mais dans notre étude, nous analysons la douleur-expiation, qui vient de l'intérieur vers l'extérieur, marquant la créature sur le chemin des siècles, la maintenant dans de compliqués labyrinthes d'affliction pour la régénérer devant la Justice... C'est bien différent...

– Curieux ! s'exclama Hilario. Je n'avais pas encore pensé à de tels concepts... Douleur-évolution, douleur-expiation...

– De la même manière que nous avons également la douleur-aide, coupa Druso, bienveillant.

– Comment ça ?

Et se rendant compte de la surprise qui se faisait jour sur nos visages, l'orienteur expliqua :

– En de nombreuses occasions, au cours de la lutte humaine, notre âme acquiert de grands engagements dans un sens ou dans l'autre. Habituellement, nous bénéficions d'avantages dans certains domaines d'expérience, alors qu'il en va à l'inverse dans d'autres secteurs. Parfois, nous nous intéressons vivement à la sublimation de notre prochain, oubliant notre propre amélioration. C'est ainsi que, grâce à l'intersession d'amis dévoués à notre félicité et à notre victoire, nous recevons la bénédiction de maladies prolongées et douloureuses dans notre enveloppe physique, soit pour nous éviter une chute dans l'abîme de la criminalité, soit, plus fréquemment, pour le travail préparatoire à la désincarnation, de manière à ce que nous ne soyons pas cueillis par de pénibles surprises lors de la transition vers la mort. L'infarctus, la thrombose, l'hémiplégie, le cancer difficilement supporté, la sénilité prématurée et toutes les autres calamités de la vie organique constituent, parfois, des douleurs-aide, pour que l'âme se rétablisse de certains fourvoiements dans lesquels elle se serait égarée durant l'existence du corps dense, se rendant apte, à travers de longues et bénéfiques réflexions, à travers la discipline, à entrer de manière respectable dans la Vie Spirituelle.

Mais à cet instant, le concours de Druso fut demandé en d'autres lieux, nous laissant livrés à nos pensées.

20
Une surprise émouvante

Nous restâmes, durant trois ans, pratiquement de manière quotidienne à la « Mansão da Paz », occupés à étudier de précieuses leçons tout en apprenant à servir.

Là, aux côtés de Druso, dans la communion fraternelle de Silas, et auprès de tous les amis serviables, nous recueillîmes des expériences et des enseignements sublimes.

En réalité, dans ce pied-à-terre victime d'une lutte extrême, la souffrance était un élément constant où que nous regardions.

À de nombreuses reprises, le centre s'était mis à trembler sur ses fondations sous l'impact de convulsions magnétiques indescriptibles ou, en d'autres occasions, sous l'attaque de féroces légions. La « Mansão » s'apparentait alors à une forteresse prise dans un inquiétant siège que seule la Miséricorde Divine pouvait sauver.

Mais à la moindre urgence, Druso nous convoquait tous à l'oraison et nos prières ne restèrent sans réponse à aucun moment. Des aides et des ressources, des directives et des baumes émanaient invariablement des Plans Supérieurs pour venir nous aider dans nos nécessités ou nous soustraire à l'indécision.

L'orienteur du centre représentait à nos yeux le model d'intangibilité morale le plus élevé, malgré l'humilité qui présidait à toutes ses attitudes.

Nous ne surprîmes chez lui, en aucune occasion, le moindre geste de désaccord avec le mandat noble et étendu qui était le sien. Il savait être ferme sans âpreté, juste sans partialité, bienveillant sans faiblesse. Non seulement il tenait en haute estime le conseil des grands Esprits qui rendaient visite à notre Cénacle, mais il estimait également les vœux des pauvres Esprits souffrants qui venaient frapper à la porte. Il entretenait une révérence pleine d'amour envers les supérieurs de la « Mansão » et il répondait à leurs demandes avec empressement. Mais il montrait aussi la plus grande tendresse dans le dévouement incessant en faveur des malheureux qui demandaient notre concours et notre compréhension. Il se mettait en quatre. Il ne se limitait pas à la vénérable tâche d'administrateur central à qui nous devions un hommage constant. Il était le conseiller de tous les assesseurs, le médecin des personnes internées, le mentor des expéditions et l'infirmier tolérant et simple, à chaque fois que les circonstances l'exigeaient.

Cependant, nous observâmes que la place qu'il occupait avec le plus d'assiduité était auprès des frères malheureux qui étaient recueillis dans les ténébreux défilés où se trouvait l'institution.

Nuit après nuit, nous pouvions l'accompagner dans les travaux magnétiques à chaque fois que nous le désirions, avec Silas. Il nous était alors donné de voir d'infortunées créatures qui s'étaient égarées dans les ombres, qui avaient perdu la notion d'elles-mêmes, rendues folles par la viciation ou transformées par le propre désespoir.

Il était toujours douloureux de devoir faire face à des compagnons difformes et méconnaissables que la douleur mentale avait rendus fous.

Plus d'une fois, Hilario et moi éclatâmes en sanglots devant ces physionomies menaçantes que l'extrême déséquilibre immobilisait dans une terrible prostration ou dressait dans des crises de folie.

Mais Druso se penchait sur tous les malheureux avec toujours la même douceur. Après la prière habituelle, il effectuait des opérations magnétiques dont l'objectif était d'aider et, juste après, il interrogeait les nouveaux venus avec l'assurance due, tandis que nous prenions note de diverses observations concernant la collaboration qu'il nous revenait de développer.

Il pouvait passer personnellement deux, trois ou quatre heures, chaque nuit, dédiées au travail de secours qu'il considérait comme étant sacré, sans qu'un seul compagnon ne trouvât la moindre opportunité pour le remplacer. Hormis lui, nous faisions tous un roulement dans la coopération demandée ou spontanée, dans le service de soutien et de consultation auprès des frères que la plongée confuse dans les ombres avait rendu fou.

C'est ainsi qu'une nuit, que nous garderons toujours en mémoire, une pauvre femme à l'apparence cadavérique fut amenée par les infirmiers à la salle de nos activités habituelles afin qu'elle pût recevoir l'aide nécessaire. Le corps marqué par des sévices, corps que cachaient à grand-peine les loques immondes dont elle était vêtue, les mains dont les doigts se terminaient en forme de serres et le visage complètement altéré par une véritable hypertrophie, parlaient sans le moindre mot des longs tourments dont elle avait été victime.

Bien qu'elle eût été traitée en premier lieu par l'infirmerie de la « Mansão », la pauvre créature exhalait des relents nauséabonds.

Cependant, comme cela s'était produit avec d'autres cas, Druso lui effleura le front avec une tendresse toute paternelle.

La prière par laquelle il signalait le début du travail d'assistance terminée, il se mit à appliquer des passes, réveillant ses énergies. Ensuite, notant que de profonds gémissements émanaient de sa poitrine, l'ami dévoué concentra tout son potentiel de force magnétique sur le cerveau de la malheureuse qui commença à remuer, subitement ranimée.

Il apparaissait clairement que Druso agissait sur le cortex encéphalique de manière à inciter le réveil nécessaire.

C'est alors que la bouche rigide, amenée de manière hypnotique à la vie, s'entrouvrit légèrement et cria :

– Druso !... Druso !... Aie pitié de moi !...

Surpris, nous vîmes le directeur de la « Mansão » chanceler, prêt de défaillir, comme s'il avait été atteint par des rayons invisibles d'angoisse et de mort. Mais il ne fut pas seulement frappé par la stupéfaction. Devenu livide, Silas s'avança vers lui et lui enlaça le buste, comme s'il avait craint une chute inévitable.

Quelque chose d'étrange était en train de se produire, quelque chose dont nous ne parvenions pas à percevoir sur le moment.

Cherchant à se dominer, le vénérable directeur leva son regard lucide vers les cieux, le visage ruisselant de pleurs muets. Il invoqua alors l'inspiration divine dans le langage de la prière silencieuse qui permet à l'âme de communiquer spécialement avec Dieu. Et après quelques brefs instants, il demanda à la malheureuse :

– Sœur, qu'as-tu à nous dire ?

La femme ouvrit ses yeux qui roulaient dans leurs orbites, sans la moindre expression de lucidité et, paraissant craindre la présence d'ennemis invisibles, elle clama avec tristesse :

– Amenez mon époux !... Druso me pardonnera... Je suis fatiguée, vaincue... Pour l'amour de Dieu, libérez-moi !... Je veux de l'air !... de l'air pur !... N'ai-je pas suffisamment payé pour mon crime ?... Je ne crois pas que Dieu nous ait créés pour finir dans un enfer éternel. Si j'ai commis une erreur, consciemment, acquérant une grande culpabilité, je reconnais... que mes souffrances réparatrices... ont été également énormes !... Conduisez-moi en présence de mon époux... afin que je puisse m'agenouiller... Druso me retirera du local des réprouvés... Il comprendra que je ne suis pas si cruelle, comme ils veulent que je le sois... Mon mari était infiniment bienveillant, il me traitait comme un père !... Il y a combien d'années que je souffre, ô Seigneur ? Toi qui as guéri les lépreux et les possédés, tends-moi tes bras d'amour ! Sors-moi de l'enfer dans lequel j'ai été entraînée !... Aide-moi, ô Christ !... Laisse-moi recueillir de l'époux que j'ai humilié le pardon dont j'ai besoin, pour que ma conscience puisse prier avec ferveur !... Le remords est un feu qui me consume !... Pitié !... Pitié !... Pitié !...

Devant la pause qui s'était spontanément faite, nous vîmes que le grand instructeur se trouvait submergé par d'abondantes larmes.

Pour la première fois nous vîmes Silas interférer dans le secours magnétique.

Bien que la stupeur se fût imprimée sur son visage, il demanda, préoccupé et indécis, avec l'approbation du chef qui lui cédait la place :

– Comment t'appelles-tu ?

– Aïda... ce fut la réponse qui réveilla notre plus grande attention.

Mais dans l'intention évidente d'obtenir plus d'informations, l'Assistant, aussi sûr que possible, continua à demander d'une voix tremblante :

– Aïda, si tu es la femme de Druso, comme tu voudrais nous le faire croire, ne te souviendrais-tu pas de quelqu'un d'autre ? De quelqu'un d'autre qui aurait partagé ta vie familiale sur Terre ?

– Oh ! oui... répondit son interlocutrice avec une intraduisible tendresse. Je me souviens... je me souviens... Mon époux avait un fils d'un premier mariage, un jeune médecin du nom de Silas...

Et nous laissant percevoir la fixation mentale dans laquelle elle se trouvait, elle s'exclama en susurrant :

– Où est Silas qui ne m'entend pas non plus ? Au début... il était contrarié par ma présence... Mais... avec le temps... il devint pour moi comme mon propre fils, un ami très proche... Silas !... oui... oui... Qui me fait me souvenir du passé ?!...

Notre surprise gênante ne faisait que croître.

Les deux secouristes tombèrent à genoux, en proie à des larmes que rien ne pouvait retenir.

Nous comprîmes alors tout en un éclair, nous remémorant la nuit inoubliable où Silas nous avait livrés un peu de son émouvante histoire.

Cette pauvre femme atteinte de démence était Aïda, la belle-mère souffrante.

Ce ne fut qu'en cet instant que nous la lumière se fit : l'Instructeur et l'Assistant avaient été, parmi les hommes, père et fils... Voilà d'où venait la discrète intimité qui les liait automatiquement dans toutes les tâches.

Il ne faisait aucun doute, pensai-je, qu'ils avaient embrassé une douloureuse mission dans cet institut de charité incessamment persécuté. Ils ne s'occupaient pas simplement des désincarnés malheureux ; ils répondaient aux objectifs élevés du cœur.

Je ne parvins cependant pas à divaguer bien longtemps car Druso, dans un geste attendrissant, recueillit la malheureuse créature dans ses bras généreux et, agenouillé, après l'avoir installée contre sa poitrine, il s'exclama en direction des Hauteurs, sa voix étouffée par les larmes :

Merci, Seigneur !... Les pénitents comme moi trouvent également leur jour de grâce !... Maintenant que tu as rendu à mon cœur criminel la compagne que j'ai empoisonnée sur Terre, donne-moi la force pour que je puisse la tirer de l'abîme de souffrance dans lequel elle s'est jetée par ma faute !...

Son effort pour continuer à appeler la Compassion Céleste était perceptible. Cependant, les sanglots masquèrent complètement sa voix, tandis qu'un important jet de lumière saphirine s'écoulait du plafond, comme si la Bonté Infinie répondait sur le champ à l'émouvante demande.

Extrêmement abattu, Silas aida Druso à se relever et tous deux s'éloignèrent, emportant avec eux les restes de cette femme dans une émotion solennelle qui appartient à ceux qui ont conquis un précieux trophée.

Informés que le service magnétique ne serait pas poursuivit cette nuit-là, nous nous retirâmes dans notre chambre privée, nous plongeant dans l'étude de nos impressions.

Mais le jour suivant, Silas vint à notre rencontre.

Il était touché par la joie d'une personne qui a résolu un problème longuement supporté. Et, nous rappelant l'étude de la Loi de Causalité, il s'expliqua brièvement.

Druso et lui, avaient été père et fils lors de leur dernière existence, et, ayant tous deux reçu la permission nécessaire pour travailler à la recherche d'Aïda, dont ils avaient provoqué la perte, ils se dévouaient au travail de la « Mansão » avec l'agrément d'amis du Plan Supérieur. Au prix de terribles luttes dans leur propre rétablissement, ils arrivèrent à conquérir de solides amitiés et des expériences remarquables. Mais le souvenir de la jeune femme sacrifiée s'apparentait à un aiguillon empoisonné enfoncé dans les profondeurs de leur être. C'est la raison pour laquelle ils avaient besoin de s'acquitter de l'infamant débit pour s'élever plus haut dans la Lumière Infinie.

Et plein d'espoir, le regard brillant d'un bonheur inconnu, il accentua :

– D'ici trois jours, mon père laissera la place d'orienteur de l'institution, s'envolant finalement en compagnie de ma mère, pour qu'ensemble, ils retournent rapidement à la réincarnation qui les attend, sous la garde de quelques-uns de nos amis. Mon père partira le premier. Peu après, ma mère pleine d'abnégation le suivra pour être enfermée dans la chair et, plus tard, quand ils se seront mariés dans la sphère des hommes, ils me recueilleront entre leurs bras en tant que fils aîné, pour que nous finissions tous trois par recevoir Aïda, souffrante, dans nos cœurs. Jésus nous concédera la félicité de racheter l'immense dette par l'assistance pleine d'amour de ma mère, qui a renoncé à l'allégresse de l'ascension immédiate en notre faveur... Comme vous pouvez le voir, nous aussi nous recherchons la Justice pour nos actes, en fonction de la Loi.

Le visage de l'Assistant brillait de l'émerveillement d'un enfant heureux.

– Et vous ? demanda soudainement Hilario. Est-ce que vous resterez ici ?

– Non, répondit le généreux compagnon. Avec le départ de mon père, j'ai obtenu la permission d'entrer dans un grand établissement d'éducation où je serai préparé à de nouvelles tâches dans le domaine de la médecine humaine, en vue de mon prochain pèlerinage terrestre.

La nouvelle modifiait notre programme.

Il nous fallait mettre un terme aux études dans la généreuse institution puisque Druso et Silas, dès la première heure, avaient été ici notre appui clair et fidèle.

Je pris l'Assistant dans mes bras, sentant par avance le vide qu'il laisserait.

Silas était un ami dont je devais me séparer.

Je le félicitais pour la victoire remportée et, ensemble, nous considérâmes l'obligation de nous faire nos adieux.

Le changement d'administration dans le centre ne nous autoriserait aucun retard.

Le départ se faisait aussi pour nous impossible à repousser.

Le courageux compagnon nous enlaça avec une irrépressible tendresse et des larmes de sublime reconnaissance jaillirent de nos yeux.

Qui croira que la séparation est une fleur au triste parfum seulement sur la Terre des hommes ?

***

Trois jours s'étaient écoulés depuis notre dernière conversation et nous nous trouvions dans la plus grande pièce de l'imposant institut de secours spirituel.

L'Instructeur et l'Assistant prenaient congé de leurs amis.

L'énorme salon se trouvait rempli.

Sur la grande estrade où se détachait la direction, Druso apparaissait aux côtés de l'Instructeur Aranda qui s'était mis à gouverner l'établissement, et par son épouse bien-aimée, celle qui lui offrit sur Terre les doux rêves du premier mariage, dont les yeux sereins exprimaient une irradiante bonté.

D'autres bienfaiteurs, au nombre desquels figurait notre cher Silas, se trouvaient également là, attentionnés et émus.

Parmi la multitude des auditeurs, nous nous trouvions avec les assesseurs et les fonctionnaires du grand hôpital, auprès de trois cents Esprits qui se trouvaient internés ici.

Tous les infirmes, les protégés et les serviteurs venaient apporter à Druso de précieux témoignages de gratitude.

Les interventions émouvantes se multiplièrent sans cesse.

Pendant qu'une douce musique s'élevait d'instruments invisibles, se répandant en sourdine, tous les malades, en file animée, voulaient adresser une parole à l'Instructeur dévoué qui les avait accueillis, généreux.

Des vieillards tremblants bénissaient son nom ; des sœurs, dont l'apparence témoignait d'une rénovation laborieuse, lui offraient les fleurs torturées et tristes que le climat de la « Mansão » était capable de produire ; diverses entités qui avaient pu se rétablir grâce au souffle de son infatigable dévouement, lui adressaient des expressions respectueuses et amicales, tandis que d'innombrables jeunes lui seraient les mains…

Et pour chacun d'entre eux, Druso avait une phrase empreinte d'attendrissement et de tendresse.

De discrets pleurs surgissaient ici et là…

Après une cérémonie simple de passation des pouvoirs, le nouveau directeur se leva et promit de diriger le centre en toute loyauté envers Notre Seigneur Jésus Christ. Mais pour dire la vérité, je ne pense pas que l'Instructeur Aranda, nouveau venu dans le centre, eût pu retenir une bien grande attention en ces instants, et aussitôt qu'il se fut installé dans son fauteuil que la solennité lui réservait, Druso se dressa et demanda la permission de faire une prière d'au revoir.

Tous les visages restèrent en suspend, silencieux, pendant que sa voix s'élevait vers l'Infini, telle une mélodie faite de larmes.

– *Seigneur Jésus ! clama-t-il humblement. En cet instant où nous t'offrons notre cœur, permets que notre âme s'incline avec révérence pour te remercier des bénédictions de lumière que ton incommensurable bonté nous a concédées ici, au cours de ces cinquante années d'amour…*

Toi, Maître, qui relevas Lazare du sépulcre, redresse-moi également des ténèbres dans lesquelles je suis tombé vers l'aube rédemptrice, jetant dans l'enfer de ma culpabilité les perles de rosée de ta compassion…

Étends tes bras magnanimes vers mon esprit qui se trouve plongé dans le boueux courant du crime.

Tu m'as amené du pilori du remords au travail de l'espérance.

Tu m'as ranimé lorsque mes forces m'abandonnèrent…

Durant les jours d'angoisse, tu as été l'aliment de mes anxiétés ; sur les chemins les plus scabreux, tu étais en tout mon fidèle compagnon.

Tu m'as enseigné, sans bruit, qu'il n'y avait qu'à travers le rétablissement du respect envers moi-même, dans le paiement de mes débits, que je pourrai entreprendre la reconquête de ma paix...

Et tu m'as confié, Seigneur, le travail dans ce gîte restaurateur, en tant qu'assistance constante de ta bienveillance infinie, afin que je puisse avancer des ombres de la nuit vers l'éclat d'un nouveau jour !...

Je te remercie pour les instructeurs que tu m'as donnés ; j'ai été pour0 leur dévouement affectueux un poids si lourd. Je te remercie pour les généreux compagnons qui si souvent eurent à supporter mes exigences et les frères infirmes qui apportèrent tant d'enseignements précieux à mon cœur !....

Et maintenant, Seigneur, que la sphère des hommes m'ouvrira à nouveau ses portes, accorde-moi encore ta miséricorde et accompagne-moi avec la grâce de ta bénédiction.

Ne permets pas que le réconfort du monde me fasse t'oublier et oblige-moi à vivre dans l'humilité de manière à ce que l'orgueil ne m'étouffe pas.

Donne-moi la lutte édifiante comme maître de mon sauvetage et ne détourne pas ton regard de mes pas, même si pour cela il faut que la souffrance constante vienne marquer de sa présence chacun de mes jours.

Et, si possible, permets que les frères de ce centre me protègent de leurs pensées en prières d'aide, pour que sur le chemin pierreux de la régénération dont j'ai besoin, je ne lasse pas de louer ton sublime amour pour toujours !...

Submergé par les larmes, Druso se tut.

Il s'était mis à pleuvoir de petits flocons luminescents dans la salle, des espèces d'étoiles minuscules qui s'évanouissaient lorsqu'elles touchaient nos têtes...

Au dehors, la tempête faisait rage en convulsions terribles.

Mais ici, la certitude qu'au-delà de la région des ténèbres un ciel sans limite resplendissait éternellement de lumière, régnait en nous…

Nous rejoignîmes Silas et, ensemble, nous nous approchâmes de l'Instructeur dévoué afin de lui adresser nos dernières salutations, car Hilario et moi devions également partir étant donné que notre tâche était terminée.

Druso nous serra paternellement dans ses bras et, peut-être parce que nous demeurions dans le réconfort de sa tendre étreinte, à essayer de lui témoigner notre immense affection, il posa son regard sur nous et dit avec émotion :

– Que Dieu nous bénisse, mes enfants !... Un jour, nous nous rencontrerons à nouveau…

La voix étouffée par l'émotion, nous embrassâmes sa main droite dans un profond silence, parce que seules les larmes pouvaient parler de notre gratitude et de notre attendrissement, dans ces adieux inoubliables…

Comité Éditorial :
Jorge Godinho Barreto Nery – Président
Geraldo Campetti Sobrinho – Coord. Éditorial
Cirne Ferreira de Araújo
Evandro Noleto Bezerra
Maria de Lourdes Pereira de Oliveira
Marta Antunes de Oliveira de Moura
Miriam Lúcia Herrera Masotti Dusi

Production Éditoriale :
Fernando César Quaglia

Traduction :
Pierre-Etienne Jays

Couverture :
Evelyn Yuri Furuta

Projet graphique :
Ingrid Saori Furuta

Photo de la couverture :
http://www.shutterstock.com/ Willyam Bradberry
http://www.dreamstime.com/ Harlanov
http://www.dreamstime.com/ Serp

Normalisation technique :
Biblioteca de Obras Raras e Documentos Patrimoniais do Livro

Made in the USA
Monee, IL
25 April 2026

48994898R00177